U0143020

個別化教育計畫之實施

林素貞 著

五南圖書出版公司 印行

This book "How to Implement the IEP" is dedicated to my advisor, Dr. Barbara Bateman. This book is based on her work "The Better IEP" and influenced by her inspiration and instruction during my graduate studies at the University of Oregon.

I also present this book to express my appreciation and respect for Dr. Bateman and her faith in my learning potential and her dedication to the education of children with learning disabilities. I would like to carry on Dr. Bateman's spirit, concern and effort to improve the special education in Taiwan.

謹以此書獻給我的指導教授：芭芭拉‧貝特門博士，因為此書主要參考貝特門博士的書「較佳的個別化教育計畫」，以及我就讀於奧瑞崗大學特殊教育研究所期間，她對我在學術上的嚴謹訓練和思考上的激發引導。

我亦以此書向貝特門博士致上最誠摯謝意和深摯敬意；我感謝她對我學習潛能上的信心和傾囊相授的指導，我感敬她終身致力於學習障礙兒童教育之貢獻與影響。我期許自己能薪傳貝特門博士這份對特殊教育的用心和努力，願自己亦能對臺灣的特殊教育但盡一份心力。

目 錄

第一章 導　論 ——————————————————— 1

第二章 法規理念 ————————————————— 9

第一節　美國的特殊教育法與「個別化教育計畫」／12

第二節　我國的特殊教育法與「個別化教育計畫」／36

第三節　美國和我國有關「個別化教育計畫」法規之比較／40

第四節　個別化教育計畫、個別化家庭支持計畫與個別化
　　　　轉銜計畫／45

第三章 實作設計 ————————————————— 57

第一節　個別化教育計畫在特殊教育之地位／59

第二節　個別化教育計畫的實施過程／64

第三節　如何決定個案之獨特需要／78

第四節　如何擬訂現況、長程教育目標和短程教學目標／110

第五節　運用課程本位測量於現況和長程、短程教學目標
　　　　之擬訂／122

第六節　如何編寫具體、客觀、易評量的短程教學目標／135

第四章　迷思與省思 ————————————————— 165

　　第一節　法令的規範／167
　　第二節　教育行政單位的督導／170
　　第三節　特殊教育教師的角色／174
　　第四節　家長的角色／179

附　錄 ————————————————————————— 183

　　附錄一　1990 年美國「障礙個體之教育法案」聯邦管理條例／184
　　附錄二　美國奧瑞崗州州政府教育局個別化教育計畫（中文版）
　　　　　　─會議通知參考資料／202
　　附錄三　個別化教育計畫會議通知單家長版（參考資料）／206
　　　　　　個別化教育計畫會議通知單教師版（參考資料）／208
　　附錄四　美國奧瑞崗州（Oregon State）標準個別化教育計畫（IEP）
　　　　　　參考格式／210
　　附錄五　美國奧瑞崗州個別化家庭支持計畫（IFSP）參考格式／243
　　附錄六　美國奧瑞崗州個別化轉銜計畫參考格式／249
　　附錄七　美國紐澤西州語言治療之個別化教育計畫參考格式／258
　　附錄八　1990 年美國「障礙之個體的教育法案」
　　　　　　─ B 篇之條款解釋／268

附表目錄

第 2 章

ᆶ表 1　美國特殊教育法與個別化教育計畫 ……………………… 35

ᆶ表 2　美國和我國有關「個別化教育計畫」法規之比較………… 40

ᆶ表 3　個別化家庭支持計畫、個別化教育計畫和個別化轉銜計畫的
　　　　差別比較表 …………………………………………………… 49

第 3 章

ᆶ表 1　個別化教育計畫和教學設計之比較分析 ………………… 62

ᆶ表 2　個案之相關資料 …………………………………………… 67

ᆶ表 3　個別化教育計畫委員會委員功能表 ……………………… 70

ᆶ表 4　新個案的第一次個別化教育計畫會議程序表 …………… 74

ᆶ表 5　舊個案的第 n 次個別化教育計畫會議程序表 …………… 74

ᆶ表 6　中重度智障者功能性教學綱要──教學領域與教學科目
　　　　配合表 …………………………………………………… 121

ᆶ表 7　明確易評量教學目標設計模式基本架構表 …………… 137

ᆶ表 8　明確易評量教學目標設計模式範例─清潔便利商店貨架 … 137

ᆶ表 9　明確易評量教學目標設計模式範例─實用語文：全民公敵
　　　　─感冒 …………………………………………………… 139

ᆶ表 10　明確易評量教學目標設計模式範例─國小翰林版數學 …… 142

第 4 章

ᆶ表 1　高雄縣學前暨國民中小學身心障礙學生「個別化教育計畫」
　　　　檢核表 …………………………………………………… 172

導 論

May 10, 2007.　Roseburg, Oregon State.

　　個別化教育計畫是基於特殊教育法規要求，在學期初或學年初為每一位身心障礙學生規劃符合其特殊教育需求的教育服務。此特殊教育法規的學理背景，乃基於身心障礙者從出生到高等教育階段都各有其不同的發展與學習需求重點，所以個案在 0 至 2 歲時期稱之為「個別化家庭支持計畫」，個案在 3 至 21 歲時稱之為「個別化教育計畫」，個案在 16 至 21 歲時又可稱之為「個別化轉銜計畫」。

　　身心障礙者的發展與學習需求，乃必須整合教育單位相關專業團隊以及轉銜機構的介入，召開個別化教育計畫會議，即是用以協調溝通跨專業之間的資源整合與服務介入。個別化教育計畫的內容乃根據教學原理而來，從學生的學習需求診斷、現況的確定、長程目標與短程目標的擬定，以及預訂評量標準和方式等等，都是以學生個別化教育需求為導向的教育規劃；所以個別化教育計畫就像每學期或每學年至少召開一次的定期個案會議。

　　個別化教育計畫是一份教學前的整體教育目標規劃，它同時又扮演教育成效的評估者與檢核者，所以個別化教育計畫要求對身心障礙學生的各項長程和短程目標進行成效評估與記錄，以提供家長定期瞭解其身心障礙子女在每一學期或學年的相關能力學習發展狀況。簡言之，個別化教育計畫不僅增進服務提供者之間的分工合作，包含教育單位、相關專業團隊以及轉銜單位，也同時提供了教育專業團隊與家長之間的溝通管道。

　　個別化教育計畫乃源始於美國 1975 年所公告實施的「身心障礙兒童之教育法案」（The Education of All Handicapped Children Act；簡稱 EHA），我國亦於 1997 年頒行的特殊教育法中，要求對每一位身心障礙學生提供個別化教育計畫。個別化教育計畫是落實特殊教育精神的具體措施，也是特殊教育法的核心，本書作者在擔任第一線的國中特殊教育教師時，即參與擬定身心障礙學生的個別化教育計畫，及至後來在師範校院擔任教職，即教導未來的特殊教育教師如何擬定個別化教育計畫。從第一線的特殊教育教師到師資培育者，一路走來，本書作者對於個別

化教育計畫此一議題,一直併有實際參與經驗與引發的學理探討心得,撰寫《個別化教育計畫之實施》一書,乃是希望分享經驗與所有參與這個工作的人員,包含教育行政人員、特殊教育工作者和家長。

民國72年暑假,也是我第一次接觸到「個別化教育計畫」(IEP)。在國立臺灣教育學院的特殊教育專業學分的進修中,我時常聽到任課教授介紹此一名詞或觀念,然而具體明確的參考資料卻非常有限;縱然如此,那時我確已接受了「個別化教育計畫」將能增進特殊教育兒童學習成果的理念。那年的 9 月新學期開始,我也開始在新設的國中啟智班推行「個別化教育計畫」的試行。當時我和啟智班其他老師是抱著練習摸索的心態當作實驗來施行,歷經一年多的修訂後,我們決定「個別化教育計畫」在每學期開學的三週內,就要編寫設計完成,並且知會家長、請家長簽名同意,而且「個別化教育計畫」亦將在每學期末作一次評估。那時我們的「個別化教育計畫」的內容最多也只做到四個科目:國文、數學、體育和說話訓練,這是因為我們堅信「個別化教育計畫」必須和教學配合才有實質意義;而當時我們僅有國文、數學、體育、聯課活動作跨年級的能力和興趣分組教學,幾位腦性麻痺學生則施以小團體方式的說話訓練。我們當時的想法是:「個別化教育計畫」是以學生獨特需要的考量為出發點,但是也必須配合教師的教學規劃。基本上,一般教學情境中學生是以各年級別作學習群組合,然而學習組合如果未能依照學生的不同程度或能力狀況進行個別化教學,「個別化教育計畫」就與教師每學期所編擬的全班級教學進度表無所差異,若是如此,「個別化教育計畫」的價值也就意義盡失了。

1991 年我開始至美國奧瑞崗大學(University of Oregon)就讀特殊教育研究所,芭芭拉・貝特門博士(Dr. Barbara Bateman)所開設的「特殊教育與法律」(Law and Special Education)是碩士班的必修學分。這門課是以美國的特殊教育法之相關主題為課程目標,而其中「個別化教育計畫」的相關議題和訴訟案件就是其中的要軸。記得當時我是用期待又害

怕的心情修習這門課程。令我擔心的是這門課程內容非常難懂，因為它需要運用法律學科的思考和判斷；這對一直是教育學科訓練背景的我而言，相當於要轉換另一套思考模式，我記得我當時常陷入錯誤的思考判斷邏輯，所以在做案例研判時，依據教育常理所作的決定，常是錯誤答案，因為必須「依法行事」。令我興奮的是，這門課程終於揭開了我對「個別化教育計畫」疑惑的神祕面紗，直至那時，我才真正瞭解「個別化教育計畫」的本意和精髓。從法律的觀點切入後，我也終於明白為什麼美國的特殊教育執行機構，都願意為每一位身心障礙兒童設計「個別化教育計畫」，多年來對「個別化教育計畫」實施的困惑，也一一在這堂課中得以澄清與明確了。這也是本書必須從美國特殊教育法對個別化教育計畫的規定，開始介紹個別化教育計畫的理念和內容，因為個別化教育計畫在源起之美國，它是一個法律定義的專有名詞，一切都必須遵照規定行事，它不是一個廣義的教育學名詞，或是學理上的操作性定義名詞。

「特殊教育與法律」讓我更加肯定了「個別化教育計畫」的必要性與執行方式，然而在過去自己實際編擬「個別化教育計畫」的經驗中，一直對評量標準的擬定深感困擾和疑惑。當時國內在我們所參考的有關資料，大都採用 80% 或 90% 等之百分比方式預期學生的學習通過水準，當時自己最大的疑惑，常常是很難決定何謂 80% 以上的學習成果？或是 75%？68%？而這個大難題很幸運的又在修習「課程本位評量」（Curriculum-Based Measurement）課程中得以解惑。「課程本位測量」是馬克・辛博士（Dr. Mark Shinn）在學校心理學系（Department of School Psychology）為其博士班學生所開的必修課程，此課程的教學目標以認識和運用「課程本位測量」系統。我發現「課程本位測量」所發展的評量方式和評量標準的設計，正可以解決用百分比來評量學生學習成效之不客觀和標準不一的缺失。

「特殊教育與法律」和「課程本位評量」兩課程的學習，澄清了我

過去對「個別化教育計畫」獨自摸索時的疑惑，更增進了自己對「個別化教育計畫」的完整理念，也肯定其對身心障礙學生教育之必要性。民國 86 年 5 月我國頒行修訂後之「特殊教育法」，此法讓國內的身心障礙兒童從此有法律保障其享有「個別化教育計畫」的福祉，也同時促動自己決定對個別化教育計畫的想法付諸分享行動。「個別化教育計畫」在我國其實已經推廣多年了，相信許多特殊教育老師和我一樣，一直堅信其對身心障礙兒童的重要性與其對教學品質的有效性，只是也一直困擾於為什麼要作「個別化教育計畫」？擬定「個別化教育計畫」時困難很多，如何撰寫明確又易評量的長程或短程教育目標，以及如何連結「個別化教育計畫」和實際教學的矛盾等，作者將以上述的問題需求導向本書的內容章節安排，期盼能提供一些比較適合的答案。

此書乃為 2007 年修訂版，初版發表於 1999 年由心理出版社出版之《如何擬定個別化教育計畫：給特殊教育的老師與家長》，八年之間，美國與我國的特殊教育相關法規都有數次修訂，我國教育行政體系與教學實務對於個別化教育計畫也都有長足改變與正向發展，加上作者本身對此議題也增加了更多經驗，因此覺得有再版修訂內容之必要。再版的內容增加了法規理念章的「個別化教育計畫、個別化家庭支持計畫與個別化轉銜計畫」一節，實作設計章增加了「如何編寫具體、客觀、易評量的短程教學目標」一節，而原章節內容也都做了大幅修訂。全書先從「個別化教育計畫」在美國的法源依據和實施狀況導入，藉由法規理念章增進大家對「個別化教育計畫」的認識；再經由實作設計章說明如何擬定「個別化教育計畫」的各項內容，提供國內特殊教育工作者編擬「個別化教育計畫」的參考；迷思與省思章乃由檢視我國施行「個別化教育計畫」的困惑與瓶頸，探討我國「個別化教育計畫」的種種問題，以期發展出更適合我們自己的施行模式。本書每一章首頁皆有「問題提要」，希望讀者能在閱讀內容時統整出提要問題的答案，每一章之末頁則有「重點摘要」作此章之重點整理，參考書目亦附在每一章之後。

　　本書的完成要感謝很多老師的付出與協助，首先要感謝初版時陳美文老師協助編輯、提供意見和範例資料，劉秀芬老師協助翻譯美國 1990 年美國「障礙個體之教育法案」聯邦管理條例和條款解釋，陳瑛淑老師、吳惠櫻老師等提供「個別化教育計畫」個案資料，修訂版時由何旻芳老師提供資料，賴怡如同學協助打字。本書期能拋磚引玉，引發更多國內「個別化教育計畫」的相關議題探討和研究，以促進我國「個別化教育計畫」的落實推行，使我國身心障礙學生皆能享有適合其獨特需要之特殊教育服務。

　　最後本書以一個熱氣球的故事詮釋個別化教育計畫的精髓，2007 年本書作者在美國進行半年的休假進修，5 月份時我應好友 Louise Furukawa 邀請，參加了奧瑞崗州道格拉斯縣（Douglas County, Oregon State）一年一度全縣混齡的重度或肢體障礙學生的感官運動活動日，此活動借用了一所普通中學的體育館和操場進行各項活動；熱氣球就架設在操場上是今年的新活動，身心障礙學生和陪同家長都可以坐上熱氣球升空數分鐘後再回到地面；這是一項新奇、有趣又刺激的活動，所以幾乎所有的孩子都排隊想要坐熱氣球升空。操場上同時又有許多原校的普通班學生在上體育課，普通班的孩子們羨慕的望著熱氣球一次又一次的升空又下降地面，他們也吵著跟老師要求要排隊坐熱氣球；但是他們那天都不能坐上熱氣球升空，因為他們不是身心障礙的學生。個別化教育計畫就像 2007 年 5 月 Roseburg City 藍天晴空下的那座五彩繽紛的熱氣球，只有身心障礙的學生才可以享有這個權利。熱氣球帶著一個個身心障礙孩子從天空中俯瞰了 Roseburg City 附近蜿蜒的溪流、漂亮的房舍、和牧場上踱步的馬匹與羊群，一個美麗的世界。誠願個別化教育計畫也能協助我國每一位身心障礙孩子，藉著一個個完整的教育規劃和服務的提供，飛上藍天迎向朝陽，擁有一個希望的未來和美麗的新世界。

Jane 15, 2007.   Grand Canyon National Park

法規理念

第一節　美國的特殊教育法與「個別化教育計畫」

第二節　我國的特殊教育法與「個別化教育計畫」

第三節　美國和我國「個別化教育計畫」法規之比較

第四節　個別化教育計畫、個別化家庭支持計畫與個別化轉銜計畫

📖 問題提要：

- 什麼是「個別化教育計畫」？其法源依據為何？
- 「個別化教育計畫」在特殊教育的流程中有何重要性？
- 「個別化教育計畫」對身心障礙兒童及其家庭、特殊教育教師有何幫助？
- 個別化教育計畫、個別化家庭支持計畫與個別化轉銜計畫的差別為何？

　　1975 年，「個別化教育計畫」一詞（Individualized Education Program，簡稱 IEP）首次以法規名詞出現於美國的「身心障礙兒童之教育法案」（The Education of All Handicapped Children Act；簡稱 EHA）之中。在此特殊教育法，「個別化教育計畫」一詞乃包含兩個步驟和層面，一是指「個別化教育計畫」會議，另一則是指「個別化教育計畫」的書面文件。「個別化教育計畫」會議是藉著讓身心障礙兒童之家長和教育有關人員，一起面對面溝通和協調，以設計出適合此兒童獨特需要的教育方案。而「個別化教育計畫」的書面文件即是「個別化教育計畫」會議的決議之紀錄和家長同意書（Bateman, 1992）。

　　綜合上述「個別化教育計畫」的意義，「個別化教育計畫」實質上乃要達成下列三項功能：

1. 「個別化教育計畫」是執行特殊教育法的規定，因此必須依循法規的既定程序與內容要求，它是一份具有法律約束力的書面契約，其結果將使身心障礙者的受教育權得以獲得具體保障。

2. 「個別化教育計畫」是家長和教育有關人員之間的溝通管道，藉著這個面對面的溝通機會，家長和教育有關人員才能共同討論和協商出：何者是此身心障礙個體現階段最迫切的教育需要。

3. 「個別化教育計畫」是一份管理計畫，它針對身心障礙者的獨特需要，設計規劃以學年或學期計算的長程教育目標；並且也根據此計畫監督執行單位是否確實達成其預訂之長程、短程教育目標，以及評鑑其執行的成效。

　　綜而言之，「個別化教育計畫」是執行特殊教育法的一項規定，個別化教育計畫正是特殊教育法的核心，其源始乃來自於美國，以下將詳述美國有關「個別化教育計畫」之法令更迭及相關內容，以及我國的「個別化教育計畫」之法規探討，再分析比較兩國對規範「個別化教育計畫」之同異，以及個別化教育計畫在不同時期的名稱和重點。

第❶節　美國的特殊教育法與「個別化教育計畫」

❖個別化教育計畫的起源

　　「個別化教育計畫」（Individualized Education Program，簡稱 IEP），乃源自於美國特殊教育法對身心障礙者所提供**免費**、**適當**的公立**教育**（free appropriate public education；簡寫 FAPE）之具體實施保障，透過落實每一位身心障礙學生的個別化教育計畫，特殊教育的目的得以實現完成。**免費**是指身心障礙兒童的教育相關經費乃由政府提供，其父母不需要負擔任何費用支出；**適當**是指適合此身心障礙兒童之獨特需要的教學設計及措施；**公立教育**是指由政府經費所設立之學校系統和機構可涵蓋 3 到 21 歲學齡之學生。美國特殊教育法案的里程碑，即指 1975 年美國國會所通過之「身心障礙兒童之教育法案」（The Education of All Handicapped Children Act；簡稱 EHA），亦稱是 94-142 公法（Public Law 94-142；簡稱 P. L. 94-142），94-142 意謂由美國第九十四屆國會呈送美國總統簽署頒布之第 142 號法案；此法案亦在美國法典編纂為「20 號美國法典之 1401-1468 條款」（20 United States Code, Sections 1401-1468，簡稱 20 U.S.C.，此部分條款從 1400 至 1468 條），而美國教育部為執行此 94-142 公法所訂定之施行細則，則在美國聯邦法典編纂為「34 號美國聯邦法規彙編之 300 篇和 303 篇」（34 Code of Federal Regulations, Parts 300 and 303，簡稱 34 C.F.R.），此後，此美國之特殊教育法案和聯邦法規雖然歷經四次修訂，但是其在美國法典的編號卻一直沿用舊制。

　　藉由美國特殊教育法中對個別化教育計畫的內容更動，也可以洞察出美國特殊教育理念與趨勢的變化；例如早期介入的特教理念，反映在個別化家庭支持計畫的出現；特殊教育成效必須能延伸至成人生活的適應，就有個別化轉銜計畫的要求；當融合教育理念興起後，個別化教育計畫的規劃，就必須先考量以普通教育的安置和課程為優先的選擇，1997

年的修訂法已經要求大部分的身心障礙學生都要參加全州或全學區的年級定期基本學力測驗，2004 年的修訂法要求將一般學生的各年級的學年基本能力指標，納入身心障礙學生的長期目標之預期通過水準。這些不同的規定，也更印證個別化教育計畫是美國特殊教育法的核心，也是實現特殊教育理想的最佳利器。

❖ 美國特殊教育法第一次修訂

　　美國與「個別化教育計畫」有關的特殊教育法案自 1975 年始至 2007 年之三十二年間，共歷經了四次的修訂。第一次是 1986 年的修訂是「身心障礙兒童教育法案之修訂法」（Education of the Handicapped Act Amendments），亦稱 99-457 公法（簡稱 P.L. 99-457），此修訂法案主要是將 94-142 公法所定義之 6 到 21 歲的特殊教育受益年齡向下延伸，包含了 3 到 5 歲的學前階段和出生到 2 歲的嬰幼兒期。此修訂法中，對於此 0 到 2 歲的身心障礙兒童則是要求實施「個別化家庭支持計畫」（Individualized Family Service Plan，簡稱 IFSP），即是根據早期介入的原則，對 0 到 3 歲階段身心障礙兒童的本身、父母和其他家庭成員，亦提供與此身心障礙嬰幼兒發展有關的支援服務。

■■■「個別化家庭支持計畫」

美國「身心障礙兒童教育法案」1986 年修訂法之第 677 條款：

(a)法定評量和計畫擬定：每一位 0-2 歲的身心障礙嬰幼兒及家庭應該接受：

(1)不同專業的評量以診斷出其獨特需要和提出解決其獨特需要的建議服務。

(2)由不同專業團隊所共同擬定的「個別化家庭支持計畫」。

(b)階段性評估:「個別化家庭支持計畫」應該一年評估一次;而對
0-2歲身心障礙嬰幼兒的家庭至少六個月要提供一次計畫的檢視。

(c)評量後擬定「個別化家庭支持計畫」的時效性:0-2歲身心障礙
嬰幼兒具有合法鑑定資格後,必須儘快開始實施「個別化家庭支
持計畫」;在家長同意之下,早期介入服務(early intervention
service)亦可以在法定評量程序完成之前提早實施。

(d)「個別化家庭支持計畫」的內容:「個別化家庭支持計畫」的書
面文件內容應該包含下列內容:

(1) 0-2歲身心障礙嬰幼兒的生理發展、認知發展、語言發展、心
理─社交能力發展、自理能力發展等之具體可評量的行為現況
之描述。

(2)對增進此0-2歲身心障礙嬰幼兒發展有關的其家庭之優點和需
要協助的敘述。

(3)此0-2歲身心障礙嬰幼兒及其家庭之預期達到的進步目標,此
目標敘述需載明過程步驟、標準和時間表,以及實施過程中是
否有需要修訂目標的可能性等。

(4)對0-2歲身心障礙嬰幼兒早期介入服務的特別計畫敘述,包含
頻率、程度和服務方式。

(5)此「個別化家庭支持計畫」的服務起訖時間。

(6)參與此「個別化家庭支持計畫」的相關人員名單、及其和此份
「個別化家庭支持計畫」的關係。

(7)銜接此0-2歲身心障礙嬰幼兒至接受「個別化教育計畫」的適
當步驟措施。

❖ 美國特殊教育法第二次修訂

　　1990 年美國又通過了「身心障礙兒童之教育法案」的第二次修訂案，亦稱 101-476 公法（簡稱 P.L. 101-476）。此次修訂法的內容共有四項大改變：

一、是將「身心障礙兒童之教育法案」更名為「障礙之個體的教育法案」（Individuals with Disabilities Education Act；簡稱 IDEA），即由 Individuals with Disabilities 替代原來的 Handicapped Children；「Disabilities」之中文翻譯近於「缺陷」，然而本書作者認為中文之「障礙」一詞比「缺陷」更具正向積極之意義，故並未做中文翻譯之變更。此修訂法名稱上更改的精神是強調身心障礙者亦是一獨立自主之個體，身心障礙是由內在或外在因素所形成附加於個體的差異，並無損於個人存在的完整性。

二、是將「自閉症」（autism）和「創傷性腦傷」（traumatic brain injury）增加列入為身心障礙兒童的定義類別。

三、在設計「個別化教育計畫」時，要求增列對身心障礙個體之「轉銜服務」（transition services）的考量，亦即是當身心障礙學生已達 16 歲時，必須列入規劃此學生離校後的銜接發展方向，對於某些 16 歲以上的特殊個案，例如在高二階段此個案已完全在職場實習，此時「個別化轉銜計畫」（Individualized Transition Program，簡稱 ITP）即可以取代「個別化教育計畫」。

四、是對「輔助科技」（assistive technology）的重新定義。

　　1990 年之「障礙之個體的教育法案」主要涵蓋五個部分：

一、身心障礙者之診斷與鑑定　用以決定誰能符合法律定義之身心障礙的類別，以及決定何謂此身心障礙者的獨特之教育需要。

二、個別化教育計畫與相關服務　必須依據此獨特之需求，以擬訂「個別化教育計畫」的內容和提供必要之相關服務，此部分的條文詳載

了相關名詞的界定及實施的步驟。

三、教育安置 強調必須以個體獨特之需要為原則，以貫徹執行「個別化教育計畫」的設計。

四、經費 詳載美國教育部如何編列預算給各州，以協助各州執行對 3 至 21 歲身心障礙者所提供之免費、適當之公立教育和相關服務，因此各州之學區委員會（相當於我國各縣市之教育局）得以負擔轄區內所有「個別化教育計畫」的相關經費支出；此經費條文亦因此得以監控各州對「個別化教育計畫」之執行成效，倘若有州政府或地方教育機構未能遵守執行特殊教育法之規定時，翌年，美國聯邦政府教育部就刪減對此州之特殊教育經費預算之補助。

五、法定訴訟過程之權利保障 指從診斷與鑑定到「個別化教育計畫」的執行，身心障礙者之父母或監護人都享有接到有關單位的診斷或開會通知、紀錄、參與會議和要求聽證會等權利。

1990 年美國之「障礙之個體的教育法案」（IDEA）之「三十四號美國聯邦法規彙編」中，相關於「個別化教育計畫」的條款包括：管理條例 300.5 條（Regulations 300.5）是規範「輔助科技設備」，管理條例 300.6 條是規範「輔助科技服務」，管理條例 300.7 條是規範「身心障礙兒童」，管理條例 300.8 條是規範「免費、適當之公立學校教育」，管理條例 300.13 條是規範「家長」，管理條例 300.16 條是規範「相關服務」，管理條例 300.17 條是規範「特殊教育」，管理條例 300.18 條是規範「轉銜服務」。此 1990 年特殊教育管理條例 300.5 條至管理條例 300.18 條的全文中文翻譯請參見附錄一，其中 300.340 至 300.350 條款（Regulations 300.340-300.350），則直接規範「個別化教育計畫」之施行，為使讀者瞭解「個別化教育計畫」的內涵，將其條文內容詳述如下：

■■■ 美國「障礙之個體的教育法案」（1990）之 「三十四號美國聯邦法規彙編」──個別化教育計畫

300.340 條──定義

(a)此條文中，「個別化教育計畫」係指根據 300.341 至 300.350 等條文針對障礙兒童所發展與實施之書面說明。

(b)在 300.346 與 300.347 等條文中，「參與機構」係指除了負責學生教育之公立機構以外之州立或地方機構，財政與法律上必須負責提供學生轉銜服務。

（根據：20U.S.C. 1401(a)⑳）

320.341 條──州立教育機構之責任

(a)公立機構：州教育局必須確保各公立機構針對每一位障礙學生發展和實施個別化教育計畫。

(b)私立學校和機構：州教育局必須確保個別化教育計畫能夠發展並實施於下列障礙兒童：

⑴經由公立機構安置或轉介到私立學校或機構者。

⑵於教會附屬學校或其他私立學校註冊以及於公立機構接受特殊教育或相關服務者。

（根據：20U.S.C. 1412⑷、⑹；1413(a)⑷）

註：此條文適用於所有公立機構，包括直接藉由契約或其他安排等方式提供障礙兒童特殊教育之其他州立機構（如：智力健康與福利部門）。因此，州立福利機構與提供障礙兒童特殊教育之私立學校或機構簽定契約，則該機構必須負責確保為兒童發展其個別化教育計畫。

300.342 條──個別化教育計畫實施時間

(a)每學年開學，各公立機構必須針對該機構接受特殊教育之障礙兒

童，實施個別化教育計畫。

(b)個別化教育計畫必須

(1)在提供兒童特殊教育或相關服務之前實施。

(2)儘可能在 300.343 條文規定之會議後執行。

註：在此條文(b)(2)項，障礙兒童之個別化教育計畫應在 300.343 條文規定之會議後立刻執行。例外之狀況可為(2)會議於暑假或寒假期間舉行，或(2)因特殊狀況而有短暫延遲（如：交通運輸之安排）。然而，在提供兒童特殊教育或相關服務上，絕不可有過度之延遲。

300.343 條──會議

(a)一般性：各公立機構必須負責發起和舉辦會議，其目的在發展、審查以及修訂障礙兒童之個別化教學方計畫（抑若與州政策一致，在地方教育局之決定下，並獲得家長同意，亦可針對 3 歲至 5 歲之障礙兒童舉辦會議，商討此條例第 677 條文(d)所描述之個別化家庭支持計畫）。

(b)保留。

(c)時間表：針對發展兒童個別化教育計畫之會議必須在三十天之內舉行，並裁定該兒童需要接受特殊教育與相關服務。

(d)審查：各公立機構必須發起和舉辦會議，以定期審查兒童之個別化教育計畫，必要時，可修訂其條款。針對審查所舉行之會議每年至少一次。

（根據：20U.S.C. 1412 (2)(B)，(6)；1414(a)(5)）

註：各機構實施個別化教育計畫之日期在 300.342 條文中有詳細列舉（每學年開）。然而，除了新進之障礙學生（亦即第一次接受評估且被鑑定需要接受特殊教育和相關服務者）之外，針對發展、審查和修正個別化教育計畫之會議時間安排由各機構自

由決定。

為了使個別化教育計畫能夠在每一學年一開始即可實施，各機構可在前一學年期末或該學年前一暑假期間舉行會議。個別化教育計畫一旦在每學年即實施，會議可在學年中任何時間舉行。

此條例規定各機構每年至少舉辦一次會議，其目的在審查以及在必要時修訂兒童之個別化教育計畫。會議之時間安排可為前一年兒童個別化教育計畫會議之相同日期，亦可由各機構自行決定。

300.344 條——會議之成員

(a)一般性：各公立機構須確保每次會議皆包括下列成員：

　(1)公立機構代表一名，具有提供或修訂特殊教育條款資格者，而非兒童之教師。

　(2)兒童之教師。

　(3)兒童之家長，一位或兩者，其定義參照第 300.345 條條文。

　(4)必要時，兒童本身。

　(5)經由家長或機構決定之其他人員。

(b)評估人員：針對第一次接受評估之障礙兒童，各公立機構須確保。

　(1)評估小組中有一位成員參與會議，或

　(2)公立機構之代表，兒童之教師或會議中出席之其他人員，必須對施用於兒童之評估程序有所瞭解，並且相當清楚評估之結果。

(c)轉銜服務成員

　(1)若會議之目的以學生轉銜服務為考量，公立機構必須邀請下列成員：

(I)學生本人。

(II)任何可能提供轉銜服務或支付轉銜服務費用之機構代表一名。

(2)若學生未出席，公立機構必須採取其他措施，以確保學生之喜愛和興趣皆列入考量。

(3)若受邀參加會議之機構，未依規定行事，公立機構應採取其他措施，務必在計畫任何轉銜服務時，有其他機構參與。

（根據：20U.S.C. 1401(a)⒆、(a)⒇；1412⑵(B)⑷；1414）(a)⑸)

註1：在決定參加兒童個別化教育計畫會議之教師人選前，各機構可將下列情況列入考量：

(a)針對正在接受特殊教育之障礙兒童，參加會議之教師可為兒童之特殊教育老師，若兒童之障礙為語言障礙，參加會議之教師可為語言治療師。

(b)針對正被列考慮安置於特殊班之障礙兒童，參加會議之教師可為兒童之普通班老師或符合學生之教學方案所需資格之教師，亦可為兩者。

(c)若學生不在校內或有一位以上之老師，其機構可指派老師參加會議。

教師代表或機構代表應具有兒童可能之障礙項目之專業知識。

針對以語言障礙為主要障礙之兒童，根據此 IDEA(b)(1)項之規定，參與評估之人員通常為語言治療師。

註2：根據此 IDEA(c)項之規定。若會議之目的為考慮提供學生轉銜服務，則公立機構應該邀請學生參加自己之個別化教育計畫會議。對於年滿16歲或16歲以上之學生，轉銜服務為其個別化教育計畫中之必要項目，所以年度會議的目的之一即是轉銜服務之計畫。

對於未滿 16 歲之學生，若在學生未出席會議之情況下討論
轉銜服務，則公立機構應負責保證，在為學生決定轉銜服務
之前，針對此目的再舉辦一次個別化教育計畫會議，並邀請
學生本人參加會議。

300.345 條——家長參與

(a)各公立機構應採取措施以確保障礙兒童家長其中一位或兩位皆出
席會議，或是由公立機構提供家長參與會議之機會。包括下列：

(1)儘早通知家長以確保家長有出席會議之機會。

(2)會議時間和地點之安排皆由雙方同意。

(b)(1)根據此條文(a)(1)項之規定，會議通知書應詳述會議之目的、時
間、地點和出席人員。

(2)若會議之目的為考慮提供學生轉銜服務，則會議通知書必須：

(I)說明此目的。

(II)說明公立機構將邀請學生參加會議。

(III)列舉受邀派代表出席之其他機構。

(c)若家長皆無法出席，公立機構應以其他方法確保家長參與會議，
包括個人或團體會議電話通訊等方式。

(d)若公立機構無法說服家長參與，會議可在無家長出席之情況下舉
行。在此狀況下，公立機構必須保留安排雙方同意之時間和地點
之紀錄，如：

(1)詳細之電話訪談紀錄以及通話結果。

(2)郵寄家長之文件影印本以及任何回函。

(3)家訪或至家長工作地點訪視之詳細紀錄及結果。

(e)公立機構應採取必要措施以確保家長瞭解整個會議之進行方式，
包括為聽障家長或母語非英語之家長安排翻譯人員。

(f)家長索取個別化教育計畫副本時，公立機構提供。

（根據：20U.S.C. 1404(a)(20)；1412 (2)（B），(4)，(6)；1414(a)(5)）

註：此條文(a)項中之通知書亦可告之家長得以在他人陪伴下參加會議。

如同此條文(b)項所規定，通知家長之程序（不論口頭、書面或兩者）皆由機構自行決定，但機構必須將聯繫家長之努力過程記錄下來。（在 1820-0030 號監督下，由管理及預算處核准。）

❖ 美國特殊教育法的第三次修訂

1997 年美國的特殊教育法又完成了第三次的修訂，此次修訂法案仍保留「障礙之個體的教育法案」（Individuals with Disabilities Education Act；簡稱 IDEA）之舊名，亦稱 105-17 公法（簡稱 P.L.105-17）；其中 B 篇：所有身心障礙兒童的教育協助（Part B-Assistance for Education of All Children with Disabilities）共涵蓋五部分：(1)診斷與鑑定，(2)「個別化教育計畫」與相關服務，(3)教育安置，(4)經費，(5)訴訟程序的安全保證（Procedural Safeguards）。「個別化教育計畫」即載於 B 篇的第 614 條條款（Section 614）。

因應特殊教育之融合教育理念的發展成熟，個別化教育計畫在此次修訂中的兩點主要改變是：一、「個別化教育計畫」的書面文件將更具實用性和強調教育成效；二、強調讓身心障礙學生參與於完全融合之普通教育的教學環境。此修訂法的七點特色是：一、增強父母在「個別化教育計畫」中的份量；二、強調特殊教育仍以採用普通教育課程或做調整普通教育課程為主；三、儘量減少教師不必要的書面文件作業，而將心力著重在實際的教學活動；四、協助教育機構降低因提供特殊教育和其相關服務的經費成本；五、加強預防由種族、語言之差異所造成不當之鑑定和標記；六、確保學校是一個安全且學習資源豐富的場所；七、

鼓勵家長和教育人員以非敵對方式來共謀身心障礙者的教育福祉（Bateman, 1998；Council for Exceptional Children, 1998）；以下為 1997 年美國 IDEA 修訂法之「個別化教育計畫」條文規定。

■■■ **美國「障礙之個體的教育法案」（1997）──個別化教育計畫**

一、定義

　(一)個別化教育計畫（IEP）是指為身心障礙兒童所設計或修訂的書面文件，此書面文件須涵蓋下列內容：

　　1.此兒童目前的教育成就表現，包括：(1)此兒童的障礙狀況其參與普通教育情形的敘述；(2)對學前階段兒童而言，他／她的障礙狀況如何影響此兒童參與某些活動的敘述。

　　2.長程教育目標和短程教學目標，包括：(1)在普通教育的範圍內，可配合此兒童障礙狀況的教育目標；(2)適合此身心障礙兒童需要的相關教育目標。

　　3.對此兒童所提供的特殊教育、相關服務、支持性服務、輔助器材、以及學校行政人員在校內所必須提供的協助等，必須考量：(1)如何盡力配合以達成長程教育目標；(2)如何讓此兒童融入校內的普通教育之課程活動、課間活動及非學科性活動的安排；(3)如何協調及安排讓身心障礙與非身心障礙兒童共同參與於同一活動之中。

　　4.必須對此兒童不能參與普通教育的活動提出具體說明。

　　5.對於州政府或是學區固定舉辦的在校學生之成就評量，州政府或是學區的行政人員必須適當調整評量方式，以讓此身心障礙兒童得以參加此類的成就評量；此外，倘若個別化教育計畫委員會決定此兒童不需要參加此類評量，則必須提出不

克參加的理由或其替代方案。

6. 此個別化教育計畫之不同內容的實施起訖時間、預定的次數／頻率和實施地點。

7. 對滿 14 歲的身心障礙學生，個別化教育計畫必須作轉銜服務的有關課程規劃（例如參加職業教育的進階課程等），其中包含：(1)滿 16 歲以上，未來轉銜計畫的機構該何時介入，以及應該承擔多少的責任等；(2)在此身心障礙個體，屆滿各州法 定成年年齡的至少一年前，此個別化教育計畫必須提出此聲明記載。

8. 敘述長程教育目標和短程教學目標的評量方式，以及身心障礙兒童的家長將如何定期的收到其子女的各項評量結果，如同非身心障礙兒童定期收到的成績單，此評量結果包括：(1)此兒童的學習進步狀況和(2)說明此階段的狀況是否足夠讓此兒童達成其預定之年度長程目標。

(二)個別化教育計畫委員會

個別化教育計畫委員會是指參與個別化教育計畫的組成人員，包括：

1. 此身心障礙兒童之家長。

2. 至少一位之普通班教師（如果此兒童有參與普通教育）。

3. 至少一位之特殊教育教師。

4. 地方教育主管機關之代表，此代表必須具備下列之資格：(1)能提供或督導特殊教育之教學設計，(2)能瞭解普通教育之課程，(3)能熟悉地方教育機構的各種資源狀況。

5. 能解釋和說明此兒童之診斷鑑定結果的專業人員代表。

6. 其他相關人員，例如相關服務之專業人員等。

7. 如果有需要，身心障礙兒童本人亦可加入此委員會。

二、個別化教育計畫實施之必備條件

(一)每一學年之開始，負責特殊教育之主管單位（涵蓋地方教育局、州教育局或有關單位），都必須為每一身心障礙兒童擬訂及執行個別化教育計畫。

(二)對 3-5 歲身心障礙兒童之家庭所提供的「個別化家庭支持計畫」（IFSP），亦可代表此兒童之個別化教育計畫，如果其符合下列條件：

　1.符合州政府的規定。

　2.此兒童的父母和主管單位皆同意此決定。

三、個別化教育計畫之擬定

(一)個別化教育委員會在設計此兒童之個別化教育計畫時需考量：

　1.此兒童之長處和其父母對此兒童的期望。

　2.此兒童最初或最近期內所做過的教育評量或診斷結果。

(二)特殊教育需求的考量上，個別化教育委員會必須參考下列四點：

　1.如果此兒童的行為會妨礙其學習，則針對此行為的輔導策略必須列入此兒童之個別化教育計畫。

　2.如果此兒童的母語不是英語，而影響其使用英語的能力，則英語的語文訓練也必須列入此兒童之個別化教育計畫。

　3.對於視覺障礙或全盲的兒童，除非是經過整體性評估後，個別化教育計畫委員會認為有必要，否則不可以直接提供點字書或點字教學給此兒童。

　4.對於聽覺障礙兒童的語言發展和溝通模式，個別化教育計畫應該考量儘量提供此兒童與非聽覺障礙者的溝通機會與學習環境，此外亦應評估此兒童是否需要輔助器具或他人的協助服務。

四、評估與修訂個別化教育計畫

(一)地方教育主管機構應該責成個別化教育計畫委員會，至少一年做一次個別化教育計畫的評估，評估的內容包括：

　　1.哪些項目未達其預期的年度長程教育目標。

　　2.上一次未達預期目標而此次實施後再重新評估的結果。

　　3.父母對此個別化教育計畫的看法。

　　4.此兒童的未來需要。

　　5.其他。

(二)參與此兒童之個別化教育計畫擬訂的普通教育之教師，也必須參與其年度之個別化教育計畫的評估與修訂。

五、如果轉銜服務的規劃中，非教育體系的其他機構無法配合，導致轉銜服務的目標無法達成時，地方教育主管機構須重新召開個別化教育計畫委員會會議，尋求替代方案以達到相同目標。

六、對於服刑於成人監獄的成人身心障礙者，除非州政府提出安全上的保證與教學意義，個別化教育計畫才可調整實施；此外下列規定並不適用服刑於成人監獄中的身心障礙兒童：

(一)身心障礙兒童必須能參與普通教育的定期性評量。

(二)轉銜服務的規定。

　　根據上述之條文，「個別化教育計畫」必須達到下列五項要求：

一、敘述兒童的障礙如何影響到其參與普通教育課程的情形，以及學前階段兒童，其障礙狀況如何影響其接受應有發展性活動的情形。

二、強調長程教育目標的可評量性以及其如何適合個體獨特之需要，而不再過分強調敘述繁瑣的短程教學目標。

三、加強行政支援與長程教育目標達成的合作關係。

四、儘量讓身心障礙兒童也接受各州或學區內，普通教育兒童必須接受

的定期全年級基本學力測驗，但是必須在試題形式或答題方式上作調整，而身心障礙兒童父母也要定期的收到其子女進步狀況的報告通知。

五、從 14 歲開始，「個別化教育計畫」就必須開始列入轉銜服務的規劃，以促使 16 歲以後的轉銜服務更易見成效。

❖美國特殊教育法的第四次修訂

2004 年 12 月 3 日美國第 108 屆國會通過第四次修訂的特殊教育法案，美國總統布希（President George W. Bush）即於同年簽署公布此 108-446 公法（Public Law 108- 446, Individuals with Disabilities Education Improvement Act of 2004，簡稱 IDEA 2004），此修訂法案於 2005 年 7 月 1 日起開始生效，其管理條例亦於 2006 年 10 月 13 日開始執行。

2004 年的新修訂美國特殊教育法和其管理條例內容大致依循舊例，但是乃有下列幾項更新主張：1. 預防與減低來自不同文化兒童在身心障礙兒童中所占的非常態性比例，2. 個別化教育計畫中列入可評量的長程目標，例如參考普通教育（No Child Left Behind Act, NCLB）的全州學科成就標準測驗中各年級的應通過標準，以取代短程目標的敘述，3. 減少繁文褥節的文書或文件，4. 減少學校必須通知家長各項法律預告過程次數，5. 強化高品質的特殊教育師資水準和更嚴格的教師換證程序，6. 實驗三年擬訂一次的個別化教育計畫方案（Council for Exceptional Children, 2007a & 2007b; Klotz & Nealis, 2005）。此外此次新修訂法規中出現了一些新名詞，或是更新某些名詞的定義，簡述如下（Council for Exceptional Children, 2007a）：

1. 學校核心學科（core academic subjects）指語文、英文、數學、科學、外國語、公民與政府（civics and government）、經濟學、藝術、歷史和地理。

2. 外科移植手術的設備不屬於特殊教育輔助性科技設備（assistive

technology devices）的定義，但是學校需要保障及協助此些設備的正常運作。

3. 妥瑞氏症（Tourette syndrome）歸屬於身心障礙定義之其他健康受損（Other Health Impairment）類別下的慢性或急性健康問題（chronic or acute health problem）。

4. 家長的定義也包含身心障礙孩子的收養父母、寄養父母、監護人或法律責任歸屬人。

5. 相關專業服務（related services）也包含翻譯員和學校護士的服務。

6. 補充性協助與服務（Supplementary aids and services）包含提供普通教育以外的學科能力加強課程和非學科性活動。

基於上述的主張，新修訂的特殊教育法和其管理條例對各州或各學區乃有下列幾項重要變革要求（Council for Exceptional Children, 2007；Klotz & Nealis, 2005；Siegel, 2007）：

1. 各學區對學習障礙學生的鑑定方式（methods to identify students with learning disabilities）必須多元化，採用有研究成果支持的鑑定方式，若採用普通教育教學介入成效（Response to intervention，簡稱 RTI）的鑑定方式時，也必須遵循上述原則。

2. 為了避免鑑定時間過長而延宕疑似身心障礙學生接受及時特殊教育介入的時機，各學區可以自行規劃強調其幼稚園至三年級（K-3）的早期介入服務（early intervening services），此早期介入服務方案包含提供學科學習協助，以及行為輔導給普通班級中尚未被鑑定為身心障礙者的學生，但是此項方案所需經費不可超過各學區全年度特殊教育經費總預算的 15%，並且各學區每年必須提出人數比例報告給州政府，即是多少學生在被鑑定確認為身心障礙學生之前曾經接受過此項早期介入服務。

3. 為了提升特殊教育教學成效，強化高品質的教師（highly qualified

teachers），各州政府必須要求擔任公立學校核心學科（core aca-demic subjects ）教學的特殊教育教師，必須具備學士學位以上、特殊教育教師證照以及該學科的職前訓練或任教資格證明。此外，各州政府必須要求在職教師接受階段性密集的實務導向在職訓練，以提升教師的教學專業能力，基本上，教師的專業能力以三年為有效期，三年後必須申請重新換證。

4. 各學區將授予學校層級的較多的權限（discipline），例如學校可以個案性處理有嚴重傷人行為問題學生的暫時性教育安置，但是此暫時性安置不可以超過 45 個上課日，此段期間個別化教育計畫仍必須作出暫時性的規劃和處理；加強學校對疑似身心障礙學生的輔導，或是家長拒絕接受鑑定或安置的疑似身心障礙學生的各項處理措施，以及對於身心障礙學生各項行為表現及其障礙本身因素的直接關係認定（manifestation determination）。

5. 各州政府必須訂定階段性的使用國訂教材標準（National Instructional Materials Accessibility Standards, published on July 19, 2006）於身心障礙學生的教育，此階段性（timely access）的時間長短規範將視學生的身心障礙狀況而定，以確保身心障礙學生和非身心障礙學生皆可以接受一樣的課程學習內容。

　　針對個別化教育計畫的各項規定，美國 2004 年特殊教育法和其管理條例乃有下列幾項新的措施（Cortiella, 2007；Council for Exceptional Children, 2007；Klotz & Nealis, 2005；Siegel, 2007）：

1. 擬定學生的個別化教育計畫時，除了原有的考量：學生的優勢能力、家長對其子女的期待、學生的最初和最近的評量結果以外，新的法規要求增加對學生學科性、發展性和功能性學習課程的考量。

2. 個別化教育計畫中只需要列出具體可評量的年度教育目標（meas-urable annual IEP ）即可，可以不必強制寫出短程目標敘述（short-

term objectives），但是此年度教育目標必須參考普通教育法案──「帶起每一位學生」（The No Child Left Behind Act; NCLB），對各年級學生學科要求的成就標準或替代成就標準（alternate achievement standards），僅有少數重度或極重度認知障礙學生可能還是要採用短程目標的敘述；但是縱使法律不再強制要求列出短程目標，家長仍然可以要求對其子女的個別化教育計畫列出短程教學目標，如果家長認為此有助於瞭解孩子的進步狀況。

3. 每個學年度結束時，個別化教育計畫必須對家長提出孩子的學習進展報告，以及其符合預設之年度初期教育目標的情形。

4. 個別化教育計畫中開始考量孩子的轉銜規劃（Transition information）的年齡，從原來的 14 歲延後至 16 歲以後。

5. 當新的個別化教育計畫內容並沒有新的變更，或是個別化教育計畫會議之前家長和教育人員已經達成協議，則此些法定的個別化教育計畫必要成員，可以不必再親自出席參加此次會議。

6. 如果家長和教育單位彼此都瞭解和同意孩子新的個別化教育計畫內容，在取得家長的書面同意後，可以不必再召開個別化教育計畫會議。

7. 如果個別化教育計畫的內容變動很小，在取得家長的書面同意後，可藉由電話討論、視訊會議或信件方式討論，以取代原有大家必須親自出席會議的形式。

8. 當身心障礙學生轉學時，新的學校仍必須繼續提供「相當」於此學生原有個別化教育計畫的服務內容。

9. 美國教育部將選定 15 個州實驗一次設計三年期的學生個別化教育計畫，以取代原有最少一年要重新擬定一次的個別化教育計畫，此項設計是響應減少文書或文件工作的具體方案之一，實驗期最長為四年；但是即使在實驗期間，此 15 個州內的身心障礙學生的家長，仍有權利要求一年至少要重新評估和設計一次的個別化教

育計畫。

　　從 1975 年的「身心障礙兒童之教育法案」到 2004 年的「障礙之個體的教育修訂法」，美國的特殊教育法有許多的變革，此些變革也顯示了各界對於特殊教育理念的轉變和要求；但是不管法規條款的變化如何，美國特殊教育法的精髓仍是在於要求必須為每一身心障礙個體設計「個別化教育計畫」，藉著「個別化教育計畫」的擬訂與執行，以提供身心障礙者免費、適當的公立教育服務，因為「個別化教育計畫」最能闡釋與發揮其中「適當」（appropriate）一意的精神。「適當」一詞的相等意義就是：適合個體獨特之需要，但並不代表是最好的（Siegel, 2007）；因為教育介入所牽涉的因素很多，有時候受限於各項資源的提供不能立即呈現，所以將以當時客觀環境所能提供的最佳資源及服務為準則。對身心障礙者而言，不同的障礙類別之間，其需要的特殊教育服務是不一樣的，所以適當性一詞就沒有標準答案，因各種狀況而異，例如中重度智能障礙者需要以生活自理能力或社會適應能力為主的教育，而聽覺障礙者則強調溝通能力的培養；另一方面，同一障礙類別的不同個體之間，其差異性依舊存在，例如兩位國小一年級具有相同殘餘聽力的聽覺障礙學生，一位曾接受學前的聽能溝通訓練，一位則未曾接受過任何特殊教育，假若此兩位學生同時進入國小一年級就讀，他們所需要的特殊教育內容及項目又將是不一樣的；不論不同障礙類別間的差異，或是不同個體間的獨特性，「個別化教育計畫」即是考量其獨特需要之適性教育的權利保障。美國高等法院 1982 年曾在一件訴訟案中對特殊教育法之「適當的計畫」（appropriate program）一詞提出解釋（Bateman, 1996）：

　　「個別化教育計畫」是執行一項法定要求，以讓身心障礙兒童能合理的享有教育的福澤。（載於 Hendrick Hudson Bd. Of Ed v. Rowley, 458 U. S. 176）

❖個別化教育計畫的內涵

「特殊教育」的基本定義是為設計特定的教育計畫，以迎合身心障礙兒童之獨特教育需求，而「個別化教育計畫」即是用以協助身心障礙兒童，得以滿足其獨特教育需要的過程和契約，也因此「個別化教育計畫」涵蓋了「個別化教育計畫委員會」的討論過程和其執行結果的書面契約。2004 年的美國特殊教育修訂法對於個別化教育計畫有些重大的改變，尤其是三年期年度長程目標的設計實驗、以及採用普通教育的年級成就水準來預期同年級各類身心障礙學生的表現等等，此些變革成效似乎仍有待實驗結果以驗證其適用性。多年來美國「個別化教育計畫」的相關條文規定，詳繁地分散於「障礙之個體的教育法案（IDEA）」的不同條款當中，Bateman（1996）將其歸納整理成 5W（how, who, what, when, where），以協助相關人員得一窺「個別化教育計畫」法律條文規定之全貌，此「個別化教育計畫」的 5W 分述如下：

How 是指「個別化教育計畫委員會」如何擬訂「個別化教育計畫」。在召開第一次「個別化教育計畫」委員會會議前，所有相關人員就應該準備好個案的「個別化教育計畫」規劃草案，在會議中進行討論和協商，以達成適合此個案之教育獨特需要的共識。

Who 是指誰是「個別化教育計畫委員會」的成員。根據美國特殊教育法的規定，委員會的成員應涵蓋：

1. 學區的行政人員代表；他們的功能是用以提供或監督特殊教育的服務，例如經費的支出、交通車的提供、相關服務的資源調配、以及校外行政資源的協調等。

2. 此身心障礙者的普通教育、特殊教育老師或相關服務的專業人員；他們的任務是藉著對此學生的瞭解，而提出什麼是這個學生的獨特需要。但是法律並未強制要求相關服務的專業人員，必須出席「個別化教育計畫」的委員會會議，但是他們必須提交書面報告給委員會做裁決，此書面報告主要是此個案將接受相關服務的項

目內容和時間安排等。

3. 此身心障礙者的父母或監護人；他們將審核此「個別化教育計畫」
是否適合此身心障礙學生的真正需要，最後亦必須簽名以示同意
或不同意這份「個別化教育計畫」的設計。

4. 跨專業診斷或評量人員；此部分人員乃必須能對此身心障礙者所
做多種的診斷評量結果提出說明，以協助委員會成員瞭解此個案
之狀況，而決定何者是此個案的獨特性之需要。

5. 如果有需要且狀況允許，此身心障礙者本身亦可列席參加此「個
別化教育計畫」的討論與擬訂；此條款是希望讓身心障礙者亦可
參與與其切身有關之教育計畫的規劃，有些學區尤其鼓勵 16 歲及
其以上的個案，參與其中轉銜服務的規劃。

What 是指「個別化教育計畫」的書面文件之內容項目。綜論之，美
國特殊教育法雖然幾經修訂，「個別化教育計畫」的書面文件項目內容
大致如下所述：

1. 兒童現階段教育表現之敘述。

2. 可評量的年度目標和短程目標之敘述，2004 年修訂短程目標為非
必要內容。

3. 特殊教育提供和相關服務的敘述。

4. 參與普通教育的狀況，和不能接受普通教育課程的理由說明。

5. 16 歲及其以上之個案則須加入「轉銜服務」的敘述。

6. 此份「個別化教育計畫」實施的起訖時間。

7. 年度長程目標和短程目標的評量方式、評量標準和評量結果。

When 是指何時召開「個別化教育計畫」委員會會議。法律規定當個
案被鑑定確認為身心障礙者的三十天內，就必須舉行第一次委員會會議。
再者至少一年內必須再召開委員會議，以評估此「個別化教育計畫」的
實施成效。此外當「個別化教育計畫」必須做重大改變，或是家長或學
區行政單位提出要求時，「個別化教育計畫」委員會都必須隨時再召開

會議。

　　Where 是指在何處舉行「個別化教育計畫」委員會會議。通常此會議會在此個案就讀的學校召開，理由是大部分的委員會成員都是學校的相關人士。

❖個別化教育計畫內的名詞解釋

　　上述 5W 已概述了「個別化教育計畫」的實施程序與內容重點，以下再針對「個別化教育計畫」書面文件所用之專有名詞，根據美國法律規定提出解釋說明，分述如下：

1. **兒童現階段教育表現之敘述**—此部分之敘述包括個案之學業性（例如國語、數學等）和非學業性（例如行動能力、社交技巧等）的表現情形，此等表現情形必須使用可以評量的行為目標方式敘述，而且直接銜接到長程教育目標的擬訂，和相關服務的提供。

2. **年度目標和短程目標之敘述**—此部分的擬訂僅針對特殊教育的執行部分，亦必須與兒童之現階段教育表現緊密銜接；其目的是以評估個案的進步狀況和特殊教育服務的成效。年度目標亦可解釋為長程教育目標，通常為一概括性的學習目標之敘述；而短程教學目標則將長程教育大目標細分成若干教學目標。

3. **相關服務**—指校內外交通工具的提供、醫療的提供與費用支出、校內醫護人員的支援、專業的心理諮商與輔導、聽能訓練、語言治療、物理治療、職能治療、休閒能力之培養、親職教育和社會工作人員的協助等。根據美國 1990 年「障礙之個體的教育法案」的規定，相關服務的專業人員並非一定要出席接受服務個案的「個別化教育計畫」會議，然而一定要提出書面報告，報告的內容要陳述個案的狀況、接受專業服務的頻率和項目內容等，但是可以不需要擬訂出年度教育目標和短程教學目標。

4. **轉銜服務**—「轉銜」是指銜接 14 歲或 16 歲以上之個案離開學校後

的可能去處之規劃和適應能力的訓練；身心障礙學生從中等學校畢業後，可能會繼續進入高等教育之學校或職業訓練機構、以及直接就業等；因此高中畢業水準以上的學科學習能力、獨立生活的能力、職業知能、和參與社會活動的能力都屬於轉銜服務的定義，須因應個案狀況而列入教育目標。在「個別化教育計畫」會議中，與此個案有關的未來轉銜規劃之機構或協調者（如職場負責人），也必須有代表出席會議，以共同決定個案離校前後之教育規劃。

　　以上僅就美國的特殊教育法案和管理條例中對「個別化教育計畫」的相關規定提出介紹與說明，以協助參與身心障礙教育之相關人員瞭解「個別化教育計畫」的緣由和全貌，表 1 乃將美國特殊教育法從 1975 年的初訂到 2007 年之修訂過程中，對「個別化教育計畫」的主要內容之新增更易作比較說明。

表 1　美國特殊教育法與個別化教育計畫

1975— 94-142 公法：身心障礙兒童之教育法
・對 5-18 歲之身心障礙兒童提供：免費、適當的公立教育
1986— 99-457 公法：身心障礙兒童教育法案之修訂案
・對 3-21 歲之身心障礙兒童／個體提供：免費、適當的公立教育 ・對 0-2 歲之嬰幼兒提供：特殊教育學生之家庭支援服務（IFSP）
1990—101-476 公法：障礙之個體的教育法案
・法案名稱由「身心障礙兒童之教育法」更改為「障礙之個體的教育法案」 ・增加自閉症和創傷性腦傷類別 ・增加轉銜服務之內容 ・更新輔助科技器材設備之內容
1997—105-17 公法：障礙之個體的教育法案
・強調讓身心障礙學生能完全融合於普通教育之中 ・「個別化教育計畫」的書面文件將更具實用性、具體評估性和成效性

> **2004—108-446 公法：障礙之個體的教育法案**
> ・提昇特殊教育教師的專業能力
> ・減少繁文縟節的文件和文書
> ・實驗個別化教育計畫三年期的長程目標設計
> ・彈性調整個別化教育計畫會議的形式和必要出席人員，以及目標敘述形式

第二節　我國的特殊教育法與「個別化教育計畫」

　　我國於民國 73 年首次公布施行了特殊教育法，此法之頒行使得我國身心障礙及資賦優異之國民的教育權益受到具體之保障，然而「個別化教育計畫」之專有名詞及具體內容在此時並未出現。此後我國由於社會的變遷、特殊教育思潮的發展趨勢、以及國家教育決策的調整等因素，特殊教育法於民國 84 年開始進行修訂，而於民國 86 年 5 月由總統公布頒行此特殊教育法之修訂案，其中第 27 條乃為新增之條款是舊法所無（林純真，民 85）。此第 27 條為：各級學校應對每位身心障礙學生擬訂「個別化教育計畫」，並邀請身心障礙學生家長參與其擬訂及教育安置。此第 27 條的重點即為我國身心障礙學生之「個別化教育計畫」的執行創立了法源的依據，亦謂中華民國學齡階段之法定的身心障礙學生，皆可依法享有其「個別化教育計畫」；也即是特殊教育主管機構必須監督其所屬人員，為每一位身心障礙學生設計符合其獨特需要之「個別化教育計畫」。

　　具體而言，「個別化教育計畫」將得以實踐我國特殊教育法之精神，亦即是特殊教育法第 1 條：為使身心障礙及資賦優異之國民，均有接受適性教育之權利，充分發揮身心潛能，培養健全人格，增進服務社會能力。身心障礙國民之適性教育的意義，應有如美國特殊教育法中：appropriate「適合個體獨特需要」之教育精神，而此權利的具體保障即有待「個

別化教育計畫」的實施與執行。

❖ 我國特殊教育法中與「個別化教育計畫」有關之條文

除了發揮適性教育之精神外,「個別化教育計畫」更足以用以落實特殊教育法第 5 條、第 19 條、第 22 條和第 24 條之規定,整合性提供對身心障礙學生之特殊教育服務的項目及內容。

- 特殊教育法第 5 條:

  特殊教育之課程、教材及教法,應保持彈性,適合學生身心特性及需要;……對身心障礙學生,應配合其需要,進行有關復健、訓練治療。

- 特殊教育法第 19 條:

  ……身心障礙學生於接受國民教育時,無法自行上下學者,由各級政府免費提供交通工具,確有困難無法提供者,補助其交通費。

- 特殊教育法第 22 條:

  身心障礙教育之診斷與教學工作,應以專業團隊合作進行為原則,集合衛生、醫療、教育、社會福利、就業服務等專業,共同提供課業學習、生活、就業轉銜等協助。

- 特殊教育法第 24 條:

  就讀特殊學校(班)及一般學校普通班之身心障礙者,學校應依據其學習及生活需要,提供無障礙環境、資源教室、錄音及報讀服務、提醒、手語翻譯、調頻助聽器、代抄筆記、盲用電腦、擴視機、放大鏡、點字書籍、生活協助、復健治療、家庭支援、家

長諮詢等必要之教育輔助器材及相關支持服務。

　　我國特殊教育法第 5 條強調課程和教材教法的適性調整，以及醫療復健和訓練的提供。特殊教育法第 19 條提出了教育單位必須對有特別需要的身心障礙學生，提供上下學有關的交通工具及交通費補助。特殊教育法第 22 條指出對身心障礙學生的診斷和教育，都必須整合衛生、醫療教育、社會福利、就業服務等相關服務合作進行之。特殊教育法第 24 條更明確列出身心障礙學生的教育輔助器材及相關支持服務包含了手語翻譯、代抄筆記、點字書籍、家庭支援和家長諮詢等。綜論之，上述四條法規的內容明確的敘列出特殊教育法必須對身心障礙學生提供哪些教育服務，而其中已蘊含了「個別化教育計畫」的設計參與人員、相關服務的範圍、以及「個別化教育計畫」的內容。

　　特殊教育施行細則乃是用以執行特殊教育法原則性條款。特殊教育法施行細則之第 18 條和第 19 條，即是具體明定我國「個別化教育計畫」的實施方式及內容。

・特殊教育法施行細則第 18 條：

本法第 27 條所稱個別化教育計畫，指運用專業團隊合作方式，針對身心障礙學生個別特性所擬訂之特殊教育及相關服務計畫，其內容應包括下列事項：

一、學生認知能力、溝通能力、行動能力、情緒、人際關係、感官功能、健康狀況、生活自理能力、國文、數學等學業能力之現況。

二、學生家庭狀況。

三、學生障礙狀況對其在普通班上課及生活之影響。

四、適合學生之評量方式。

五、學生因行為問題影響學習者，其行政支援及處理方式。

六、學年教育目標及學期教育目標。

七、學生所需要之特殊教育與相關專業服務。

八、學生能參與普通學校（班）之時間及項目。

九、學期教育目標是否達成之評量日期與標準。

十、學前教育大班、國小六年級、國中三年級、及高中（職）年級學生之轉銜服務內容。

前項第十款所稱轉銜服務，應依據各教育階段之需要，包括升學輔導、生活、就業、心理輔導、福利服務及其他相關專業服務等項目。參與擬訂個別化教育計畫之人員應包括學校行政人員、教師、學生家長、相關專業人員等，並得邀請學生參與；必要時，學生家長得邀請相關人員陪同。

• 特殊教育法施行細則第 19 條：

前條個別化教育計畫，學校應於身心障礙學生開學後一個月內訂定，並每學期至少檢討一次。

　　綜合我國特殊教育施行細則第 18 和第 19 條之「個別化教育計畫」專用法則，本書作者仍將其歸納整理成 4W （how, who, what, when, ），以協助相關人員瞭解及執行我國「個別化教育計畫」之法律條文規定；相較於前述 Bateman 的 5W，我國的特殊教育施行細則並未明定在何處（where）規劃學生之「個別化教育計畫」，故本書僅能呈現 4W 的內容，分述如下：

　　How 是指運用專業團隊合作的方式以擬訂此「個別化教育計畫」。

　　Who 是指參與擬訂「個別化教育計畫」的人員。特殊教育施行細則第 17 條是指學校行政人員、教師、學生家長、家長邀請的相關人員、相關專業人員、或學生本人等。

　　What 是指「個別化教育計畫」的內容，分述如下：

1. 學生現況之描述；包含學業成就、生理健康、人際關係、溝通能力和生活自理能力等。

2. 學年教育目標和學期教育目標。

3. 特殊教育和相關服務的內容。

4. 參與普通教育的時間長短及項目。

5. 校內外對學生特殊行為問題的行政支援和方式。

6. 學期教育目標的評量方式、評量標準和目標達成的評量日期。

7. 轉銜服務內容。

When 是指學校必須在開學後一個月內，訂定出每個身心障礙學生的「個別化教育計畫」，並且每學期至少作一次評估。

第三節　美國和我國有關「個別化教育計畫」法規之比較

相較於美國 1997 年的障礙之個體的教育法案和我國 87 年公布之特殊教育法施行細則，兩國對於「個別化教育計畫」的法律規範分析歸納如下：

表 2　美國和我國有關「個別化教育計畫」法規之比較

	美國（1997）	我國（1998）
條文份量	共六條及各條之下的小節	共二條
條款內容	·定義（委員會和書面文件） ·實施之必要條件 ·擬訂之過程和必要之考量 ·評估與修訂之方式和時間 ·轉銜服務的替代方案 ·服刑於監獄之「個別化教育計畫」的執行	·第 18 條：定義和書面文件之內容 ·第 19 條：擬訂和修訂之時間
「個別化教育計畫」委員會	·具體明確訂出委員會成員：家長、普通班教師、特殊班	僅列舉參與擬訂「個別化教育計畫」之人員：學校行政人

	美國（1997）	我國（1998）
條文份量	共六條及各條之下的小節	共二條
	教師、地方教育主管機關代表、診斷鑑定人員、相關專業人員、個案本人 • 詳列實施過程和程序 • 任務含擬訂、修訂和評估「個別化教育計畫」	員、教師、家長、相關專業人員、個案本人，而未言及其他實施程序和任務
時限規定	• 被鑑定為身心障礙學生之30天內召開第一次IEP會議，與學期的前後無關 • 至少一年做一次評估	• 開學後一個月內訂定出 • 至少每學期檢討一次
「個別化教育計畫」書面文件之內容	• 現況 • 長程和短程教育目標內容 • 長程和短程教育目標的評量方式和結果 • 特殊教育和相關服務的實施時間、方式和地點 • 如何參與普通教育之課程、活動和學科成就評量 • 無法參與普通課程之理由 • 轉銜服務	• 現況 • 家庭狀況 • 障礙狀況 • 評量方式之調整 • 學年目標和學期目標內容 • 學期目標的評量方式和標準 • 參與普通教育之時間和項目 • 特殊教育和相關服務的內容 • 行為問題之行政支援和處理方式 • 轉銜服務
學生現況之描述	• 參與普通教育或一般活動之概括性敘述 • 學生在學科性、發展性和功能性課程學習之能力	認知能力、溝通能力、行動能力、情緒、人際關係、感官功能、健康狀況、生活自理能力、國文、數學等學業能力之現況
轉銜服務之定義	14歲或16歲以上之離校後的就業準備	學前教育大班、國小六年級、國中三年級、及高中（職）三年級學生之升學輔導、生活、就業、心理輔導、福利服務及其他相關專業服務等項目

綜合上述美國和我國特殊教育法對「個別化教育計畫」之種種規定，

顯而易見，歷經三十二年的實施驗證和不斷修訂，美國的「個別化教育計畫」確實已建立其完整之規模，而我國對於「個別化教育計畫」的規劃尚處於初步發展階段，有關條文的規定略為簡略，以下乃對兩國之差異及其可能呈現之問題提出八點討論：

一、**「個別化教育計畫委員會」之必要性和重要性**　美國對「個別化教育計畫」的定義即涵蓋「個別化教育計畫委員會」和「個別化教育計畫」書面文件，並且對其成員、任務、和實施步驟皆有所規範；而我國則並未明確指出「個別化教育計畫委員會」之地位，僅說明運用專業團隊合作方式進行特殊教育和相關服務的計畫擬訂和列出成員類別。此差異可能造成國內進行擬訂「個別化教育計畫」時的兩個問題：一是應該由哪個單位或誰來負責統籌規劃此工作？二是此工作該如何來進行？如前所述，「個別化教育計畫」是由一群特殊教育相關人員共同設計的教育實施計畫，假若這一群相關人員不能作面對面的溝通與討論，以設計出符合此個體之獨特需要的教育計畫，結果將造成由教師們各自獨立編寫出的「個別化教育計畫」，此缺乏共識之書面文件其實已失去「個別化教育計畫」的意義和價值。

二、**地方教育主管機關代表參與「個別化教育計畫」擬訂之必要性**　美國的「個別化教育計畫委員會」的成員含有地方教育主管機關代表，其職務相當於我國之縣／市特殊教育主管人員，包含全縣層級的相關借調或約聘僱人員，此代表人員最主要的功能是提供地方性之特殊教育的相關資源，例如相關專業人員的提供、輔助科技的提供、交通車的提供、或是不同學校間的行政協調等；然而我國特殊教育施行細則第18條，並未將縣市教育行政人員列入參與「個別化教育計畫」之成員，因此假若當某些身心障礙學生需要校外專業人員的協助，或是跨校際間的協調合作時，此跨專業團隊合作之關係運作就比較困難，而有礙「個別化教育計畫」之滿足個體獨特需要的精髓。

三、時限之考量 根據美國「34 號美國聯邦法規彙編」之管理條例，地方教育主管機構必須在身心障礙學生被鑑定後的三十天內，召開第一次「個別化教育計畫」會議，以協調出家長同意簽名之「個別化教育計畫」書面文件，此意謂如果家長對會議決議之設計不滿意時，可能需要再舉行第二次、第三次不等之會議。美國「障礙之個體的教育法案」則規定每學年一開始，每一位身心障礙學生即應有開始生效之「個別化教育計畫」。然而根據我國特殊教育法施行細則第19 條，「個別化教育計畫」必須在開學後一個月訂定出，此意謂召開第一次會議？或是已經完成家長同意程序？此二者之間差異甚大，對於學校執行單位的影響頗鉅，實在有待決策單位多作考量和說明；因為有些學校會將個別化教育計畫會議訂在開學後一個月的最後一天召開，此舉是合法的，但是有違個別化教育計畫的精神和意義，因為此些身心障礙學生的前四週教學目標規劃，將變成空窗期或事後行政追認，有違學理或法規原則。

四、「個別化教育計畫」書面文件之內容項目 我國之「個別化教育計畫」的內容中，要求敘述個案之家庭狀況和障礙狀況，本書作者對於此兩項目的作用稍存疑惑；基本上，「個別化教育計畫」的書面文件是一學年或一學期擬訂一次，而個案之家庭狀況和障礙狀況都屬於比較固定性之資料，確實應該列入設計者考量此個案之「個別化教育計畫」之參考，但是非屬必要載入相同個案之每一次「個別化教育計畫」的內容，「個別化教育計畫」的內容主體應該是此個案每學期或每學年變動性的資料，個案之固定性資料非必要重複填寫或出現在每一次之「個別化教育計畫」的內容。

五、學生現況描述之內容 美國對於「個別化教育計畫」現況描述，採用概括性的內容敘述規定，而我國則詳列出至少十項內容；基本上，現況描述係源自於個案當時相關的特殊教育獨特性需要，因此有視個案差異之獨特性（case by case），並非所有個案之現況描述都需要

列出上述至少十項之內容，因此需要決策單位再作說明，「個別化教育計畫」的現況至少十項內容，是屬於選擇性或是必要性的規定？以避免教師擬訂時作不需要的書面作業之浪費；例如，一位僅需要國語科補救教學之學習障礙學生，其行動能力、感官功能、健康狀況、生活自理能力等之現況敘述，恐將不需要列入此學生之「個別化教育計畫」內，因為此學生無上述狀況之特殊教育獨特需求之必要。

六、美國 2004 年規定以具體可評量的長程目標取代短程目標，即是可以不用撰寫短程目標。此修訂對於身心障礙學生之學期中學習表現，將無法即時和敏銳地報告給家長。即當學生無法通過長期目標評量結果時，一學期或一學年已經過去，教學將無法即時改變策略或選用教材。若再加上 2007 年以後美國將實驗以三年為一次設計個別化教育計畫，可能形成三年的特殊教育介入後，學生的預定教育目標並未達成，如何讓時間回轉重新再來？

七、**轉銜服務之定義**　美國個別化教育計畫對於轉銜服務的提供，乃是針對 14 或 16 歲以上之身心障礙學生的離校後適應預作準備，而我國則擴及不同學校教育階段的銜接；我國之廣義定義固然可以提供較多之服務，但是其必要性仍有待探討；實質上，不同學校教育階段的「個別化教育計畫」之銜接，可以運用個案資料的轉送以達到銜接之功能，否則恐怕此轉銜服務之施行將會茲事體大，工程浩大。

八、**家長之參與**　美國對於「個別化教育計畫」之擬訂，明確訂出家長的參與過程與同意權之行使，1997 年以後之特殊教育法更強調與加重家長對其子女之特殊教育計畫的督導權限，而我國則指出學生家長應參與擬訂「個別化教育計畫」，但是並未說明家長的權利何在？家長是否有權利不同意學校為其子女設計之教育計畫？家長否決之後的程序又該如何進行？而此爭論正是美國有關特殊教育的訴訟案件中最常出現的主題。我國特殊教育法第 31 條已明訂申訴服務，以保障特殊教育學生之受教育權利，因此家長與特殊教育單位對於「個

別化教育計畫」的看法或認定不同，或許未來將是此申訴服務需要面臨的重要議題。

以上問題之探討，或許凸顯出我國推行「個別化教育計畫」即將會面臨的挑戰，然而可喜的是我們可以借鏡參考美國施行了三十二年的豐富經驗，美國的特殊教育法或「個別化教育計畫」之各項規範，自有其社會文化背景與教育體制等等因素之獨特性，因此我國在推行「個別化教育計畫」之際，就必須規劃系列性的實施結果之研究探討，植基在我國特有國情和教育體制特性基礎上，發展出適合我國文化體制的「個別化教育計畫」模式，以達到發揮適合個體獨特之需要的特殊教育之精髓。

第四節　個別化教育計畫、個別化家庭支持計畫與個別化轉銜計畫

從 1975 至 2004 年的美國「障礙個體的教育法案」之主體，乃是規定為 0 至 2 歲的身心障礙嬰幼兒設計「個別化家庭支持計畫」（Individualized Family Service Plan, IFSP），3 至 21 歲的身心障礙學生設計「個別化教育計畫」（IEP），16 歲以上的身心障礙學生之個別化轉銜計畫（Individualized Transition Program；ITP），此間主要的差別是以年齡作區分如下圖 1，差異形成是依據身心障礙者在不同階段的主要優先需求作考量。嬰幼兒階段之特殊教育介入主軸是協助家長如何照顧身心障礙嬰幼兒，學齡階段則是以直接提供身心障礙學生教學介入或相關專業服務，16 歲以上的身心障礙學生則以協助他們為下一階段就學或就業預作準備與調適。基本上，此三種個別化介入計畫的過程都一樣，只是不同階段的重點強調和介入團隊不同罷了。

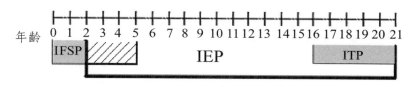

圖 1　IEP、ITP 及 IFSP 三者之關係

　　個別化家庭支持計畫（IFSP）目前列在於美國 2004 年「障礙個體的教育法案」的 C 篇。特殊教育法是屬於美國聯邦法規，其要求「個別化家庭支持計畫」適用年齡是 0 至 2 歲身心障礙嬰幼兒，但是許多州則延長「個別化家庭支持計畫」適用年齡為 0 至 3 歲或 0 至 5 歲，3 至 5 歲之間的身心障礙幼兒到底適合採用「個別化教育計畫」或「個別化家庭支持計畫」，原則上各州授予專業團隊視個案的狀況作決定。「個別化家庭支持計畫」是結合社區資源和身心障礙嬰幼兒之家庭，以協助身心障礙嬰幼兒身心發展的教育方案。「個別化家庭支持計畫」是個別化教育計畫的年齡向下延伸，所以它和個別化教育計畫一樣都是包含會議和會議決議後的書面文件兩部分。個別化家庭支持計畫強調此階段對身心障礙嬰幼兒之家庭協助和協助嬰幼兒本身的發展同樣重要，兩者同樣要提供個別化的服務，此時服務提供者傾向是醫療單位、社會福利單位和早期療育單位。

　　本書從網站上發現美國 Nebraska 州教育局所提供的個別化家庭支持計畫實施流程如下圖 2（http://www.answers4families.org/ifspweb/what_is.html, 2007），可以提供國內作參考。Nebraska 州規定，疑似身心障礙嬰幼兒被轉介出來後，個案管理員必須在 7 個工作天內完成第一次拜訪個案家庭，從個案被轉介出來到召開第一次「個別化家庭支持計畫」會議，則必須在 45 個工作天內完成任務，這些時限的規定，都是在掌握及時轉介與鑑定和早期介入的原則。當轉介個案符合特殊教育法的身心障礙鑑定標準，經跨專業團隊研判為身心障礙嬰幼兒後，才可以進行特殊教育

早期介入的評估、召開 IFSP 會議和提供特殊教育服務。

　　上述美國 Nebraska 州教育局所提供的個別化家庭支持計畫網頁中，亦提供個別化家庭支持計畫的書面文件參考格式，其內容主要包含下列九項：1.早期介入計畫（Early Intervention Program），2.目前最優先的教育內容（Concerns and Priorities Instructions），3.幼兒與家長的優勢條件（Child and Family's Strengths），4.幼兒目前發展現況程度（Child's Present Levels of Development），5.長程預期教育目標（Goals and Outcomes），6.各項服務（Services），7.個別化家庭支持計畫的轉銜計畫（IFSP Transition Plan），8.工作團隊人員簽名（Child/Family Team Signatures）9.家長簽名（Parent Signature），有興趣者可至上述網站中搜尋參考。

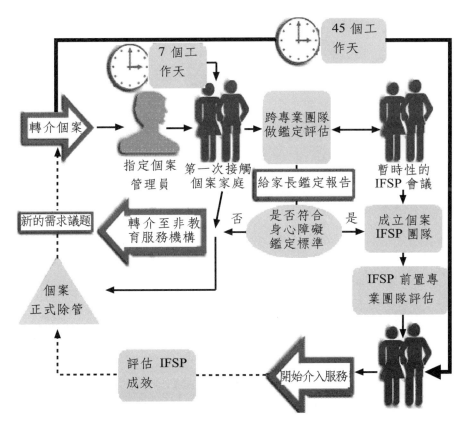

圖 2　美國 Nebraska 州個別化家庭支持計畫實施流程

　　當身心障礙幼兒進入 3 至 5 歲的學前教育階段，或是 6 歲至 21 歲的學校教育階段，特殊教育繼續以個別化教育計畫的形式整合各項資源的介入。個別化教育計畫強調學齡階段身心障礙學生的學習需求，服務提供者以學齡階段的教育單位和相關專業服務人員為主。本書於下一章將會詳細討論其相關內容。

　　15 或 16 歲左右的身心障礙學生，大約屬於高中或高職階段，每一位學生開始要考量下一階段是繼續升學或是進入就業職場，包含庇護工廠或是職業訓練；因此為了協助身心障礙學生的未來升學或就業的良好適應，現行美國特殊教育法要求必須從 16 歲開始，在個別化教育計畫中加入轉銜規劃（transition planning）的考量，所以這時候的個別化教育計畫也可以稱之為個別化轉銜計畫（Individualized Transition Planning，簡稱 ITP）。個別化轉銜計畫源起美國在 1990 年之特殊教育法案於 101-476 公法，其要求對 14 歲以上之身心障礙學生納入轉銜服務（transition service）的考量，其內容包括獨立生活的訓練與協助、社區生活參與的訓練與協助、教育和／或相關服務、中等學校教育以後的升學輔導、成人教育的提供、職業訓練的提供、就業輔導等；參與人員可能包含身心障礙學生本人、家長、學校人員、下一階段之機構人員或雇主等。表 3 乃從 12 個不同的項目內容，分析比較個別化家庭支持計畫、個別化教育計畫和個別化轉銜計畫之間的異同，如上圖 1，此三者之間確實有重疊適用期，在此模糊地帶時期，個案到底適合採用哪一種計畫方案，應該視個案的特殊教育需求，搭配不同計畫方案的特質做最佳抉擇。

表3 個別化家庭支持計畫、個別化教育計畫和個別化轉銜計畫的差別比較表

類別 項目	個別化家庭支持 計畫（IFSP）	個別化教育計畫 （IEP）	個別化轉銜計畫 （ITP）
適用年齡	0-2 歲	3-21 歲	16-21 歲
需求考量者	家庭與孩子的優勢及需求、社區資源運用和需優先考量的事情	學生的需求	• 學生的需求 • 學生中等學校畢業後的教育介入
獨特教育需求範圍	陳述孩子在各領域的發展水準	• 陳述學生現階段的發展水準及教育成就 • 相關服務	• 發展性和功能性能力的現有水平 • 障礙學生如何影響學生在普通教育課程中的參與和進步 • 學生的喜好、需求、興趣以及適合年齡的轉銜時期結果
長程和短程教育目標的內容	說明在未來的 6-12 個月後這個孩子預期達到的成效，家人以功能性標準來測量每一過程的成果	陳述預期學生達成的長期目標和短期目標，並說明評量標準，以評估目標是否達成	• 獨立生活的訓練與協助 • 社區生活參與的訓練與協助 • 教育和／或相關服務 • 中等學校教育以後的升學輔導 • 成人教育的提供 • 職業訓練的提供 • 就業輔導
主要服務提供者	各項服務必須符合孩子及家庭的需求，包括教育、健康和社會服務機構以及非正式的網路與資源服務	• 學校人員為學生清楚說明特殊教育及普通教育介入之相關服務 • 相關專業服務人員	• 學校人員為學生清楚說明特殊教育及普通教育介入之相關服務 • 相關專業服務人員 • 轉銜機構代表
提供服務期間和服務頻率	計畫開始的時間、在每一服務機構的時間與頻率、每一服務的所在地與架構	計畫開始的時間、頻率及預期學校及相關服務的時間長度	計畫開始的時間、頻率及預期學校及相關服務、轉銜服務的時間長度

類別 項目	個別化家庭支持計畫（IFSP）	個別化教育計畫（IEP）	個別化轉銜計畫（ITP）
特殊教育相關資源運用的必要性	說明除了「原生環境」之外，使用這個機構的必要性	說明除了普通教育之外，使用特殊教育服務的必要性	說明除了普通教育之外，使用特殊教育服務及轉銜機構的必要性
提供服務的負責單位和人員	提供個案服務的人員以及所屬單位或費用支出所屬單位名單	條例出一張需要執行 IEP 服務的人員及所屬單位	條例出一張需要執行 IEP 及轉銜服務的人員及所屬單位
個案各項資源協調者	個案各項資源協調者（個案管理員）姓名	不需要	個案各項資源協調者（個案管理員）姓名
轉銜服務規劃	協助個案能順利轉銜至學前幼稚園的步驟或細節計畫	協助個案能順利轉銜至中等教育以後或離開學校系統以後的規劃	離開學校系統以後的規劃
個別化會議參加人員	• 家長 • 家長要求陪同參加的家庭其他成員 • 家長要求陪同參加的律師 • 個案各項資源協調者 • 跨專業評估小組成員至少一名 • 學區中具有服務和經費提供決定權的代表人員 • 其他相關服務提供者	• 家長 • 跨專業評估小組成員至少一名 • 個案本身（如果需要及適合） • 學區中具有服務提供決定權或督導的代表人員 • 學生的普通教育和特殊教育教師 • 私立學校或機構代表（如果需要） • 其他由家長或學區所邀請出席的代表	• 家長 • 跨專業評估小組成員至少一名 • 個案本身（如果需要及適合） • 學區中具有服務提供決定權或督導的代表人員 • 學生的普通教育和特殊教育教師 • 私立學校或機構代表（如果需要）其他由家長或學區所邀請出席的代表 • 轉銜機構人員

項目 ＼ 類別	個別化家庭支持計畫（IFSP）	個別化教育計畫（IEP）	個別化轉銜計畫（ITP）
強調重點	個別化家庭支持計畫要善用此家庭的優勢條件或資源，重視家長的考量，強調家庭的需求和嬰幼兒的需求一樣重要	• 確保家長能參與此個案各項教育安置決定 • 特殊教育服務介入	即將離開中等教育階段的準備以及畢業後的適應能力訓練

重 點 摘 要

一、「個別化教育計畫」的目的（p.12）

「個別化教育計畫」簡稱IEP（Individualized Education Program），源自美國特殊法育法對身心障礙者所提供免費、適當的公立教育之具體保障。其主要目的有三：

1. 依循法規的既定程序、內容要求，使身心障礙者的受教權獲得具體保障。
2. 提供家長和教育相關人員的溝通管道。
3. 規劃長短期教育目標，並據此計畫評鑑執行的成效。

二、「個別化教育計畫」的法源依據（p.13-31，p.36-39）

美國	我國
1975 年 94-142 公法：身心障礙兒童之教育法」	民國 86 年特殊教育法第 27 條 民國 87 年特殊教育法施行細則第 18、19 條
1986 年 99-457 公法：「身心障礙兒童教育法案之修訂案」	
1990 年 101-476 公法：「障礙之個體的教育法案」	
1997 年 105-17 公法 ：「障礙之個體的教育法案」	

三、「個別化教育計畫」的定義（p.12）

1. 為身心障礙兒童的特殊教育需要所召開的「個別教育計畫會議」。
2. 為身心障礙兒童所設計或修訂的「IEP」書面文件。

四、美國「個別化教育計畫」的 5W（p.32-34）

1. **How**—如何擬定個別化教育計畫：計畫委員在第一次會議之前，家長和相關人員準備好個案的「個別化教育計畫」草案，在會議中進行討論研究。

2. **Who**—個別化教育計畫委員會的成員：學區的行政人員代表、普通教育和特殊教育或相關服務的專業人員、父母親或監護人、診斷或評量人員、身心障礙者本身（需要或情況允許的條件下）。

3. **What**—個別化教育書面契約的內容項目：兒童現階段教育表現、長短期教育目標、特殊教育提供和相關服務、參與普通教育的狀況、轉銜服務的概況、此計畫的起迄時間、此計畫的評量方式、標準和結果的通知。

4. **When**—召開個別化教育計畫委員會議的時間：個案被確認為身心障礙者的三十天內舉行第一次委員會；一年內必須再召開以評鑑此計畫的實施成效。

5. **Where**—召開「個別化教育計畫」會議的地點：大部分在個案就讀的學校召開。

五、我國個別化教育計畫的 4W（p.39-40）

1. **How**—運用團隊合作的方式擬定「個別化教育計畫」。

2. **Who**—參與擬定「個別化教育計畫」的人員需包含學校行政人員、教師、學生家長、家長邀請相關人員、相關專業人員或學生本人等。

3. **What**—指「個別化教育計畫」的內容需含：

　(1)學生現況描述：包含學業成就、生理健康、人際關係、溝通能力、生活自理能力等。

　(2)學年教育目標和學期教育目標。

　(3)特殊教育和相關服務內容。

　(4)參與普通教育的時間長短及項目。

　(5)校內外對學生特殊行為問題的行政支援及方式。

　(6)學期教育目標的評量方式、評量標準和目標達成日期。

⑺轉銜服務內容。

4. **When**—指學校必須在開學後一個月內，訂定每個身心障礙學生的個別化教育計畫，並且每學期至少作一次評估。

六、我國「特殊教育法規」與「個別化教育計畫」相關之條文（p.37）

1. 第 5 條：課程和教法的適性調整，醫療、復建和訓練的提供。

2. 第 19 條：教育單位必須對有特別需要之身心障礙學生，提供上下學之交通工具及補助。

3. 第 22 條：對身心障礙學生的診斷與教育，需整合衛生、醫療教育、社會福利、就業服務等相關服務合作。

4. 第 24 條：身心障礙學生的教育輔助器材及相關支持服務有手語翻譯、代抄筆記、點字書籍、家庭支援、家長諮詢等。

七、個別化家庭支持計畫、個別化教育計畫和個別化轉銜計畫三者的差異。（請參見表 3）

■參考書目

中華民國特殊教育法（民 86）

中華民國特殊教育法施行細則（民 87）

林純真（民 85）。我國教育法制修法模式出探─以特殊教育法為例。特教
園丁，11 (4)，65-73。

許天威（民 81）。美國障礙者法案的要義。特教園丁，7 (3)，1-3。

Bateman, B. D. (1992). Better IEPs. Creswell, OR: Otter Ink.

Bateman, B. D. (1996). Better IEPs (2edEd.). Longmont, CO: Sopris West.

Bateman, B. D. & Linder, M. A. (1998). Batter IEPs (3rd Ed.). Longmont, CO: Sopris West.

Council for Exceptional Children (1998). Idea 1997: let's make it work. Reston, VA: As author.

Council for Exceptional Children (2007a). A Primer on the IDEA 2004 Regulations：http://www.cec.sped.org. July 18 2007.

Council for Exceptional Children (2007b) The council for exceptional children's summary of significant issues in IDEA 2004: http://www.cec.sped.org/pp./IDEA-120204-pdf. July 18 2007.

Education for All handicapped children Act of 1975, 20 U.S.C. § 1401-1468.

Education of the Handicapped Act Amendments of 1986, 20 U.S.C.

Cortiella，C. (2007). IDEA 2004 Close Up: The Individualized Education Program (IEP)：http://www.schwablearning.org/articles.aspx? r=978#factors. July 12, 2007.

Individuals with Disabilities Education Act of 1990, 20 U.S.C.

Individuals with Disabilities Education Act Amendments of 1997, 20 U.S.C.

IDEA Regulations, 34 C.F.R. §300-399.

Klotz, M.B. & Nealis, L. (2005). The new IDEA: A summary of significant reforms.

Bethesda, MD: National Association of School Psychologists.

P. L. 94-142 Regulations, 34 C.F.R.

Siegel, L. M. (2007). The complete IEP guide: How to advocate for your special Ed child (5th ed.). Berkeley, CA: Lawrence Siegel.

Turnbull III, H. R. (1993). Free appropriate public education (4th Ed.). Denver, CO: Love Publishing Company.

April 18, 2007　Dog Wood

實作設計

第一節　「個別化教育計畫」在特殊教育之地位

第二節　「個別化教育計畫」實施流程

第三節　如何決定個案之獨特特殊教育需要

第四節　現況、長程目標和短程目標之設計

第五節　運用課程本位測量於現況、長程和短程教學目標之擬訂

第六節　如何編寫具體、客觀、易評量的短程教學目標

📖 問題提要

· 個別化教育計畫會議應該包含哪些人員？

· 「個別化教育計畫」會議的功能為何？

· 決定個案之獨特需求時，所需要考量的因素有哪些？

· 如何擬訂「個別化教育計畫」之現況、長程和短程教育目標？

· 如何擬訂具體、客觀、可評量的短程教學目標？

　　本書之法規理念章乃為「個別化教育計畫」之骨架，設計實作章則是「個別化教育計畫」之血肉。沒有法規理念之主導，「個別化教育計畫」就無法建立整個主體架構；然而若無設計實作之血肉填充，「個別化教育計畫」仍將是一個空殼無法運作。本章設計實作之主旨，乃是希望協助我國特殊教育教師，能將法規之「個別化教育計畫」理念融入特殊教育的實際教學運作之中，使「個別化教育計畫」確實能增進特殊教育的教學品質，而非讓「個別化教育計畫」只是徒增教師的文書工作，甚或有礙教師的教學準備和對學生的輔導。本章共分六節以協助大家如何設計出一份完整的「個別化教育計畫」，內容架構乃先確認個別化教育計畫在特殊教育服務中的角色和定位；繼以說明「個別化教育計畫」的整體實施流程；再進入如何決定個案之獨特特殊教育需求；以及如何擬訂現況、長程和短程教學目標；本書亦示範如何應用課程本位測量於現況和長程、短程目標之擬訂，最後是提供設計模式和範例說明，如何編寫明確、易評量的短程教學目標與個別化教育計畫之中。

第一節　個別化教育計畫在特殊教育之地位

　　我國身心障礙學生之接受特殊教育服務之過程，大致如下圖 1 之步驟，亦即是從轉介、篩選、診斷、鑑定、安置、個別化教育計畫、教學到成效之評估（McLoughlin & Lewin, 1990；Polloway & Patton, 1993；Salvia & Ysseldyke, 1995）。

　　轉介是指懷疑某個案可能具有某類身心障礙之特質，而至特殊教育相關機構要求作進一步的鑑定，轉介者通常會是個案之家屬、學校老師或是相關服務專業人員。

　　篩選和**診斷**皆是對轉介之個案的疑似障礙類別，進行心理、教育測驗或醫療檢查，內容可能涵蓋生理健康檢查、視力檢查、聽力檢查、知

覺動作能力評估、情緒社交能力評估、智力測驗、學科成就測驗和溝通能力評估等；篩選通常是初步評估以團體測驗或簡單評估為主，篩選結果若符合某些障礙特徵，則再作進一步個別化或是完整評估之診斷。

鑑定是指根據特殊教育法對於各類身心障礙學生所訂之鑑定標準，驗證某個案之診斷結果是否符合法定之鑑定標準，決定此個案是否為身心障礙者以接受特殊教育之服務。

安置是指在最少限制之環境（Least Restrictive Environment）的基本原則下，將個案安排於適合其需要之教育環境學習，特殊教育之安置場所可以由普通學校之普通班、資源班、自足式特殊班，到特殊學校以至於醫院之床邊教學；而目前特殊教育領域所提出之「完全融合」（full inclusion）亦是安置體系之一種，即是將身心障礙兒童安置在普通班級當中，和非身心障礙兒童一起接受教育。

個別化教育計畫則是針對身心障礙學生之獨特教育需要，教育人員、相關服務專業人員及轉銜機構代表將共同為此個案擬訂的教育計畫與預期成效評估。

實施教學階段則是執行「個別化教育計畫」的預訂規劃，而特殊教育之成效評估則有賴「個別化教育計畫」的短程目標之評量結果，以確定個案之學習成效以及特殊教育目標是否有效達成。

從特殊教育的實施過程可知，轉介到安置皆屬於特殊教育實施之前置作業，我國是由各縣市的鑑定安置輔導委員會（簡稱鑑輔會）全權負責。而「個別化教育計畫」是特殊教育實質運作的領航員，也是特殊教育成效評估的督察者，目前大致是由身心障礙學生所安置的學校負責執行。

由上述特殊教育實施過程中，個別化教育計畫與實施教學是分屬不同的階段和性質，個別化教育計畫是屬於教育計畫目標的訂定，而教學設計或教案與進行教學則是屬於實施教學的步驟。一般普通教育的實施過程一定有教學前教學設計的過程，特殊教育也不例外；然而特殊教育比普通教育多了「個別化教育計畫」的規定，此項設計主要是針對身心

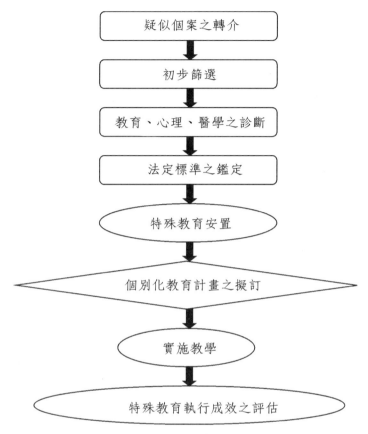

圖 1　特殊教育實施之流程圖

障礙學生有個別性獨特教育需求的特質，所以需要有比普通教育教學設計更個別化的整體規劃和設計，以因應每一個身心障礙學生的不同教育需求。個別化教育計畫和一般教學設計的部分理念和內容相似，但是功能和內容乃是不同。以功能目的而言，在特殊教育實施過程中，個別化教育計畫著重學生獨特教育需求的評估，以及因應的教學目標設定和教育績效評估；而教學設計或教案則是規劃達成此些具體教育目標的教學流程、學生分組和所需的教材或教具等。在內容上，教學設計著重小組或大班級團體性實施教學的設計，而個別化教育計畫則著手於單一個體的特殊教育需求目標設計；再若以單一身心障礙學生的特殊教育實施過

程而言，個別化教育計畫就像是餐廳的菜單之目標導向，而教學設計或是教案則是製作此些菜餚的食譜之過程導向，兩者功能不同卻是相輔相成。

Salvia & Ysseldyke（1995）在其 The Algozzine-Ysseldyke Model of Effective Instruction 中指出，一般教育教學前的教學設計內容包含：建立適當的教學目標、建立學生預期成就水準（通過標準）、選擇教學方法和教材教具、決定教學中的學生分組方式、決定此教學過程的時間與節奏快慢、教學內容的多寡等。Carnine, Silbert, & Kameenui（1990）以及 Kameenui & Simmons（1990）皆指出教學前的完整教學設計，必須具備教學活動的預定流程規劃、教師將使用的說明範例、作業單和評量單的設計，教師更必須確定學生是否已經具備學習此一單元的相關能力──起點行為，以及預設此一單元教學目標的精熟水準──終點行為等。簡言之，個別化教育計畫是身心障礙學生特有的教育介入過程之一，此過程亦包含普通教育過程中一定具備的教學前教學設計步驟，以下為將兩者作區別，以利特殊教育教師能充分結合兩者的特質和功能，達到有效教育介入的成效；茲將個別化教育計畫和教學設計的同與異作一比較如下表 1。

表 1　個別化教育計畫和教學設計之比較分析

相同點	
1. 兩者皆屬於教學前的步驟	
2. 兩者皆涉及要對學生做起點行為的評估、教學目標的設定和預設精熟水準	
3. 兩者皆需要明確說明學生的評量方式和通過水準（精熟水準）	
相異點	
1. 個別化教育計畫是專為單一身心障礙學生的獨特教育需求而設計的教育目標和成效評估	教學設計屬於為一個群體所設計的教學過程
2. 個別化教育計畫有明確的法律條文規定，如我國特殊教育法第 27 條和特殊教育法施行細則第 18 條和第 19 條	教學設計屬於教學專業團體所採用的理念和實施方式，並無一定的規定或固定運作模式
3. 個別化教育計畫包含教學、相關專業服務和轉銜服務三個不同領域	教學設計專指教學領域

相異點	
4. 個別化教育計畫內容需包含十大項： (1) 學生認知能力、溝通能力、行動能力、情緒、人際關係、感官功能、健康狀況、生活自理能力、國文、數學等學業能力之現況 (2) 學生家庭狀況 (3) 學生障礙狀況對其在普通班上課及生活之影響 (4) 適合學生之評量方式 (5) 學生因行為問題影響學習者，其行政支援及處理方式 (6) 學年教育目標及學期教育目標 (7) 學生所需要之特殊教育與相關專業服務 (8) 學生能參與普通學校（班）之時間及項目 (9) 學期教育目標是否達成之評量日期與標準 (10) 學前教育大班、國小六年級、國中三年級、及高中（職）年級學生之轉銜服務內容	教學設計的內容各家學說紛紜，最基本皆包含準備活動、發展活動和綜合活動三大步驟，各個教學理論皆有其不同的設計名稱和強調重點。例如直接教學法（Direct Instruction）的教學設計必須考量到學生起點行為、上課規則、增強方式、不同錯誤方式的訂正方式、學生特殊狀況的處理等，每一個單一概念或技能的教學流程又包含：1. 教師的示範說明（model），2. 老師引導學生一起練習（lead）3. 評量學生（test）等三步驟；一般教學設計中所列舉的教材和教具，直接教學法則在「教師的示範說明」中呈現
5. 個別化教育計畫只涉及長程和短程教育目標的擬定，並不需要說明或設計如何教這些教學內容的過程和方法	教學設計需要擬定單元教學目標，同時說明將如何教會這些內容的過程、方法及使用的教材或教具
6. 個別化教育計畫的教學時間設定指完成此一教育目標所需的時間，通常可以是一周或長至一至兩個月不等	教學設計所採用的時間概念是指教學此一單一概念或技能所需要的時間，通常以分鐘計算，最長不宜超過15分鐘

　　簡言之，個別化教育計畫是特殊教育實施過程中的一環，它規劃了身心障礙學生一學年或一學期的教育目標、相關專業服務和轉銜服務內容，而教學設計則是承接了個別化教育計畫的目標設定，繼續實施具體

的教學細節規劃；而每一個教學過程中的階段性教學成效，將轉換成個別化教育計畫的短程目標達成，從而實現身心障礙學生獨特教育需求介入的終極目標。

第二節　個別化教育計畫的實施過程

「個別化教育計畫」既是特殊教育施行的領航者，「個別化教育計畫」規劃的良窳自然能決定特殊教育的成敗，因此不可不謹慎施行。「個別化教育計畫」的實施流程可分為五個階段：階段一是進行個案教育與相關專業服務的各項能力評估與資料蒐集，以確認個案在此時期的特殊教育需求；階段二是籌劃和召開「個別化教育計畫會議」；階段三是召開個別化教育計畫會議後，經過家長同意確定具體可行的長程和短程教育目標／相關服務／轉銜服務，完成一份完整的個別化教育計畫書面文件；階段四是依據教育目標，進行教學／相關服務和轉銜服務；最後第五階段是教學／相關專業／轉銜服務的實施成效評估，以確認「個別化教育計畫」的目標是否完全達成，此實施過程步驟請參考圖2，而整體個別化教育計畫的概念是包含階段一、二、三、五，而不包含階段四，階段四是實施教學或相關專業服務介入的時期；若是以時間觀點論之，階段一至三大約在學校開學前一週就要完成，階段四從開學第一週開始至最後一週，也是所需時間最長的階段，階段五則可以在學期最後一週完成，以下將就各階段詳細論述之。

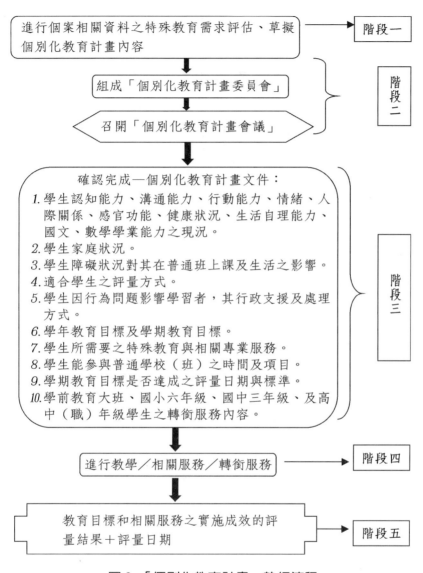

進行個案相關資料之特殊教育需求評估、草擬個別化教育計畫內容　　　　　　　階段一

組成「個別化教育計畫委員會」

召開「個別化教育計畫會議」　　　　　　　階段二

確認完成—個別化教育計畫文件：

1. 學生認知能力、溝通能力、行動能力、情緒、人際關係、感官功能、健康狀況、生活自理能力、國文、數學學業能力之現況。
2. 學生家庭狀況。
3. 學生障礙狀況對其在普通班上課及生活之影響。
4. 適合學生之評量方式。
5. 學生因行為問題影響學習者，其行政支援及處理方式。
6. 學年教育目標及學期教育目標。
7. 學生所需要之特殊教育與相關專業服務。
8. 學生能參與普通學校（班）之時間及項目。
9. 學期教育目標是否達成之評量日期與標準。
10. 學前教育大班、國小六年級、國中三年級、及高中（職）年級學生之轉銜服務內容。

階段三

進行教學／相關服務／轉銜服務　　　　　　　階段四

教育目標和相關服務之實施成效的評量結果＋評量日期　　　　　　　階段五

圖 2　「個別化教育計畫」執行流程

❖階段一、1.運用個案相關資料進行特殊教育需求評估

如前之法規理念章所述，在實施特殊教育教學介入之前，「個別化教育計畫」委員會之成員即應針對此身心障礙學生現階段教育的獨特需

要進行溝通討論，以決定出此身心障礙學生，此一學年或學期的長程、短程教育目標和需要之相關服務。根據美國法規，「個別化教育計畫」涵蓋兩層面：「個別化教育計畫委員會」和「個別化教育計畫」書面文件，「個別化教育計畫」之書面文件乃是「個別化教育計畫委員會」的決議結果。因此整個「個別化教育計畫」執行的關鍵主體應是「個別化教育計畫委員會」的召開。在召開「個別化教育計畫委員會」之前，接受安置此身心障礙學生的學校應著手準備此學生的相關資料，以初步決定需要邀請此學生的「個別化教育計畫委員會」之成員名單。

身心障礙學生之「個別化教育計畫」的相關資料，大致包含基本資料、心理教育和醫學之診斷結果、認知和行為發展之現況等（McLoughlin & Lewis, 1990；Polloway & Patton, 1993；Salvia & Ysseldyke, 1995；Silver, 1989；CEC, 1999），以供會議中討論與確認此個案現階段的最適合之教育目標。身心障礙學生之診斷與評量，大致可分為正式性評量和非正式性評量兩大類，正式性評量是指有常模參照或標準參照的標準化測驗；非正式性評量則包含老師或父母的觀察、學生資料之作業或作品分析、訪談、動態評量或生態評量等；教育工作者可以充分運用身心障礙學生在鑑定過程中所作的各項診斷評估結果，再因應教學介入需要作進一步的評估。表 2 提供一般身心障礙學生相關資料之參考項目，診斷評量結果則區分為十一類別，然而實際運用時仍需視個別差異再作調整，基本上，多重障礙或重度障礙學生因其障礙狀況涵蓋較廣且嚴重，因而所作之診斷評量項目將包含生理檢查、溝通、感官功能、生活自理能力等，而輕度障礙學生如學習障礙，可能有學科表現、認知能力或是學習技巧的困擾，所以國小學習障礙學生可能比較不需要作醫學／生理檢查、適應行為、溝通能力、知覺動作能力、職業性向能力等的診斷評量，不過一切評估仍是以個案之個別考量為主。透過此相關資料評估，也是決定個案之特殊教育需求的前奏，如何決定個案之特殊教育需求，將在第三節中詳細的敘述。

表 2　個案之相關資料

1. 基本資料
   * 姓名
   * 性別
   * 實齡
   * 學齡
   * 目前安置狀況（普通教育、特殊教育）
2. 背景資料
   * 生長史
   * 醫療史
   * 特教史
   * 家庭樹
3. 轉介緣起
4. 家長意見
5. 診斷評量結果

類　別	評量／工具名稱	施測日期	施測者	結果摘要
醫學／生理檢查 1. 視力 2. 聽力 3. 肢體行動能力 4. 手眼協調能力				
智力				
適應行為				
國語文能力				
數學能力				
溝通能力				
學習行為／習慣				
社交／情緒能力				
職業性向能力				
教室學習行為反應				
其他				

❖階段一、2.草擬個別化教育計畫內容草案

　　個別化教育計畫的內容是遵循法規要求,將在下階段三詳述,此階段為擬訂草案階段,這個草案必須經過個階段二個別化教育計畫會議討論,家長同意簽名後,才能形成有行政效力的文件;然而若是此階段草案內容非常完整、周全、明確,將可以節省會議討論的時間,也會減少後續需要大幅修改的可能性,所以嚴謹的草案是成功的個別化教育計畫之開始。

❖階段二、擬定與召開個別化教育計畫會議

　　「個別化教育計畫會議」的主要目的,乃是透過教育工作者和家長的面對面溝通和對話,以決定此身心障礙學生的獨特教育需要,再據此擬訂出此個案的長程與短程教學目標、相關服務和轉銜服務的內容。個別化教育計畫會議的目的是要締造一個雙贏的結果——教育工作者和學生家長,它是一個溝通討論的機會,讓家長瞭解學校將為他們的孩子提供哪些教育介入,也同時讓教育工作人員能從家長那裡知道孩子的更多發展能力,以及家長對孩子的期待。以下本文將就個別化教育計畫會議前、會議中兩個階段,分別說明此階段需要進行的工作,會議後的工作則屬於個別化教育計畫階段三至階段五的內容。

會議前

　　在進行至此階段二召開個別化教育計畫會議前,教育工作人員應該已經彙整出個案的各項診斷評估結果,並且有初步的個別化教育計畫各項內容的擬定,接下來是擬定參加此個案個別化教育計畫會議的人員名單,以及後續的開會行政程序,整個會議前的步驟流程如下圖3。

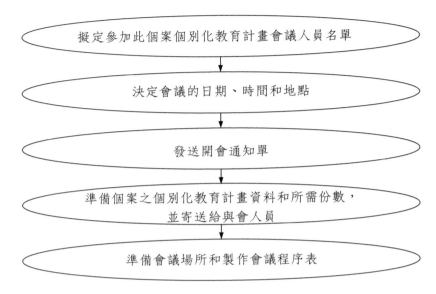

擬定參加此個案個別化教育計畫會議人員名單

決定會議的日期、時間和地點

發送開會通知單

準備個案之個別化教育計畫資料和所需份數，並寄送給與會人員

準備會議場所和製作會議程序表

圖 3 個別化教育計畫會議前之步驟流程

　　擬定適合參加某一個案個別化教育計畫會議的人員名單，是會議前的首要步驟，表 3 是「個別化教育計畫委員會」的各委員職稱和執掌功能（U.S. Department of Education , 2000；Bateman, 1996；Council for Exceptional Children, 1999；Siegel, 2007；Strickland & Turnbull, 1993），「個別化教育計畫委員會」的成員組合基本上視個案獨特性之考量（case by case）組合，所以即使是安置在同一班級的學生，甲生和乙生的委員會成員也不一定相同，但是依據表 3 的敘述，主席、教育行政機構代表、特殊教育教師和家長應是所有個案之委員會的最基本成員，其他如普通班教師、個案本身、轉銜服務之機構代表和相關服務之相關專業人員則是依個案之需要再作介入。然而根據我國特殊教育施行細則之規定，各縣市負責特殊教育業務代表（教育行政機構代表）並不需要參與「個別化教育計畫」之擬訂，因此在我國教育行政機構代表將不是「個別化教育計畫委員會」的當然委員；因此若有個案之實際需要，例如相關服務專業人員之介入，「個別化教育計畫委員會」仍需要邀請此各縣市負責特殊教育業務代表參與會議，方能有效達成「個別化教育計畫會議」之目的。

表 3　個別化教育計畫委員會委員功能表

參加人員與職稱	功　能
主　席	1. 主持會議 2. 協調委員會活動進行 3. 與家長溝通 4. 在團體計畫和做決定的過程中給予協助 5. 督導程序紀錄 6. 確定申訴程序
至少一位學校行政單位代表	1. 代表政府機構解釋法令或政策 2. 提供安排相關服務或轉銜服務 3. 提供不同學校間的聯繫與合作 4. 提供學生就讀學校內的各項資源提供與協調
至少一位普通班教師	1. 提供學生在教室的資料表現 2. 提供課程設計的資料 3. 協助擬訂長程和短程教育目標 4. 明確指出學生在普通教育的能力和限制
至少一位特殊教育教師	1. 提供有關學生障礙之資料 2. 明確指出學生目前在特殊教育的能力現況 3. 明確指出學生的特殊教育之需要 4. 參與資料的解釋 5. 協助擬訂長程和短程教育目標
至少一位學校心理評量人員或輔導教師	• 提供各項測驗資料的結果解釋
家　長	1. 提供有關個案之學習和發展資料 2. 提供兒童所接受其他服務的資料 3. 協助擬訂長程和短程教育目標
視狀況需要— 學生本人	1. 提供在課程及教室表現之紀錄資料 2. 提供有關自己生涯目標或興趣的資料 3. 協助評量以前計畫中所訂之目標 4. 協助確定適當長程和短程教育目標
視狀況需要—相關專業團隊 （如諮商員、語言治療師、 社工員、心理測驗師等）	1. 解釋相關評量資料 2. 提供此個案之獨特需要的建議 3. 提供相關服務之建議
視狀況需要—轉銜機構代表	• 學生在 16 歲以後，可以視需要邀請下一階段的轉銜服務機構代表來參加會議，以提供意見作良好銜接準備

又根據我國特殊教育施行細則第 18 條規定：參與擬訂「個別化教育計畫」之人員應包括學校行政人員、教師、學生家長、相關專業人員等，然而此條款並未指出應該由何單位來負責籌劃召開此學生之「個別化教育計畫會議」，本書作者曾在多次研討會當中，針對此一論題和與會之特殊教育教師、特殊教育組組長和輔導室主任進行討論，大家比較一致性的意見是在我國現行特殊教育環境之下，負責「個別化教育計畫委員會」的籌劃與召開之單位，在普通學校應該是學校之輔導室，特殊學校則由教務處統籌規劃；也因此「個別化教育計畫會議」之主席應是各校之輔導室主任或是教務主任。上述主張之主要理由是在普通學校，特殊教育是隸屬於輔導室的行政業務之一，輔導室主任之權責將比校長或是特教組組長，更能勝任協調校內各處室之配合、家長之溝通和校外資源之協助；而在特殊學校，由於全校之教學資源以教務處為主要核心，「個別化教育計畫」之籌劃以教務處為主體將更可達到成效。

決定參加會議的人員名單後，是進一步協調此學生「個別化教育計畫會議」的日期、時間和地點；為了行政運作之利，此時假若同一學校內的多位身心障礙學生的委員會成員相似，則此些學生的會議時程可以儘量安排在同一時段，以方便所有參加人員的的時間調配。在發送開會通知給所有與會人員之前，一定要先確認會議主席和家長的適合時間，再進一步協調其他人的時間，並且要記得在開會通知單上附上【回條】，以確認哪些人可能無法出席會議，除了和不能出席者作一些必要的事先溝通協調外，也是下一步驟準備個案個別化教育計畫資料份數之依據，書後附錄二和附錄三為兩份個別化教育計畫的開會通知範例，附錄二為美國奧瑞崗州州政府教育局的參考資料，附錄三為高雄師範大學特殊教育學系 97 級六位學生，修習個別化教育計畫課程之小組作業中所設計之開會通知，以提供國內相關人員參考。

此外，為了讓所有參與會議人員能事先對個案的各項資料有所瞭解，會議前應先將個案的個別化教育計畫草案寄送給與會人員，將有助於會

議中的討論，比照一般性會議程序，會議前一週寄送個案之個別化教育計畫是適切的規劃，並且要提醒與會人員攜帶此個案資料至會場，同時堅守個案資料保密原則。最後一個步驟是會場準備和每一個個案會議程序表的製作，此會議程序將會依據是舊個案、還是新個案的第一次個別化教育計畫會議而有所不同，此程序表內容將在以下*會議中*詳述之。

此外，為了有利於讓個別化教育計畫會議順利完成任務，Herr & Bateman（2006）提出教育工作人員和家長都有必要先建立會議前的共識。教育工作人員的五項會議前準備是：*1.*舉行個別化教育計畫會議前的腦力激盪會前會，*2.*邀請具有主持會議訓練的主管擔任初次或高困難度的個別化教育計畫會議的主席，*3.*設計明確的會議程序表，*4.*會議主席必須清楚會議的討論重點，並且能讓大家都能針對主題討論而不離題，*5.*接納家長是非常瞭解他們孩子狀況的專家。家長的五項會議前準備是：*1.*準備問題於會議中請教教育人員，*2.*準備孩子相關的資料供大家參考，*3.*會議中尊重每一個人的看法與意見，*4.*瞭解現行教育體制的某些人力或設備資源上的限制，*5.*會議討論中要切中主題不離題 。上述針對教育工作者或是家長的會議前行政和心理準備都非常重要，作者建議各校可以將上述要點作成海報張貼於會議現場，或以附件形式寄送給家長或所有教育人員的開會通知單上。

*會議中*一個別化教育計畫會議是一個溝通討論並且作出決議的過程，會議當中針對此學生的現況描述或是長程、短程教育目標的訂定，有時家長和教育工作人員的看法會不一致，有時可能是普通教育教師和特殊教育教師的要求不一樣，可能教育行政人員和教師的看法也不同，也有可能是教育人員和相關專業人員的立場不同；而此種種的不同意見都需要透過良好有效的會議溝通以達成共識，以避免造成日後相關人員的誤解與衝突。個別化教育計畫會議要成功達成目的和任何一個成功的會議具備相同的條件。依據美國《行銷管理》雜誌（*Sales & Marketing Management*）建議要開好會議，在會議前後要謹守：「選定主題」、「參與

感」、「互動」、「彼此讚美」、「保持活力」及「持續掌握會議後續進度」等六項小技巧，方是有效率的會議（蔡明珊，民 82）。此外個別化教育計畫會議主席必須具備主持會議的能力，確實掌握時間，以客觀公平的態度讓所有與會人員都有表達意見的機會，且讓大家又能遵守掌握重點和時間的原則，以有效達成會議的目的。

在個別化教育計畫會議中，討論的重點應以此學生下一學期的特殊教育介入內容為重點，為了達成此目的，所有與會人員必須先清楚瞭解此個案的特殊教育需求是什麼？現階段的各項能力發展（現況）到哪裡？接下來是父母對孩子下一階段各項能力發展的期待為何？教育人員又將提供哪些學習或訓練課程給此個案，時數又各是多少？若是個案有一些特殊狀況需要經常性或緊急性處理，教育人員所設計的處理計畫為何？例如個案需要如廁處理、需要定時抽痰、會不定時癲癇發作或心臟病發作等等，個別化教育計畫的精神與目的即是顯現在此時，透過事先完整的教育規劃與溝通協調，教育工作人員和家長雙方將可對於個案的各項特殊教育介入有充分的瞭解，雙方以合作的方式，共同為孩子的發展與進步攜手努力。以下是個別化教育計畫會議中的程序表，表 4 為新個案的第一次個別化教育計畫會議，表 5 為舊個案的第 n 次個別化教育計畫會議。通常新個案的第一次個別化教育計畫會議會花費比較長的時間做說明和討論，若同一時段將進行許多個案的個別化教育計畫會議，作者建議將舊個案的時間安排在前面，新個案的時間安排在後面，以避免因為新個案的討論時間延長，而影響後面所有的個案討論時間必須延後舉行。

身心障礙學生之個別化教育計畫資料視同學生的個案資料或是輔導資料，在會議結束時，教育人員應回收此會議所使用的每一份學生的個別化教育計畫草案資料，以作到個案資料保密之基本原則。依據美國的相關法律規定，家長仍然可以帶回去此項草案資料，以驗證會議決議和最後他們收到的正式個別化教育計畫內容是否一致（Herr & Bateman, 2006），我國並無相關法律規定此細節，然而作者認為家長帶回去個別

化教育計畫草案是合理且適當。

表 4　新個案的第一次個別化教育計畫會議程序表

內　容	負責人員	預計時間	備　註
會議開始、介紹與會人員	主席	2 分鐘	
個案各項診斷評估資料彙整報告與特殊教育需求之確認（包含項目內容和時限）	特殊教育教師、心理評量人員、輔導教師、相關專業人員、導師、任課教師等	10-20 分鐘	負責人員視個案狀況需要而定
教育人員與家長確認對個案各項資料的評估與特殊教育需求內容	家長、特殊教育教師、心理評量人員、輔導教師、相關專業人員、導師、任課教師等	5-10 分鐘	負責人員視個案狀況需要而定
各項特殊教育介入負責人員對其負責部分作現況－長程目標－短程目標之說明	各負責人員	15-20 分鐘	視個案狀況而定
• 特殊狀況討論 • 家長與相關教育人員討論與澄清不明確之處	主席	5-10 分鐘	
會議決議摘要－會議結束	主席	5 分鐘	

表 5　舊個案的第 n 次個別化教育計畫會議程序表

內　容	負責人員	預計時間	備　註
會議開始、介紹與會人員	主　席	2 分鐘	
個案上一次個別化教育計畫執行結果	特殊教育教師	5 分鐘	
個案現階段教育評估彙整與特殊教育需求內容（包含項目內容和時限）	特殊教育教師、心理評量人員、輔導教師、相關專業人員、導師、任課教師等	5-8 分鐘	負責人員視個案狀況需要而定

內　　容	負責人員	預計時間	備　註
教育人員與家長確認對上一階段個別化教育計畫執行成效的滿意性與現階段特殊教育需求內容的擬定	家長、特殊教育教師、心理評量人員、輔導教師、相關專業人員、導師、任課教師等	3-5分鐘	負責人員視個案狀況需要而定
各項特殊教育介入負責人員對其負責部分作現況—長程目標—短程目標之說明	各負責人員	15-20分鐘	視個案狀況而定
• 特殊狀況討論 • 家長與相關教育人員討論與澄清不明確之處	主席	5-10分鐘	
會議決議摘要—會議結束	主席	5分鐘	

❖階段三、完成—個別化教育計畫書面文件

　　一份完整的個別化教育計畫文件內容，依據我國特殊教育施行細則第18條，必須包含：*1.*學生認知能力、溝通能力、行動能力、情緒、人際關係、感官功能、健康狀況、生活自理能力、國文、數學等學業能力之現況。*2.*學生家庭狀況。*3.*學生障礙狀況對其在普通班上課及生活之影響。*4.*適合學生之評量方式。*5.*學生因行為問題影響學習者，其行政支援及處理方式。*6.*學年教育目標及學期教育目標。*7.*學生所需要之特殊教育與相關專業服務。*8.*學生能參與普通學校（班）之時間及項目。*9.*學期教育目標是否達成之評量日期與標準。*10.*學前教育大班、國小六年級、國中三年級、及高中（職）年級學生之轉銜服務內容。

　　此些內容經過階段二個別化教育計畫會議討論定案後，並且由家長和所有教育相關人員同意簽名後，形成一份當學期或學年此學生所有特殊教育實施方案的依據。作者建議將此十大項大致分為兩個部分載於書面文件；第一個部分包含*1. 3. 5. 7. 8.*和*10.*等六大項偏屬描述性行政資料，第二部分則由*1. 4. 6. 9.*等四項組成，從現況到長程、短程目標的評量與

紀錄等教學目標之敘述資料。此完整的個別化教育計畫至少要有兩份正式文件，內容包含會議參與人員簽名和家長同意實施之簽名，一份交由教育人員保管，一份交由家長保管。教育人員應該長期建立身心障礙學生的個別化教育計畫書面文件檔案，此份檔案資料可以呈現學生的長期學習和發展紀錄，對於教育人員和相關專業人員而言都是一份很有意義的教學參考資料，尤其當某一區域特殊教育教師或相關專業人員更替頻繁時，完整的學生個別化教育計畫檔案紀錄，將可以幫助新任教育人員快速瞭解學生的學習狀況，有效的進行教學和相關專業服務銜接，不至於浪費太多時間在學生的學習診斷和評估上。因此當身心障礙學生透過各縣市鑑定安置輔導委員會作跨階段轉銜安置，例如國小升上國中階段，國小的教育工作人員應該主動儘速將學生的個別化教育計畫檔案，轉送至國中教育人員手中，國中的教育人員就可以儘早瞭解此學生的各項狀況，持續擬定良好的個別化教育計畫。學生個別化教育計畫檔案的跨教育階段銜接，目前國內的實施狀況尚有待加強，作者建議此項措施應該由各縣市教育局特殊教育科（課）作強制規定和督導，以落實個別化教育計畫對身心障礙學生學習發展需求與成效評估的積極意義。

美國聯邦的特殊教育法和我國特殊教育法對於個別化教育計畫的書面內容格式都無強制規定，但是美國某些州或是學區（School District）會提供參考架構格式給學校和家長作參考。美國學區的規模大致相當於我國縣市教育局的行政權責範圍，這些個別化教育計畫撰寫格式大致由各學區的特殊教育主管召集相關人員討論擬定而成，再由相關人員共同遵行應用（Bateman, 2007）。本書附錄四是美國奧瑞崗州州政府教育局（State of Oregon, Department of Education）所設計的個別化教育計畫中文版本參考格式，附錄五是奧瑞崗州的個別化家庭支持計畫（IFSP），附錄六是奧瑞崗州個別化轉銜計畫（ITP）的參考格式（http://www.ode.state.or.us/search/page/? id=1163, 2007），附錄七是紐澤西州以語言治療為主的個別化教育計畫參考格式。田納西州（State of Tennessee）的相關資料亦可參

考網址 http://www.stste.tn.us/education/msped.htm。

　　美國州政府教育局建立個別化教育計畫的相關參考資料網頁，主要是要讓州內所有家長和教育人員能建立對個別化教育計畫的共識，瞭解從聯邦政府到州政府對個別化教育計畫的各項規定與操作方式，以增加個別化教育計畫的實施成效；此外，為了因應不同母語移民的差異，除了英語以外，例如奧瑞崗州政府也提供中文、俄文、越南文和西班牙文版本的個別化教育計畫使用說明。作者認為此項措施值得國內各縣市特殊教育課（科）作參考，重點內容在於各縣市對於個別化教育計畫各項規定的說明，以及各縣市內特殊教育、相關專業服務和轉銜服務等資源服務的相關訊息提供。個別化教育計畫的格式並非重點，如何落實執行法定個別化教育計畫各項內容才是核心。現階段國內特殊教育教師都已經具備完整的特殊教育職前訓練，應該都已經精熟個別化教育計畫的擬定與實施，只是各縣市的規定或資源仍有不同，一個縣市層級的個別化教育計畫行政規範說明和範例對於家長、新進教師或是教育行政人員仍是非常有幫助的措施。

　　此外，各縣市所自訂的個別化教育計畫參考格式和說明，也將可作為縣市教育局對學校評鑑時的指標依據。現階段各縣市教育局都有將個別教育計畫列入學校特殊教育評鑑的項目之一，但是對於個別化教育計畫的格式或內容撰寫方式，常由評鑑委員自行決定；由於每一位評鑑委員的看法不見得一致，因此常發生被上一次評鑑委員指正為待改進之處，並且依據這一位委員的意見修訂後實行，但是兩年後的再度評鑑，這位委員並不認同上一位委員的意見，於是此學校的個別化教育計畫又被列為待改進事項，再修改……。許多特殊教育教師永遠不知道正確的格式或撰寫方式在哪裏？這個癥結的解套方法，必須由各縣市教育局自訂其個別化教育計畫的規範，在實施各階段學校的特殊教育評鑑時，評鑑委員也必須尊重縣市自訂的規範指標進行評估，以避免造成第一線特殊教育教師的無所適從……。

❖階段四、依據長程和短程教育目標，進行教學／相關服務和轉銜服務，也是特殊教育實施的主要階段。

❖階段五、教學／相關專業／轉銜服務的實施成效評估，也是驗證此學生特殊教育介入方案是否成功有效的階段。

　　上述個別化教育計畫實施過程的階段三至階段五皆屬於個別化教育計畫會議後的程序；此階段三至階段五的過程，也是 Herr 和 Bateman（2006）認為個別化教育計畫會議後應該要作的事，他們建議個別化教育計畫會議後要完成的事項包含：*1.*製作個別化教育計畫完整書面文件，一份交給家長，一份由教育人員保存；*2.*確認個別化教育計畫中所載明的特殊教育介入都有開始如期進行；*3.*監督各項特殊教育介入的進展；*4.*當學生的學習成效並不如預期表現時，可以重新修訂教育計畫內容和召開個別化教育計畫會議；*5.*教育人員要繼續和家長保持聯繫和良好溝通，*6.*必要時可以對學生說明他／她的個別化教育計畫內容。

　　整個個別化教育計畫的實施過程若以「召開個別化教育計畫會議」為分割線，會議前的完整規劃和準備，將會營造一個充滿信任和合作決議的成功會議，讓教育人員與家長可以攜手合作，共同為孩子創造一個良好的學習環境，更可以讓會議後的特殊教育各項介入能有效達成任務，真正完成身心障礙學生的特殊教育需求，協助他們跨越障礙的鴻溝，以自己的速度與需求繼續學習與成長之路。

第三節　如何決定個案之獨特需要

　　如何決定個案之特殊教育獨特需要，是個別化教育計畫實施過程階段一，也將是最具挑戰性的任務。「個別化教育計畫」的精髓，是要讓

特殊教育能滿足身心障礙學生之獨特需要,由此「需求」才能導向「個別化教育計畫」之教育目標、相關服務或轉銜服務的決定,再連接至長程與短程教育目標之擬訂,此系列關聯之程序請參見圖4。

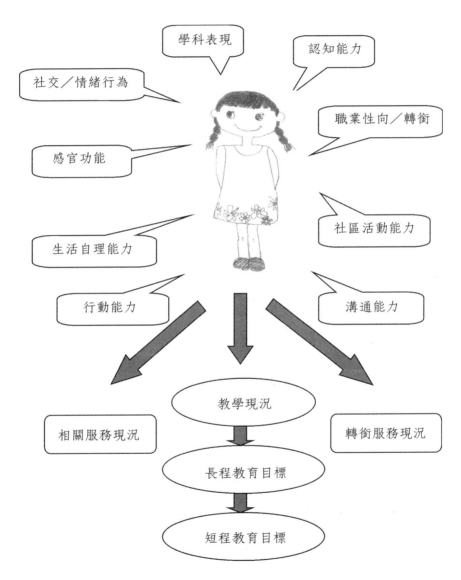

圖4 獨特需要與教學、相關服務、轉銜服務、現況之關係

　　在召開「個別化教育會議」之前，身心障礙學生之「個別化教育計畫」的委員們應已研究過此個案之相關資料，例如基本資料、心理教育和醫學之診斷結果、認知和行為發展等現況，此亦即如我國特殊教育法施行細則第 18 條所列之資料要求：學生認知能力、溝通能力、行動能力、情緒、人際關係、感官功能、健康狀況、生活自理能力、國文、數學等學業能力之現況；也因此在個案之個別化教育計畫會議當中，所有與會委員將可以對此個案之現階段的教育之獨特性需要進行討論。身心障礙學生之獨特需要的考量應以「教育之需求」作整體考量，如前所述約可分為九項：學科表現、認知能力、職業性向／轉銜、社區活動能力、溝通能力、行動能力、生活自理能力、感官功能、社交／情緒行為等（Mcloughlin & Lewis, 1990；Salvia & Ysseldyke, 1995；Silver, 1989）；而上述個案相關資料之診斷評量結果，即提供資料判斷此個案有哪些教育需求項目，亦提供「個別化教育計畫」內容之「現況」所需之資料。綜言之，獨特教育需求的決定可能有賴於對個案之現況瞭解，但是有時亦可能由於已決定了特殊教育需求，而需要進一步作現況之評估。

❖ 教育需求之考量

　　「教育之需要」之九個項目，若依據「個別化教育計畫」的內容要求，約可區分為三類：教學目標、相關服務和轉銜服務，如下圖 5。而此教學目標是以個案之能力發展需求為出發點作考量，然而當教師要將此個案能力需求轉換成個別化教育計畫的長程或短程目標時，乃必須考量到學校內外行政因素之配合，而此亦是召開「個別化教育計畫會議」的必要性與重要性，亦即是「個別化教育計畫委員」們必須在個案之需求和諸多行政因素間作協調取捨，以達到所有委員皆同意的結果，此溝通協調的結果即是個案的「個別化教育計畫」書面文件。

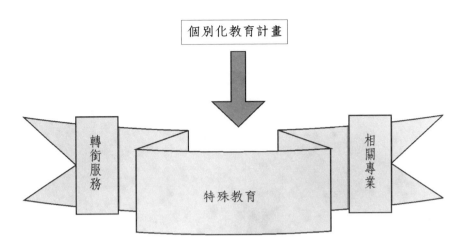

圖5 個別化教育計畫三類之特殊教育需求

　　學校教師參與「個別化教育計畫」之編擬時，必須同時考量之可能影響學生教學需求服務之質與量的八項因素為：(1)*現階段此個案教學需求的優先順序*；此順序內容範圍可以參考教育目標或是課程綱要等。(2)*學校所採用之課程或教學綱要*；課程或教學內容可以提供作需求項目決定之參考。(3)*學校之科目或領域的排課方式*；個案之需求亦必須考量如何配合校內的教學科目安排，方能實現個案需求之滿足。(4)*學校是否有作能力分組或需求分組之教學*；學校是否依據學生之不同學習程度或需要作安排組合，乃直接影響個案之需求有無被滿足的可能，或是可以被滿足至何種程度狀況。(5)*不同科目、訓練的上課節數或時數*；時數或節數的數量，乃直接影響此個案此階段的需求滿足可以到達何種程度。(6)*師資的配合*；需求是否該考量至此階段之「個別化教育計畫」，相關專業師資的有無亦不可不作考量。(7)*學生的學習能力特質*；需求之考量亦涵蓋應該如何發揮學生之學習優勢，和以替代方案彌足學生之學習缺點。(8)*家長的期待*；身心障礙學生之教育需求擬訂，亦必須考量個案之家庭背景的差異性和家長對於其子女未來之安排。此教學需求考量之影響因素圖請參見圖6。

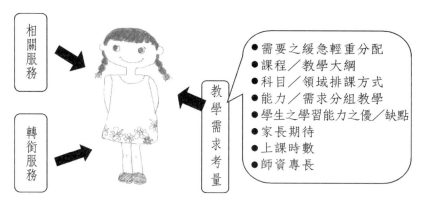

圖6　教學需求考量因素

　　以下將以一輕度智能障礙伴有注意力缺陷過度活動症學生為例，說明從轉介、「個別化教育計畫會議」前的相關資料蒐集至「個別化教育計畫會議」中個體獨特需要考量的過程紀錄。

個案廖同學之轉介表

姓名：廖－－	班級：二年一班
年齡：9歲	填表日期：86/9/30
轉介者姓名：許老師	轉介者與被轉介者關係：導師

轉介緣起：

1. 攻擊／暴力傾向：與人衝突時，會用棍子打人；會用石頭丟人；用水潑人；拿打火機燒同學的作業簿等。
2. 惡作劇：喜歡欺負別人，曾把老師和同學鎖在廁所裡。
3. 偷竊：把同學的東西或撿到的東西據為已有，被發覺後會說謊不承認是別人的東西，或是怪罪他人，事後也不聽老師的勸告。
4. 挫折忍受度低：稍遇到不如意或是不高興的事，會以攻擊、哭泣或躲藏行為以發洩情緒。
5. 無法獨立完成工作：個人單獨性活動如寫作業、唸課文等，都需要有人督促或提醒，才會持續完成此活動。

廖同學之個案相關資料

一、基本資料
- ·姓名：廖一一
- ·性別：男
- ·實齡：9 歲 2 月
- ·學齡：小學二年級
- ·目前安置狀況：普通班

二、背景資料
- ·生長史：說話、爬、走皆慢於一般兒童發展速度。
- ·醫療史：6 歲多時曾被醫生診斷為過動兒而開始服藥，但是母親以其服藥後有反應遲緩現象，三個月後就停藥，至今未再服藥。
- ·特教史：未曾接受過特殊教育。
- ·家庭樹：父、母及二個姊姊（四年級和六年級）。

三、轉介緣起：經由班級導師轉介，有攻擊暴力傾向等，參見轉介表。

四、家長意見：為該生之問題行為深感困擾，希望藉由特殊教育矯正其不當之行為，亦希望能協助其課業之學習成就低落狀況。

五、診斷評量結果

類　別	評量／工具名稱	施測日期	施測者	結果摘要
醫學／生理檢查	小兒精神科診斷	83.1.12	章醫師	有過度活動症狀
智力	WISC-III	86.10.30	陳老師	總智商 58，屬輕度智能障礙
適應行為	適應行為量表	86.10.14	陳老師	第一部分十項分量表中有八項低於百分等級 25 以下，顯示適應行為有發展遲緩現象。第二部分「獨處不良適應」百分等級 98、「人際不良適應」百分等級 99，皆屬非常偏差或異常。
國語文能力	1. 學期總平均成績 2. 國語文成就測驗	86.11.15	陳老師	1. 一下總平均 25 分。 2. 一年級百分等級 3，屬嚴重落後，注音、詞彙、語法最差。
	3. 教師觀察	86.9	許老師	3. 會寫國字、會念、但是不瞭解字義。

類　　別	評量／工具名稱	施測日期	施測者	結果摘要
數學能力	1.學期總平均成績 2.教師觀察	86.9.10	許老師	1.一下總平均18分。 2.會5以內的數數和加法，尚未具數量概念，尚未具加減乘除的概念。
溝通能力	教師觀察	86.3.1 ｜ 86.6.30	許老師	1.口語表達弱，不能完整的描述一件事情。 2.生氣、憤怒時無法用口語表達自己的氣憤情緒，會以肢體動作替代口語，或攻擊他人。
學習行為／習慣	教師觀察	86.10.1 ｜ 86.10.15	許老師	1.一週六天，有三天以上未帶齊書本、作業簿或學用品。 2.老師交代的作業大都不會如期完成。 3.上課時，常未舉手就發言，干擾教室上課秩序。
社交／情緒能力 (一)注意力	1. WISC-III	86.10.30	陳老師	1.專心注意智商指數61，百分等級為0.5，顯示注意力較同年齡兒童不集中。
	2.過動問題行為評量表	86.11.5	陳老師	2.一至九題中有八題被教師評為「總是」或「經常」有過動現象，且問題持續一年以上。
(二)衝動	1. WISC-III	86.10.30	陳老師	1.處理速度智商指數61，百分等級一，顯示和同年齡兒童比較有衝動現象。

類　別	評量／工具名稱	施測日期	施測者	結果摘要
	2. 過動問題行為評量表	86.11.5	陳老師	2. 十至十八題全被教師評為「總是如此」，且問題持續一年以上，顯示有衝動問題。
(三)過動	1. 教師直接觀察	86.10.1 ─ 86.10.15	許老師	1. 上課中，該生在二十分鐘內站起來走動達七次以上，而其他同學則在三次以下。
	2. 過動問題行為評量表	86.11.5	陳老師	2. 十至十八題全被教師評為「總是如此」，且問題持續一年以上，顯示有過動行為。
(四)同儕相處	1. 教師觀察	86.3.1 ─ 86.6.30	許老師	1. 好管他人閒事，很會告狀。 2. 經常與他人衝突而大聲互罵，甚至攻擊他人。 3. 打架時經常把別人壓在地上，讓對方動彈不得。

經由上述廖同學之轉介資料和相關資料，廖同學之「個別化教育計畫委員會」在會議中可以決定出廖同學的獨特需求計有：

1. **特殊教育**—國語科和數學科之補救教學；生活自理能力、自我指導、安全衛生、社區活動等適應能力之加強訓練；溝通能力之訓練；社交／情緒行為的加強輔導等。

2. **相關服務**—可針對其過度活動及注意力不集中現象，再徵詢小兒精神科醫師之醫療協助，尋求更適當之藥物使用。

3. **轉銜服務**—由於此個案年齡尚小，故轉銜服務尚未需要。

　　所以在「個別化教育計畫會議」中，參考圖6之八項需求考量因素，綜合個別化教育計畫委員之意見，乃可歸納為第一階段和第二階段兩項長程教育目標，第一階段之迫切性目標包含：(1)國語科和數學科的補救教學，(2)訓練該生能帶齊學用品，(3)養成該生能舉手後再發言的習慣；第二階段之後續性目標包含：(1)訓練該生在資源班上課之注意力集中度，(2)訓練該生將資源班上課之注意力集中能力類化至普通班上課情境，(3)輔導該生之社交技巧訓練和情緒處理方法。根據廖同學上述現階段特殊教育獨特需要之決定，即可編擬出廖同學之二年級下學期的「個別化教育計畫」的現況、長程教育目標和短程教學目標，如下述內容：

高雄縣陽光國小資源班個別化教育計畫

學生姓名：廖一一　　　　　　　　　　　　班級：三年丙班 特殊教育服務：資源班每週上課節數8節　　相關服務：無 個別化教育計畫執行起迄時間：87年2月23日至87年6月30日	
學生現況分析	**學習習慣** 1.資源班一週八節課有八節課沒帶齊當天該帶來的學用品。 **自我指導能力** 2.資源班一節課40分鐘，未舉手就發言的次數達五次。 3.資源班上課20分鐘內，2分鐘記錄一次該生是否正在做老師交代他該做的事，十次僅做到一次。 4.普通班上課20分鐘內，2分鐘記錄一次該生是否正在做老師交代他該做的事，十次都未做到。 **社交情緒行為** 5.對於別人的東西，想要的會不告而取，並占為己有。 6.一天發生二次以上與他人的衝突，如：吵架、捉弄他人或攻擊他人。 7.該生一不高興或受責備時，會放聲大哭或躲起來。 **數學科** 8.數學基本能力只會5以內的數數及5以內的加法。 **國語科** 9.國語文識字和閱讀理解程度在國小第二冊。

長期目標	第一階段：增強學習習慣和注意力訓練 *1.*施以帶齊學用品訓練，一週八節課有四節課帶齊當天該帶來的學用品。 *2.*施以舉手發言訓練，一節課 40 分鐘會舉手再發言的次數達三次。 *3.*施以注意力訓練，資源班上課 20 分鐘內，兩分鐘記錄一次該生是否正在做老師交代他該做的事，十次可做到五次。 第二階段：類化注意力訓練和情緒／社交技巧訓練 *4.*施以類化訓練，普通班上課 20 分鐘內，兩分鐘記錄一次該生是否正在做老師交代他該做的事，十次可做到三次。 *5.*施以社交技巧訓練，借用他人的東西，五次中有三次能經人同意後才取用，使用後並能物歸原主。 *6.*施以情緒處理訓練，有不高興情緒時，連續五次中有二次能夠以告訴老師或同學的方式來替代攻擊、哭及躲藏行為。 **數學科** *7.*具備 100 以內數的概念。 *8.*十位數的進位加法十題，學生能正確做出八題。 *9.*十位數的借位減法十題，學生能正確做出八題。 **國語科** *10.*給學生國語第五冊的語詞 20 個，能正確寫出 16 個。 *11.*給學生國語第五冊任何一課課文之閱讀理解測驗三題，學生能正確回答出二題。

	短期目標	教學起迄時間	評量日期	評量結果
1-1	一週八節課有二節課帶齊當天該帶來的學用品。	2.23-4.23		
1-2	一週八節課有四節課帶齊當天該帶來的學用品。	4.26-6.25		
2-1	一節課 40 分鐘會先舉手再發言的次數達一次。	2.23-4.16		
2-2	一節課 40 分鐘會先舉手再發言的次數達二次。	4.19-5.14		
2-3	一節課 40 分鐘會先舉手再發言的次數達三次。	5.17-6.25		
3-1	資源班上課 20 分鐘內，2 分鐘記錄一次該生是否正在做老師交代他該做的事，十次可做到二次。	2.23-4.16		
3-2	資源班上課 20 分鐘內，2 分鐘記錄一次該生是否正在做老師交代他該做的事，十次可做到三次。	4.19-5.14		

短期目標	教學起迄時間	評量日期	評量結果
3-3 資源班上課 20 分鐘內，2 分鐘記錄一次該生是否正在做老師交代他該做的事，十次可做到五次。	5.17-6.25		
4-1 普通班上課 20 分鐘內，2 分鐘記錄一次該生是否正在做老師交代他該做的事，十次可做到一次。	2.23-4.16		
4-2 普通班上課 20 分鐘內，2 分鐘記錄一次該生是否正在做老師交代他該做的事，十次可做到二次。	4.19-5.14		
4-3 普通班上課 20 分鐘內，2 分鐘記錄一次該生是否正在做老師交代他該做的事，十次可做到三次。	5.17-6.25		
5-1 借用他人的東西，五次中有四次會先開口向對方借用。	2.23-3.12		
5-2 借用他人的東西，五次中有四次能經對方同意後才取用。	3.15-4.30		
5-3 借用他人的東西，五次中有四次會先開口向對方借用，經對方同意後才取用，使用後歸還物主，並會道謝。	5.3-6.25		
6-1 有不高興情緒時，連續五次中有二次能夠把手背到後面，退一步。	2.23-4.23		
6-2 有不高興情緒時，連續五次中有二次能夠把手背到後面，退一步，主動跑去告訴老師或同學當時的心情感受。	4.26-6.25		
7-1 能從 1 數到 100。	2.23-3.5		
7-2 給三個問題，能分辨「加」的意義二題。	3.8-3.12		
7-3 給二個數字，五次中有四次能正確分辨數的大小。	3.15-3.19		
7-4 給五題和等於 5 的加法，能正確做出四題。	3.22-4.2		
7-5 給五題和等於 10 的加法，能正確做出四題。	4.6-4.30		
7-6 給五題和不大於 10 的加法，能正確做出四題。	5.3-5.21		

	短期目標	教學起迄時間	評量日期	評量結果
7-7	給五題二位數不進位的加法，能正確做出四題。	5.24-5.28		
7-8	給五題二位數進位的加法，能正確做出四題。	5.31-6.25		
8-1	給三個問題，能分辨「減」的意義二題。	2.23-3.5		
8-2	給五題差小於 5 的減法，能正確做出四題。	3.8-3.19		
8-3	給五題差小於 10 的減法，能正確做出四題。	3.22-4.30		
8-4	給五題二位數不借位的減法，能正確做出四題。	5.3-5.28		
8-5	給五題二位數借位的減法，能正確做出四題。	5.31-6.25		
9-1	給國語第五冊 1-7 課語詞 18 個，能正確寫出 15 個。	2.23-3.12		
9-2	給國語第五冊 8-14 課語詞 20 個，能正確寫出 16 個。	3.15-4.30		
9-3	給國語第五冊 15-21 課語詞 24 個，能正確寫出 18 個。	5.3-6.25		
10-1	給國語課本第五冊 1-7 課課文閱讀理解題目每課各二題，能正確答出一題。	2.23-3.12		
10-2	給國語課本第五冊 8-14 課課文閱讀理解題目每課各二題，能正確答出一題。	3.15-4.30		
10-3	給國語課本第五冊 15-21 課課文閱讀理解題目每課各二題，能正確答出一題。	5.3-6.25		

設計說明

一、此個案現階段最迫切之特教需求，乃為其過度活動之介入輔導，次之方為學科學習，依照學生學習能力之需要而安排數學科和國語科的補救教學。

二、依據個案的現況，在其輔導策略，乃分二階段實施：

　　　1.第一階段在增強學習習慣和注意力訓練。

　　　2.第二階段則將資源班中實施的注意力訓練類化到普通班的上課情
　　　　境中，並再加強情緒／社交技巧的訓練。

　　　3.學科學習則安排數學科與國語科的補救教學。

三、長期教育目標則依個案的行為及學習現況加以設計。

四、短期教學目標根據長期教育目標，依學生學習能力予以細分為若干
　　教學目標，並擬定適當的教學起迄時間。

五、對個案之行為要求以個案能力本位為考量，而不以同儕團體一般水
　　準要求，例如：一般的學生每次發言都須舉手，但對此個案實施的
　　「舉手發言訓練」，本階段的長期教育目標為「一節課 40 分鐘，會
　　舉手再發言的次數達三次」，以訓練個案能漸漸養成舉手發言的習
　　慣，待下階段的長期教育目標，再逐漸增達到次數，直到接近或與
　　一般學生相同。

❖轉銜服務

　　我國與美國之「個別化教育計畫」中均要求列入轉銜服務（transiti-
onplanning）項目，然而我國與美國對於轉銜服務的適用期之定義有所差
異；根據我國的「個別化教育計畫」定義，轉銜服務是適用於每一個教
育階段的最後一年，例如幼稚園大班、六年級下學期、九年級下學期和
高三下學期，而美國是指適用於 14 歲或 16 歲以後之身心障礙者；此外，
美國對於轉銜服務也列入詳盡的指導原則，此部分乃可以提供我國作參
考。美國之「個別化教育計畫」的轉銜服務是針對身心障礙學生所設計
之一系列活動，以協助學生畢業後或就業時的適應能力，轉銜服務的內
容可包括：中等學校教育以後的升學輔導、職業訓練的提供、就業輔導、
成人教育的提供、獨立生活的訓練與協助、社區生活參與的訓練與協助
等。亦即是當一個身心障礙學生的生理年齡將屆 14 歲或 16 歲時，其「個

別化教育計畫委員會」成員就必須開始考量此學生未來升學、就業和成人生活之適應的教育養成計畫；又假若一身心障礙學生的教育計畫已經完全在某一職業場所或是庇護工廠實施時，則此學生的「個別化轉銜計畫」就可以用以替代其「個別化教育計畫」。

　　根據 Gajar,Goodman,McAfee（1993）的看法，轉銜（transition）之理念乃涵蓋四項領域：生涯教育（Career Education）、特殊教育（Special Education）、職業教育（Vocational Education）和職業復健（Vocational Rehabilitation）。生涯教育指工作相關能力、獨立生活技能和公民權的使用等訓練。特殊教育直指教育之相關的診斷與評量、學科學習輔導、和中等學校以上之特殊教育的提供、和追蹤輔導等。職業教育和職業復健皆指職業相關之評量、中等學校以上有關職業技能和態度的培養、就業安置和追蹤輔導等。美國之「個別化教育計畫」中對於轉銜計畫的設計，特別強調重視身心障礙學生的個別需求與興趣，而轉銜服務之設計也因此必須考量下列因素：個案之習慣和態度的準備度、家長期待、教學活動的配合性、日常獨立生活的能力、個案對於其成人生活之期待、職業基本技能、社區環境的特質和就業市場狀況等。圖 7 呈現轉銜服務的內容和設計時應考量之因素以供參考；並再以國內某一高職特殊教育班之一位學生的相關資料，作「個別化轉銜計畫」擬訂決策過程之說明以及「個別化轉銜計畫」。

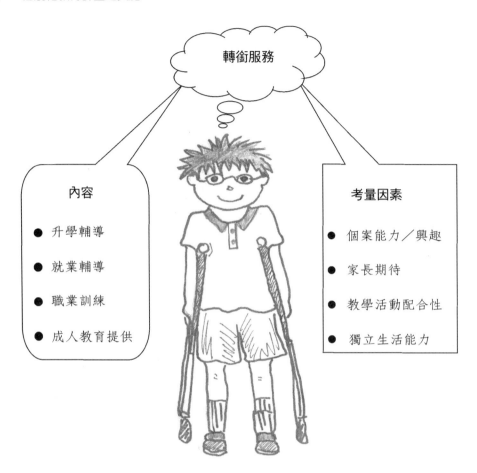

圖 7　轉銜服務之內容與設計考量因素

希望高職特殊教育班溫同學之個案相關資料

一、基本資料
• 姓名：溫○○
• 性別：女
• 實齡：20 歲
• 學齡：高職三年級
• 目前安置狀況：啟智班

二、背景資料
• 生長史／醫療史：無特殊狀況。
• 特教史：國中、高職皆在啟智班就讀。
• 家庭樹：父母各一人、弟二人（在學）、妹二人（在學）。

三、個案自我期許

・期望自己在結婚之前，能幫助父親分擔家中之經濟。

・期望結婚之後，能成為職業婦女，建立一個經濟無虞、和諧美滿的家庭。

四、家長意見

・未來能有份工作以協助家計。

五、診斷評量結果

類別	工具／評量表	施測者	施測日期	結　果
生活適應能力	生活適應能力檢核表	林○○	87.12.21	1. 侵略性行為—無。 2. 神經精神性行為—無。 3. 熱心度—對所有的工作和遊戲都表現熱心。 4. 被人接納—被團體所接納。 5. 尊重他人物權—先經別人允許才借用別人東西。 6. 服務性—能自動遵守常規和各項規定。 7. 誠實度—照實說出自己的錯誤行為。 8. 依賴感—經指示能依照規定操作。 9. 對感情的反應—對別人的親切與和藹的態度會表示反應。 10. 學校集會—聽從師長主席等勸告遵守秩序。 11. 團體活動—在小組及大團體中都與人共同活動。 12. 服從團體決定—他認為團體的決定是對的就會接受。 13. 自我觀念—可發展社會我瞭解自我與他人的關係。 14. 機變程度—經指示後會做簡單思考的反應。 15. 自卑感—自己的確不如人才會自卑。 16. 遇到挫折反應行為—遲鈍的反應、茫然而不知所措、逃避、對自己沒信心。

類別	工具／評量表	施測者	施測日期	結　果
				17.不受同學歡迎原因—言而無信。
				18.行為偏差—說謊、易受本能的支配。
				19.情緒表現—求成動機低落、極需獲得別人注意。
				20.父母管教態度—對子女不關心拒絕態度。
				21.學習—上課常沒精神、注意力不集中。
職業實習準備度	職業實習準備檢核表	林○○	86.12.21	1.職業興趣—家事、作物栽培、烹飪。 2.工作習慣—會完成工作和保持清潔、工作效率很好。 3.工作品質—能辨別工作成果的好壞並想要做好。 4.耐力—經指導後可以做好成品。 5.工作中對待人的態度—遇到困難時會請人幫助、可與熟悉的人相處的很好、願意與同伴合作。 6.對工作的態度—有人督導會耐心完成工作。 7.準時—自己知道準時。 8.金錢的處理—知道用錢買需要的物品、有儲蓄習慣不亂花錢。
就業工作環境評估	就業工作環境評估表	林○○	87.2.23	一、公司名稱—花花園藝。 二、員工總人數—4人。 三、同部門員工人數—4人 四、上班時間—全日，上午8時-11時50分、下午14時-17時、無週休二日。 五、加班—不用加班。 六、服裝—自備工作服帽。

類別	工具／評量表	施測者	施測日期	結　果
				七、午餐—回學校吃。 八、無障礙環境—無。 九、工作位置—苗圃。 十、試用期—每日 350 元之工讀薪資。 十一、試用期薪資—再議。 十二、員工訓練—現場指導。 十三、交通工具—騎腳踏車。 十四、職場分析— 　㈠環境／工作特色 　　(1)工作地點—偶爾變動。 　　(2)工作內容—偶爾變動。 　㈡工作氣氛—友善、愉快、忙碌但無壓迫感。 　㈢工作要素 　　(1)重視速度。 　　(2)重視品質。 　　(3)工作單純。 　　(4)需要判斷與區辨能力。 　　(5)極需耐力。 　　(6)極需體力、需要走動。 　㈣社會互動機會 　　(1)與顧客互動—偶爾與顧客互動。 　　(2)與主管／同事互動—工作或休息時與主管、同事互動。 　　(3)工作區—含室內外不同場地。 　　(4)雇主及同事態度—雇主支持殘障者、對殘障者習慣性行為接納程度高、同事支持殘障者、對殘障者習慣性行為接納程度高。 　　(5)雇主聲譽佳。

根據溫同學轉銜服務之相關資料的評估其未來之「個別化轉銜計畫」之需求應有下列六項：

一、園藝行之專業技能訓練

    1. 能獨立完成工作

    2. 能提高工作持續性高

    3. 能自我改進工作技能

二、基本工作態度之培養

    1. 時間內，主動完成工作項目

    2. 不擅離工作崗位、偷懶休息

    3. 不無故請假

    4. 能服從主管命令

    5. 能保持服裝儀容整潔

    6. 能準時上下班

    7. 能配合業主要求，不堅持要週休二日

三、增進溝通能力

    1. 能適當與人溝通

    2. 能適當主動地使用禮貌用語

四、增進社交／情緒行為處理能力——能適當的表達自己的不滿情緒或是挫折感

五、訓練金錢處理能力—如何支配薪水

六、協助就業規劃—此園藝行距離個案住所不遠，個案可以使用腳踏車上下班，個案亦不排斥從事園藝之工作，因此希望能輔導此生畢業後能繼續在此園藝行就業

希望農工特殊教育班溫同學之「個別化轉銜計畫」

・學生姓名：溫○○　　　　・性別：女　　　　・年齡：20歲

・特殊教育服務：高職三年級，三年級上學期每週有五天在花花園藝行職場實習

・普通教育服務：無

・相關服務：無

・此次個別化教育實施起迄日期：87.2.25-87.6.13

・出席「個別化轉銜計畫」人員：

姓名：	職稱：
1. 溫○○	個案家長
2. 黃○○	輔導室主任
3. 吳○○	特教組組長
4. 許○○	就業輔導組長
5. 林○○	導師
6. 陳○○	就業輔導教師
7. 莊○○	花花園藝行老闆
8. 曾○○	嘉義縣智障者家長協會會長
9. 吳○○	北港就業服務站輔導長
10. 溫○○	個案本人

・家長／監護人之意見：＿＿＿＿＿＿＿＿＿＿＿＿＿＿　簽名：＿＿＿＿

　＿＿＿＿＿＿＿＿＿＿＿＿＿＿＿＿＿＿＿＿＿＿＿＿＿　日期：＿＿＿＿

・學生現況：

一、就業實習：花花園藝行

二、職業基本能力

　1. 未能完全注意工作安全

　2. 工具歸位不當

　3. 產能不穩定

三、園藝專業技能：需從基本技能訓練

四、工作態度

　1. 工作情緒不穩定

　2. 貪心、計較薪資

　3. 油條

　4. 擅自作主（要求週休二日、彈性上班）

　5. 會因無正當理由請假

　6. 未能自行設定工作目標找事做

　7. 會說謊以掩飾自己的偷懶或不認真工作

　8. 上班時間偷懶

五、未能妥善支配薪支
六、溝通能力
　　1. 動作粗大
　　2. 言語粗魯，語氣不佳
　　3. 會對老闆頂嘴、與同事衝突

長程目標：園藝專業技能：階段一		執行者：莊老闆、林老師	
短程目標	起迄時間	評量結果	評量日期
1. 店面盆栽整理（掃地、桌椅、窗戶）	3.26-5.28	優	3.26-5.28
2. 庭園整地布置	3.26-6.10	優	3.26-6.10
3. 移植樹木斷根（土肉桂樹、南洋杉）	3.5-3.20	優	3.5-3.20
4. 盆花移植	3.20	待改進	3.20
5. 苗木修剪	3.19	優	3.20
6. 扦插	3.18	優	3.18
7. 整理送禮花盆	2.27-5.19	待改進	2.27-5.19
8. 廢棄盆栽處理	3.17	待改進	3.17
9. 栽種樹苗	3.3-5.26	優	3.3-5.26
10. 盆栽枯枝、葉、雜草清除	3.9	優	3.9
11. 噴灑農藥	3.12	待改進	3.12
12. 送貨	3.12	待改進	3.12
13. 盆栽美化	3.11	優	3.11
14. 澆水	5.16-5.21	優	5.16-5.21
15. 酒瓶、椰子修剪	87.3.5	優	3.5
16. 填裝蛇木屑	3.3-3.5	優	3.3-3.5
17. 栽種花苗	3.3-5.26	優	3.3-5.26
長程目標：園藝專業技能：階段二		執行者：莊老闆、林老師	
短程目標	起迄時間	評量結果	評量日期
1. 整理賣場（掃地、擦窗、盆栽位置擺齊）	2.25-6.2	優	2.25-6.2
2. 澆花	5.30	優	5.30
3. 修剪花木枯葉	3.9	優	3.9
4. 挖肉桂樹	5.14	優	5.14
5. 拔草	4.30-5.4	優	4.30-5.4

長程目標：園藝專業技能：階段二		執行者：莊老闆、林老師	
短程目標	起迄時間	評量結果	評量日期
6.整理盆栽土、肉桂斷根	3.7-3.19	待改進	3.7-3.19
7.挖南洋杉	3.6	優	3.6
8.送禮、盆栽整理	2.27-5.19	待改進	27-5.19
9.充填蛇木屑	3.3-3.5	優	3.3-3.5
10.農場除草	4.30-5.4	優	4.30-5.4
11.植草前除草	4.30-5.4	優	4.30-5.4
12.清除盆中雜草	4.30-5.4	優	4.30-5.4
13.整理水泥柱	2.25-4.23	待改進	4.23
14.外場工作	5.20	優	5.20
15.做花臺	5.5	優	5.5
長程目標：園藝專業技能：階段三		執行者：莊老闆、林老師	
短程目標	起迄時間	評量結果	評量日期
1.苗圃挖樹	5.14	優	5.14
2.照顧店面	5.15	優	5.15
3.整理賣場（掃地、擦窗、盆栽位置擺齊）	2.25-6.2	優	2.25-6.2
4.種植盆景	5.19	優	5.19
5.禮盆整理裝飾	2.27-5.19	待改進	2.27-5.19
6.澆水	5.21-5.25	優	5.21-5.25
7.鋪草皮	3.23-6.3	優	3.23-6.3
8.外場種植鵝掌藤	5.19-5.28	待改進	5.19-5.28
9.整理盆景枯葉	5.27	待改進	5.27
10.幫忙店裡雜務	6.2	優	6.2
11.挖酒瓶、椰子	6.2	優	6.2
12.鋪設小花園	6.1	優	6.1
13.整理花架	6.4	優	6.4
14.外場整地	2.25	優	2.25
長程目標：金錢處理		執行者：莊老闆、林老師	
短程目標	起迄時間	評量結果	評量日期
1.協助注意該生金錢管理，輔導該生如何處理父親向她要錢之狀況	2.25-4.30	可	6.13

長程目標：行為輔導策略		執行者：莊老闆、林老師	
短程目標	起迄時間	評量結果	評量日期
1. 該生在文字學習時較有障礙，請以較多的口述方式說明指導	2.25-6.13	可	6.13
2. 遭遇負面評價易生自卑，請儘量找出可以讚美的回饋	2.25-6.13		
3. 常常糾正該生言語的粗野	2.25-6.13		
4. 工作前請詳細告知工作	2.25-6.13		
5. 明確告知工作方針及目標	2.25-6.13		
6. 明確告知每週上班天數及每天上下班時間，並依該生出勤天數、時數計算薪資	2.25-6.13		

設計說明

一、個案於三年級上學期時，每週有五天在園藝行職場實習，因此以「個別化轉銜計畫」取代「個別化教育計畫」。

二、此個案之「個別化轉銜計畫會議」除學校相關人員及家長出席外，個案本人亦參與會議，依其興趣提供自我生涯規劃的期許；另外，職場的老闆亦參與擬定此計畫並共同執行，家長亦指定嘉義縣智障者家長協會會長出席，以適時協助家長。

三、依個案的現況設計出三大項長期教育目標

　　1. 依職業基本能力與園藝專業能力之現況，設計園藝專業能力的訓練，並依此專業能力的難易度分三階段實施。

　　2. 因個案未能妥善支配薪支，因此加強金錢處理的能力。

　　3. 因個案的工作態度及工作能力不佳，因此設計出「行為輔導策略」。

四、依據長期教育目標再細分出若干短期教學目標，並擬定適當的教學
　　起迄時間；為因配合短程教學目標的擬訂職場老闆的訓練，無法具
　　體敘述評量方式和評量標準，是有待加強之處！

　　不同階段、不同特殊教育需求之身心障礙學生的個別化教育計畫內
容都不相同，這就是身心障礙學生的獨特性，也是個別化教育計畫會議
需要以個案形式召開的主要理由。以下再以一位肌肉萎縮症大學一年級
新生為例，此個案本身智能並無學習上的困難，但是受限於其生理與肢
體行動的困難，其特殊教育需求的考量就必須多面向審視，從召開個別
化教育計畫會議，到轉換完成個別化教育計畫書面文件，以下個案將提
供不同狀況的個別化教育計畫範例說明。

檔　　號：
保存年限：

國立 K 大學　開會通知單（稿）

受文者：如出席者

發文日期：中華民國 94 年　　月　　日

發文字號：K 大學

速別：最速件

密等及解密條件或保密期限：普通

附件：會議議程表

開會事由：94 學年度上學期—學生個別化教育計畫會議（IEP）

開會時間：中華民國 94 年 8 月 31 日（星期三）下午二時

開會地點：行政大樓六樓第四會議室

主持人：本校特殊教育中心林主任

聯絡人及電話：黃輔導員（1234567 分機 111）

出席者：教務處（註冊組、課務組）、學務處（生活輔導組、衛生保健組、
　　　　課外活動組）、總務處、軍訓室（M 系系教官）、體育室、學生輔
　　　　導中心、師資培育中心、衛生保健組、數學系、K 市社會局（第四
　　　　科）、K 大學聽語障學生學習輔具中心、Z 醫學大學附設復健醫院—
　　　　輔具中心、C 醫院醫療復健輔具研發中心、K 市脊髓損傷者協會、
　　　　中華民國 M 病友協會、K 市立 C 醫院小兒科、F 中學輔導室。

列席者：無

副本：本校秘書室

備註：

一、各單位若需中心協助印製報告資料或使用投影機做簡報者，請於 94 年 8 月 30 日（星期二）下午四點前，將報告所需資料 e-mail 至〈cl@nknucc.nknu.edu.tw〉，若來不及送交處理，則請各單位自行印發。

二、各單位如有其他提案，請於 94 年 8 月 30 日前送交特殊教育中心資源教室彙整。

三、會議時間與討論事項見會議議程（如附件）所示，請準時出席。若因故無法參加，敬請職務代理人出席會議。

（條　　戳）

會辦單位：

□第一層決行	□第二層決行	□第三層決行
承辦單位	會辦單位	決行

國立 K 大學 94 年度　張○○學生個別化教育計畫會議（IEP）議程

附件 1-1

時　間	內　容	報告人／主持人
13：40-14：00	報到	
14：00-14：20	介紹來賓	林主任
14：20-14：30	1. F 高中曾提供的在校之醫療照護情形 2. F 高中曾提供的在校之學習協助情形	F 高中輔導室 王老師
14：30-14：40	1. 目前個案最新病情或醫療報告 2. 需提供學生所罹患疾病之照護須知（須避免或注意事項……） 3. 需提供學生迅速及正確之醫療轉送程序……（學生身體不適需送醫治療時應聯絡誰？可送往哪些醫院?）	K 醫院個案主治醫師 鐘醫師 林醫師

時　間	內　容	報告人／主持人
14：40-14：50	1. 學生評估後之概況……（可使用哪些輔具、輔具之使用上應注意哪些？） 2. 學生使用輔具後可得到哪些幫助？（有無需學校協助之事項?）	Z 醫學大學附設復健醫院—輔具中心 張治療師
14：50-15：00	協助學生改善因氣切導致之口語溝通上之障礙	K 大學聽語障學生學習輔具中心吳老師
15：00-15：10	目前特教中心之工作簡報	資源教室 黃輔導員
15：10-15：40	其他 9 項待協調與討論事項，如附件 1-2	林主任

待協調與討論事項

附件 1-2

特殊教育需求	討論事項	負責單位
1. 協助學生通學之交通事宜，包含在本校上、下車地點、時間及車輛通行證等事宜	目前已申請本市一復康巴士協助交通送返，其所屬機構為「高雄市脊髓損傷者協會」	脊髓損傷者協會、總務處、警衛室
2. 協助家長申請購買相關醫療器材補助事宜	依據本市身心障礙者保護法相關規定提出申請	社會局第四科
3. 提供學生良好之上課環境及無障礙盥洗室，例如如廁及盥洗之場所	已完成學生入學後教室之安排、無障礙通道之探勘，請總務處協助處理設施建構	總務處
4. 協助學生註冊、選課相關事宜	已提供學生選課相關須知，請 M 系同意由家長代為註冊和選課事宜	教務處、M 系
5. 協助辦理學雜費減免相關事宜	已提供學生相關申請表並告知申請程序，由於個案無法自行提出申請，請課外活動組同意由家長提出申請	學務處（課外活動組）
6. 協助學生辦理軍訓課、體育課免修相關程序	個案並無行動能力，請教官室、體育室同意有關免修之相關事宜	教官室、體育室、M 系

特殊教育需求	討論事項	負責單位
7.提供學生於開學後中午或無課時之休息空間，以利於學生之休息及更換衛生或醫療用品，以及放置醫療器材	初步勘查結果，以師資培育中心所屬休息室最適合，希望師資培育中心能同意借用場所，總務處能協助環境規劃	師資培育中心總務處
8.協助學生改善因氣切導致之口語溝通上之障礙	已經申請大專校院聽語障學生學習輔具中心，協助完成學生溝通功能評估，請提供後續溝通輔具	大專校院聽語障學生學習輔具中心
9.針對一同參與學習之學生與授課教師，提供開學後心理衛生宣導	為了增進 M 系師生對肌肉萎縮症之認識，請肌肉萎縮協會與家長協助做宣導	中華民國肌肉萎縮病友協會

K 大學
94 學年度第一學期

張○○個別化教育計畫（IEP）

本人_____□同意　□不同意

K 大學所提供本學期之特殊教育服務，其服務內容如張○○個別化教育計畫所示。

家長或學生意見：_____

_____

中華民國 94 年_____月_____日

個別化教育計畫

學生基本資料	姓名：張○○　　（父：國營事業員工）　　　（母：家庭主婦） 性別：男 年齡：18.5 歲　　（兄：大學四年級）　（案主：大一新生） 原就讀學校：○○高中 將就讀學校：K 大學○○系一年級 現居住地址：K 市 主要照顧者：張媽媽 協助照顧者：越南看護

學生各項能力與現況	一、障礙狀況：依身心障礙手冊分類 　　1. 障礙類別：多重障礙。 　　2. 障礙程度：極重度。 二、活動狀況 　　1. 行動：需以輪椅代步。 　　2. 溝通：國語（於去年 10 月份氣切後無法順利發聲）。 三、健康狀況 　　1. 體力：不佳（容易疲倦）。 　　2. 視力：矯正後尚可。 　　3. 罹患疾病：（裘馨氏肌肉萎縮症）。 四、認知能力：學生於 94 年度大學入學指定考試表現優異（未經任何加分），考取 K 大 M 系，其認知能力良好，並有自己的主見。 五、溝通能力：因於 93 年 10 月進行氣切後導致目前說話能力喪失，只能稍微發出氣音，可藉由讀其唇語猜測所欲表達之內容。 六、學習能力：可以閱讀，但需要旁人協助翻書（目前已申請相關輔具協助），至於書寫能力逐漸退化（肌肉無力），可藉由滑鼠以電腦輸入之方式代替。經評估後，將提供相關學習輔具（翻書機、溝通板……等等）協助其順利學習。 七、生活自理：目前上下學均需藉助復康巴士，在生活上則由母親及外籍看護共同協助。 八、綜合評估 　　1. 建立人際關係能力：尚可 　　　學生喜愛與人接觸、參與團體活動，但礙於行動上之不便與醫療上之需求，必須選擇較為靜態之社團活動。 　　2. 情緒控制能力：良好 　　　學生長期與病魔纏鬥，不但不向疾病低頭，更不因此自暴自棄或怨天尤人。

	個別化教育計畫
	3.個人疾病認識能力：良好 　學生深深瞭解此疾病帶來的影響，卻依然堅持己見，朝自己的理想邁進，此向上精神實屬難得。 4.解決問題及尋求資源能力：尚可 　學生雖無法親自解決所遭遇之問題，但仍能主動提出需求、尋求協助。 5.家庭支持系統資源：非常良好 　學生家屬對學生在生理上的照顧與心理上的支持，正是提供學生在遭逢如此疾病纏身之際，還能不畏艱難，追尋自我、勇往直前的動力泉源所在。 6.家庭經濟狀況：尚可 　學生家長目前任職於國營事業，對於學生之照顧可說是無微不至，一方面提供學生最好的醫療照護也更兼顧家庭中的一般開銷，甚為辛苦。 九、整體評估摘要 　學生對學習極有熱誠，常自動自發學習，有堅強的意志力，但因疾病所致，時會影響學習。家屬對學生之支持度極高，也願意且必須陪伴學生修習相關課程。
本學期之交通車安排	一、交通上之規劃 1.復康巴士（脊髓損傷者協會） 　K市脊髓損傷者協會將提供今年9月份至95年1月份上下學之交通接送。 2.車輛之通行事宜 　本校總務處事務組已請警衛室處理復康巴士放行事宜。 3.上下車之地點：復康巴士進入校園後直接開至行政大樓中庭暫時停放，待學生上（下）車後即駛離。 4.中庭至702教室之動線安排：學生將搭乘行政大樓北側電梯（靠近總務處事務組）直達七樓教室。
	一、無障礙學習環境之安排 1.無障礙通道之安排 　學生下車處至一樓電梯—順暢 　從電梯至教室—順暢 　從教室至休息室—順暢 2.教室之安排與調整 　學校針對學生之需求，將此學期學生所有必（選）修之課程，

個別化教育計畫	
學習環境之規劃與學習協助	均安排在行政大樓 702 教室。 3. 學生家長與學生之休息室、學生宿舍 　學生及學生家長休息室則由本校師資培育中心提供師生聯誼室（702 教室旁），另外也協助學生申請了 E 樓（122 寢）的學生宿舍，提供學生及家屬休息之用。 4. 針對 702 教室內環境之改善 　(1)黑板更換為白板：由於學生身體進行氣切手術，所以在呼吸道之照護甚為重要，為免於呼吸道之感染，9 月 22 日已將 702 教室之黑板更換為白板。 　(2)冷氣濾網之清洗：由於學生身體進行氣切手術，所以在呼吸道之照護甚為重要，為免於呼吸道之感染，已完成 702 教室之冷氣濾網之清洗，並定期予以維護及清洗。 二、醫療環境之安排與規劃 1. 醫療器材放置之安排 　(1)由 K 大學師資培育中心提供其師生聯誼室作為學生醫療器材放置與家長休息室之用。 　(2)於 9/12 提供一組師生聯誼室之鑰匙給學生家長以便學生及家長每日上學時使用。 2. 醫療空間之安排 　(1)家屬想法：於教室左前方之角落以布簾區隔，提供學生抽痰、供氧之場所。 　(2)學校考量：是否影響①教師教學的流暢度、②學生學習上之干擾。 　(3)協調後：①學生在課堂學習中之氧氣供應，於教室教學中進行。 　　　　　　②學生進行抽痰或餵食等活動時，將於師資培育中心所提供之師生聯誼室中進行。 3. 師資培育中心—師生聯誼室之改善 　(1)插座、燈具與窗簾之裝設：為提供學生良好之醫療照護與休息環境，總務處已協助解決室內照明亮度問題以及北側窗戶窗簾之裝設。 　(2)醫療廢棄物垃圾桶之提供：由於學生有醫療照護之需求，總務室提供一加蓋垃圾放置桶，以放置學生所產生之醫療廢棄物，並於放學後請學生家長將廢棄物帶回，並委由小港醫院協助處理。 4. 緊急醫療之動線規劃與機構聯繫 　＊送醫路線安排：

個別化教育計畫

<table>
<tr>
<td rowspan="1">學
習
環
境
之
規
劃
與
學
習
協
助</td>
<td>

(1) 702 教室→(2)七樓北側電梯（靠近師資中心）→(3)直達一樓中庭（總務處已於 9/27 提供電梯控制鑰匙兩把）→(4)救護車→(5)直達 K 醫院急診室

＊學生緊急送醫處理流程：

(1) A 同學先打電話聯絡 119【請求派援救護車】，並至本校警衛室引導救護車至行政大樓一樓中庭接送學生。

(2) B 同學打電話與本校健康中心聯絡請求派員協助，並回到教室協助家長。

(3) C 同學快速取得行政大樓北側電梯之控制權，將電梯固定在七樓作為運送學生之準備。

(4)健康中心打電話通知 K 醫院急診室做準備，並立即派護理人員至行政大樓 702 教室協助家屬。

(5)此緊急機制啟動後，所有人員同時進行就所需負責之工作。

＊此緊急送醫流程於 10/12 進行實地演練。

5.一般醫療照護與緊急醫療之教育訓練

(1)由 K 醫學院指派專業團隊協助相關醫療訓練。

(2)由 K 大學資源教室與 K 醫學院接洽訓練相關事宜，由 K 醫學院提供講師，相關費用由 K 大學資源教室 94 年度輔導身心障礙學生工作計畫經費─課業加強鐘點費中支出。

(3)由 K 大學 M 系安排教育訓練場所；相關待訓人員（學生、老師、護理人員等）之招募以及會議通知發送。

＊於 9/27 完成醫療照護訓練。

三、學習上之安排與規劃

1.上課方式之安排與調整：當學生因身體因素無法至學校接受教育時，我們可提供以下服務：

(1)錄影服務。

(2)錄音服務。

2.增進學習之安排：當學生學習上遭遇困難時，K 大學資源教室將提供以下服務，並於開學後兩週內決定協助之同學：

(1)課後課業輔導：已邀請 M 系研究生協助。（學生目前尚無此需求）

(2)筆記之提供：由於學生之書寫能力受限，我們已邀請數學系同學協助提供筆記之拷貝。

(3)錄影、錄音：由於學生之體能狀況不佳，當體力不支或無法集中注意時，將協助進行課堂之錄音或錄影。（資源教室已邀請 M 系及 S 系之學伴提供學生在學習上之協助）

</td>
</tr>
</table>

個別化教育計畫

| | ＊目前 M 系與 S 系之學伴共計 10 名。
3. 評量方式之調整：提供合適學生作答之場所、方式與時間：
　(1)個別考場：資源教室將提供合適之場所（可進行相關醫療行為及方便學生作答之場所）以進行定期評量。
　(2)電腦作答：由於學生之書寫能力受限，僅剩下食指及中指可自由活動，且無口語表達能力。對此，已積極與學生之授課教師討論，並利用電腦化試卷及電腦作答之方式進行評量。
　(3)延長考試時間：依據學生之需求延長考試時間，約為原考試時間之 1.5 倍。
4. 學習輔具之協助
　(1)翻書機：由教育部肢體障礙輔具中心提供，<u>經 IEP 會議中協調後，已於 9 月 22 日取得翻書機。</u>
　(2)溝通軟體：由教育部聽語障輔具中心提供，<u>經 IEP 會議中協調後，9 月 27 日已完成溝通軟體之安裝與教學。</u>
　(3)特製坐墊：由教育部肢體障礙輔具中心提供，目前委託 C 醫療復健輔具中心製作。 |
| 校內之心理衛生宣導與教育 | 一、針對教師之宣導：邀請學生家屬、肌肉萎縮症協會，運用 M 系系務會議之時間針對 M 系授課教師做下列宣導：
1. 協助教師對罹患肌肉萎縮症學生之認識。
2. 協助教師瞭解肌肉萎縮症學生在學習上之限制。
3. 與教師研討可提供肌肉萎縮症學生在學習上之協助。
＊已向學生之授課老師個別宣導。
二、針對同儕之宣導：邀請學生家長、肌肉萎縮協會及 K 大學學生輔導中心，運用班會、導師時間針對同儕做下列之宣導……
1. 協助同學對肌肉萎縮症學生之認識……
2. 協助同學瞭解肌肉萎縮症學生在課堂上可能造成之影響……
3. 邀請同學一起協助肌肉萎縮症學生課堂上之學習。
4. 提升同學對生命的認識與關懷。
＊於 9/22 週會時間完成宣導。 |

第四節　如何擬訂現況、長程教育目標和短程教學目標

　　「個別教育計畫」之擬訂過程中，一旦此身心障礙學生的獨特性需要確定後，緊接而至即是現況和長程、短程教學目標的編擬。通常，可以藉由「個別化教育計畫會議」前之診斷資料評估，瞭解學生現況，再決定個體獨特之教育需要，此種狀況則可以直接進入長程和短程教學目標之編擬。學生學習現況以及長程和短程教學目標的設計，是「個別化教育計畫」之核心，亦是參與編擬者之最大挑戰。根據林幸台（民 83）對我國實施特殊兒童個別化教育方案之策略的研究，受訪之特殊教育教師因為診斷評量資料不足，以至於無法掌握學生的現況，從而更不知如何編擬長程和短程教學目標。亦即是對特殊教育教師而言，對擬訂個別化教育計畫最感困擾者，乃是不知道如何決定學生此階段的「特殊教育需求」？如何找出學生的現況？該如何設計出此學期或此學年的長程教育目標和短程教學目標？以及如何具明確的敘述評量方式和評量標準等等，本節將針對上述重點依序討論之。

❖ 現況、長程教育目標、短程教學目標三者的關係

　　「個別化教育計畫」中，「現況」乃指學生目前在某些學科學習成就或技能／能力發展上的最高水準，需要藉由正式性評量或非正式性評量結果得知此資料。「長程教育目標」則是根據學生現況、學習能力、其教育之獨特需要，再配合家長之期待等，決定一學年或一學期之後，此學生期待可以達到的某學科學習、能力發展之教育目標。「短程教學目標」則是指在「長程教育目標」指引下，將學科學習、能力發展之教育目標，依課程架構、技能組織或能力發展程序等原則，再考量時間分配因素，細分為若干小目標，以作為實施教學、訓練或輔導之依據。短

程教學目標完成時間的擬訂，應依據每一個短程教學目標所需教學時間長短來決定，依個別化教育計畫的性質而言，短程教學目標的完成短者可以一週計算，長則可以數週之久，此亦是「個別化教育計畫」格式內容所要求之「教學起訖時間」；而現況和長程教育目標以及短程教學目標之間的關係如圖 8。

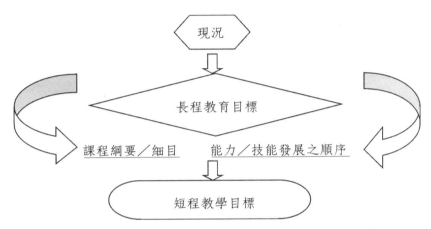

圖 8　現況、長程教育目標、短程教學目標之關係

　　現況、長程教育目標和短程教學目標之間，實際存在著先後相屬關係；個別化教育計畫的現況、長程教育目標和短程教學目標的理念，相似於教學設計的起點行為、終點行為的概念。「現況」其實就是即如教學設計中學生之起點行為，「長程教育目標」即是教學設計中學生之終點行為，而「短程教學目標」正是起點和終點目標之間的中途目標。整體而言，現況、長程教育目標和短程教學目標皆是教育目標，教育目標通常也以教學目標或是學習目標稱之。教學目標是以教學者的觀點敘述之，例如：能訓練學生數數一到十；學習目標則是由學習者的觀點敘之，例如：學生能由一數到十。教育目標又可以學生學習的過程或是學習的結果敘述之，學習過程的敘述是：學生能熟練肯定句的用法，學習結果的敘述是：學生能正確答對五題肯定句用法的選擇題。簡言之，個別化

教育計畫的現況、長程教育目標和短程教學目標,乃可以教學目標或學習目標方式呈現,也可以學習過程或學習結果敘述,此四者皆可以表達學生學習的教育成效;然而針對「個別化教育計畫」需要評估身心障礙學生的教育介入成效原則,現況、長程教育目標和短程教學目標的編擬,若能以學生為主體之具體學習結果敘述,則最終的短程教學目標,即是長程教育目標,亦更能具體有效顯現「個別化教育計畫」之精神。

❖ 運用課程綱要或教學綱要編擬長程、短程教學目標

　　現況、長程教育目標和短程教學目標之間既有一脈相承的關係,長程教育目標和短程教學目標之間更有總和與細項的關聯。對於某些學科性(如數學加法、識字量、閱讀理解等)或技能性(如洗滌衣物、清洗碗盤等)的學習目標而言,長程教育目標可參考普通教育或特殊教育的課程綱要、教學綱要或工作分析內容,再細分成短程教學目標;而對於某些能力訓練的學習目標(如延長注意力的持續時間、增加句子表達能力等),長程教育目標即可依據此能力發展之順序,運用工作分析的方式組合成短程教學目標,如學生的注意力能持續一分鐘、注意力能持續二分鐘、注意力能持續三分鐘⋯⋯等;或是從完成「我要⋯⋯」的句子、「我要吃⋯⋯」的句子到「我要吃糖果」的表達完整句子等。

　　大體而言,特殊教育或是普通教育的課程綱要或教學綱要,都可以有效協助教師編擬長程教育目標和短程教學目標之參考,甚至作學生獨特需要之決定和現況之評估。本書作者乃建議特殊教育教師應該參考現有之各學齡階段或是不同障礙類別之各類課程綱要或教學綱要作主要依循架構。我國特殊教育的課程綱要,於民國 72 年 3 月最早頒布實施,係為啟聰學生訂定。民國 77 年教育部再次邀請學者專家,編訂課程標準或課程綱要,以提供適合智能障礙、視覺障礙、聽覺障礙、肢體障礙特殊學生學習之課程標準與課程綱要。

　　十多年來因應社會的快速變遷,民國 84 年全國身心障礙教育會議決

定要研究改進現行各類特殊教育課程綱要，民國 85 年通過的特殊教育法也強調需增強特殊教育課程。教育部遂於民國 86 年邀請相關人員協商課程綱要增修訂事宜，民國 87 年起分別委託學者專家主持特殊學校（班）智能障礙（高中職）、視覺障礙、聽覺障礙、肢體障礙各類課程綱要等增修訂工作，兩年內完成了特殊學校（班）智能障礙、視覺障礙、聽覺障礙、肢體障礙四類課程綱要之增修訂，於 89 年由教育部頒布實施。各類特殊教育和普通教育課程綱要的網址如下：教育部特殊教育通報網（http://163.21.111.100/tlearn/book/bookTypeAll.asp? open）、國立教育資料館—教育專題區（http://192.192.169.108/2d/special/flash.htm）、九年一貫課程與教育網（http://teach.eje.edu.tw/9CC/discuss/discuss2.php）、圖 9 乃呈現如何應用課程綱要或教學綱要，以決定個體獨特之教育需要、教學目標之擬訂與完成的整體流程。

　　課程綱要或教學綱要可提供針對不同教育需求者的教學結構和內容，有些教學綱要更提供所有教學目標之評量表（例如第一兒童發展文教基金會出版之《中重度智障者功能性教學綱要》，此評量表可以提供使用者評量出學生之起點行為（即現況）及評估其學習後之成果（即評量結果）。大體而言，課程綱要乃以範圍、領域、副領域、綱要、細目、行為目標等方式作結構性呈現，以《中重度智障者功能性教學綱要》為例，此課程適用之對象，約是中重度智能障礙者或是多重障礙者，經過評量表評估後，即可瞭解個案之現況，亦即藉由此課程之八項領域以決定此個案特殊教育的獨特需求之方向，再參考圖 6 所述之教學需求考量，即可決定此階段的「個別化教育計畫」之長程教育目標和短程教學目標，而此課程之「學習目標」極適合列為長程教育目標之設定，如中重度智障者功能性教學綱要之領域二是居家生活；領域二中之副領域㈠是獨立飲食；獨立飲食的綱要 B 是「吃」；綱要「吃」總共有十四項學習目標，對中重度智障者而言，此十四項學習目標即可作為長程目標；假若以某一學期以學習目標(4)會使用湯匙舀取食物吃為個別化教育目標的內容，

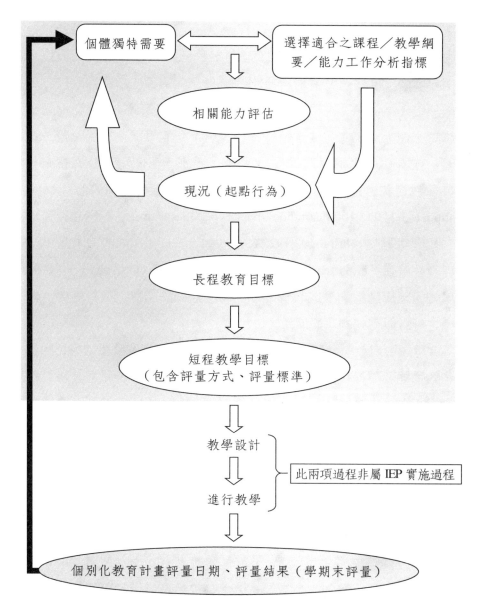

圖 9　課程╱教學綱要、需要之決定、教學目標擬訂之三者關係

此個案之：

‧現況為：需要完全協助，方能拿起湯匙。

‧長程教育目標之⑴為：會使用湯匙舀取食物吃。

‧短程教學目標計有：

1-1　在協助下單手拿住湯匙達 30 秒。

1-2　在協助下單手拿住湯匙達一分鐘。

1-3　能獨立單手拿住湯匙達 30 秒。

1-4　能獨立單手拿住湯匙達一分鐘。

1-5　能獨立單手用湯匙舀一口乾飯送至口中，而不掉落飯粒。

1-6　能獨立單手用湯匙舀一匙炒青菜／肉塊送至口中，而不掉落菜餚。

1-7　能獨立單手用湯匙舀一匙稀飯送至口中，而不灑落飯粒和湯汁。

1-8　能獨立單手用湯匙舀一匙湯／牛奶等液體，而不灑落湯汁。

個別化教育計畫中，現況、長程教育目標和短程教育目標三者之間，若以時間點做切割，三者間的關係如下圖 10：

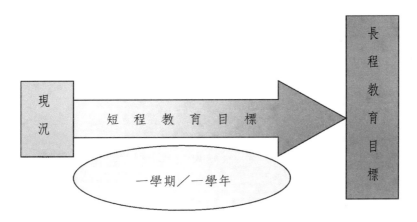

圖 10　現況、長程目標─短程目標之關聯圖

依據上列圖示的說明，以下再試從身心障礙學生常見的：特殊教育需求─現況─長程教育目標到建立短程教學目標的邏輯關係作示範說明。

特殊教育需求 ➡	現況 ➡	長程教育目標 ➡	短程教學目標
學科學習	國語文（實用語文）—運用句型造句	學生無法運用複合連接詞句型	學生能正確說出／寫出翰林版第三冊相關複合連接詞句型。	1. 給學生翰林版第三冊第九課三種句型（「只要……就……」，「帶著……來到……」，「不肯……只好……」），學生能在3分鐘內，正確說出三種句型的句子各一句。 2. 給學生翰林版第三冊第九課三種句型（「只要……就……」，「帶著……來到……」，「不肯……只好……」），學生能在3分鐘內，正確寫出3種句型的句子各一句。
	數學（實用數學）—整數個位數×個位數乘法	給學生9題九九乘法計算題，學生能在10秒／題內正確答出8題。（6×8、7×4、6×3、8×4、9×7、2×8、~~4×3~~、~~5×7~~）	給學生15題（3、4、5乘法各五題）整數乘法計算題，學生能在5分鐘內正確算出15題。	1. 給學生5題3的整數乘法計算題，學生能在2分鐘內正確算出5題。 2. 給學生5題4的整數乘法計算題，學生能在2分鐘內正確算出5題。 3. 給學生5題5的整數乘法計算題，學生能在2分鐘內正確算出5題。
	英文（實用英文）	學生無法運用過去式時間副詞之文法句型。	學生能正確說出／寫出康軒版第三冊過去式時間副詞之文法句型。	1. 給學生1題 What＋did＋主詞＋do＋過去式時間副詞 的問句選擇題，學生能在1分鐘內，選出正確的答案。

特殊教育需求 ➡	現況 ➡	長程教育目標 ➡	短程教學目標
			2. 給學生 1 題 What ＋ did ＋主詞＋ do ＋過去式時間副詞 的答句選擇題，學生能在 1 分鐘內，選出正確的答案。 3. 給學生 2 題主詞＋ both ＋動詞…的選擇題，學生能在 2 分鐘內，選出正確的答案。
生活教育─獨立飲食─吃	需要完全協助，方能拿起湯匙	會使用湯匙舀取食物吃	1. 在協助下單手拿住湯匙達 30 秒。 2. 在協助下單手拿住湯匙達 1 分鐘。 3. 能獨立單手拿住湯匙達 30 秒。 4. 能獨立單手拿住湯匙達一分鐘。 5. 能獨立單手用湯匙舀一口乾飯送至口中，而不掉落飯粒。 6. 能獨立單手用湯匙舀一匙炒青菜／肉塊送至口中，而不掉落菜餚。 7. 能獨立單手用湯匙舀一匙稀飯送至口中，而不灑落飯粒和湯汁。 8. 能獨立單手用湯匙舀一匙湯／牛奶等液體，而不灑落湯汁。
社會技能（社會適應）─運用社區大眾交通工具	學生不會搭乘公車上下學	學生能夠獨自搭乘公車上下學	1. 給學生五張圖片，學生能在 5 秒鐘內說出／指出三張自家附近的公車站牌周遭

特殊教育需求 ➡	現況 ➡	長程教育目標 ➡	短程教學目標
			的建築物之圖卡。 2. 給學生三張站牌的圖卡，學生能在 3 秒鐘內正確的說出／指出從住家（學校）到學校（住家）的特定公車號碼。 3. 給學生五張圖片，學生能在 5 秒鐘內說出／指出三張學校附近的公車站牌周遭的建築物之圖卡。 4. 給學生 1 元、5 元、10 元的硬幣各 5 枚，學生能在 20 秒內湊出搭一趟公車所需要的車錢。
職業生活─清潔工作	學生需要他人部分協助才會使用拖把拖地	學生能獨立使用拖把拖地	1. 準備開始打掃時，學生能在 30 秒內穿戴好打掃的工作服（手套、圍裙）。 2. 拖地前，學生能在 30 秒內把水裝滿到水桶內的「八分滿」標示線。 3. 給學生一桶水，學生能在 10 秒內正確的將清潔劑倒入水桶內。 4. 給學生一支拖把和一桶混有清潔劑的水桶學生能在 15 秒內將拖把完全放入水中停留 10 秒，讓拖把完全浸濕。 5. 學生能在 10 秒內將已浸濕的拖把用擰乾器擰乾。

特殊教育需求 ➡	現況 ➡	長程教育目標 ➡	短程教學目標
			6. 在真實情境下，學生能夠在 10 秒內正確做出開始拖地兩分鐘後應該洗拖把。 7. 給學生四張照片（黑色混濁的水、灰色的水、半透明的水、透明的水），學生能在 5 秒內正確說出那兩張照片水桶裡的水應該要換了。 8. 學生發現水桶的水變成灰色之後，能在 1 分鐘內將髒水換成乾淨的水，再放入清潔劑。
問題行為處理	學生一不高興或受責備時，會放聲大哭或躲起來。	有不高興情緒時，連續五次中有二次能夠以告訴老師或同學的方式來替代攻擊、哭及躲藏行為。	1. 有不高興情緒時，連續五次中有四次能夠把手背到後面，退一步。 2. 有不高興情緒時，連續五次中有三次能夠把手背到後面，退一步。 3. 有不高興情緒時，連續五次中有二次能夠把手背到後面，退一步。 4. 有不高興情緒時，連續五次中有一次能夠把手背到後面，退一步。 5. 有不高興情緒時，連續五次中有四次能夠把手背到後面，退一步，主動跑去告

特殊教育需求 ➡	現況 ➡	長程教育目標 ➡	短程教學目標
			訴老師或同學當時的心情感受。 6. 有不高興情緒時，連續五次中有三次能夠把手背到後面，退一步，主動跑去告訴老師或同學當時的心情感受。 7. 有不高興情緒時，連續五次中有二次能夠把手背到後面，退一步，主動跑去告訴老師或同學當時的心情感受。 8. 有不高興情緒時，連續五次中有一次能夠把手背到後面，退一步，主動跑去告訴老師或同學當時的心情感受。

　　「個別化教育計畫」是以學生之獨特教育需求為本位之教育規劃，而在實際進行教學時，此個案之長程、短程教學目標又可以和學校的學習課程相配合，例如國語文、生活教育、社會適應等課程，方能明確執行個案的不同教學目標之任務，以下僅提供二份課程與科目結合之範例做參考。表 6 是民國 80 年代臺北市興雅國中王玲娟老師根據「中重度智障者功能性教學綱要」所整理之教學領域和教學科目配合設計，為因應民國 89 年教育部所頒定的智能障礙類課程綱要，本書則將王玲娟老師所設計的「相關學科」轉換成啟智教育課程綱要的六大領域：生活教育、社會適應、實用語文、實用數學、休閒教育及職業生活。唯有當學生本位之「個別化教育計畫」和教師本位之教學科目設計相結合時，方能真正落實特殊教育個別化教學的理想。

表6 中重度智障者功能性教學綱要——教學領域與教學科目配合表

領域	副領域	生活教育	實用語文	實用數學	休閒教育	職業生活	社會適應
職業適應	求職能力	✓				✓	
	工作習慣與態度	✓				✓	
	就業前的準備			✓	✓	✓	
實用學科	書寫能力			✓			
	測量能力				✓		
	看時間能力				✓		✓
	使用金錢能力				✓		✓
	基本閱讀能力			✓			✓
	基本數學能力				✓		✓
	基本概念				✓		
社區適應	運用社區娛樂設施的能力	✓			✓		✓
	搭乘其他交通工具的能力	✓					✓
	搭乘公車的能力	✓					✓
	安全行走的能力	✓					✓
	運用社區服務設施的能力	✓					✓
	餐廳用餐之能力	✓					✓
	購物能力	✓			✓		✓
	一般校/社區適應行為	✓					
休閒娛樂	參與適齡的遊戲	✓			✓		
	參與適齡的觀賞活動	✓			✓		
	進行個人嗜好活動	✓			✓		
社會情緒與性教育	性教育	✓					
	減少不適應行為	✓					
	基本社會互動行為	✓					
知覺動作與體育	滑板能力				✓		
	增加肌耐力				✓		
	增加敏捷性				✓		
	增加肌肉力量				✓		
	增加協調能力				✓		
	改善平衡能力				✓		
	基本粗大動作				✓	✓	
	精細動作				✓		
	視知覺				✓		
	聽知覺				✓		
	味覺與嗅覺				✓	✓	
	觸知覺				✓	✓	
居家生活	使用與維護家電用品	✓				✓	✓
	簡易烹飪	✓		✓		✓	✓
	維護健康	✓					✓
	室內清理工作	✓				✓	
	處理衣物	✓				✓	
	獨立穿著	✓					
	盥洗與衛生	✓					
	獨立如廁	✓					
	獨立飲食	✓					
人際溝通	電話溝通	✓	✓				✓
	社交性溝通	✓	✓				✓
	基本口語表達	✓	✓				✓
	基本非口語表達	✓	✓				✓
	口腔動作與發音				✓		
	模仿動作與發音		✓		✓		
	基本理解技能	✓	✓				✓

第❺節　運用課程本位測量於現況和長程、短程教學目標之擬訂

　　本書作者對「個別化教育計畫」之現況、長程教育目標與短程教學目標的編擬，乃建議教師參考課程綱要或是作能力本位之工作分析方式進行整體內容規劃，本節將繼續介紹課程本位測量（Curriculum-based Measurement，簡稱 CBM）的教學目標編寫方式，以協助教師設計具體、客觀且容易評量的現況、長程教育目標與短程教學目標。

　　課程本位測量之適用於「個別化教育計畫」的教學目標之訂定，其主要原因有二：一為課程本位測量與教師之教學內容緊密結合，以具體且明確的評量結果，協助教師準確評估出學生的學習現況和學習目標是否達成；二是「個別化教育計畫」的書面文件內容要求需有教育目標之內容、評量方式和評量標準，而課程本位測量的教學目標之敘述，即以一次敘述而涵蓋教學內容、評量方式和評量標準，因此可以省卻分開撰寫短程教學目標、評量方式和評量標準之時間和精力。林幸台（民 83）的研究報告亦建議採用課程本位測量，以協助教師作教學前的評估和編擬「個別化教育計畫」之教學目標，以下將對課程本位評量與課程本位測量與教學目標之關係作概述與範例應用介紹。

❖ 課程本位評量

　　課程本位評量（Curriculum-based Assessment；簡稱 CBA）是 1980 年代在美國漸形興盛的一種教育評量模式，此一教育評量方式的革新，源自於教育界對於傳統心理評量之常模參照標準化測驗的無助之反省（Deno, 1986; Marston, 1989）。許多教育工作者，尤其是特殊教育教師在長期應用標準化常模參照測驗後，發現心理評量測驗之設計和應用兩層面間存在有嚴重落差：(1)大多數的常模參照標準化測驗在常模建立時，並未將

身心障礙群體列入於樣本之中，因此鑑定過程以外，若欲參考此些測驗結果，以瞭解身心障礙學生之學習狀況實是存有爭議。(2)標準化成就測驗的內容效度和不同課程之間存有歧異，亦即是標準化成就測驗的試題內容和教師在課堂中所用的教材相關性不高，例如同一學生在不同版本之標準化成就測驗上的表現是有差異的，若其教師所用之教材內容接近於某一套測驗，則此生在此套測驗上之表現就較佳，反之亦然。(3)傳統標準化測驗的結果，例如約為國小二年級程度，並無法協助教師作正確的教材程度或內容上的抉擇。(4)傳統標準化測驗的答題方式，常使用是非題、選擇題、配對題或指認方式，因此考試技巧或猜測因素常可以影響測驗結果，而無法真正測出受試者的朗讀能力、識字程度或是寫作能力。(5)傳統標準化測驗比較少考量流暢性／精熟度（fluency）的因素，更有研究指出當某學生反應速度很慢，即使答案正確，仍顯現其精熟度不夠，而傳統的標準化測驗通常比較強調正確性，而忽略了精熟度之重要性（Deno, 1986；Deno, 1989; Deno, 1992; Marston, 1989）。

　　課程本位評量一詞乃涵蓋了兩個中心理念：一是「課程本位」，另一是「評量」。簡言之，課程本位評量的定義即為：根據學生的上課課程內容，評量學生學習的結果（Deno, 1992; Marston, 1989）。此概念在教育評量的領域上絕非創新之物，然而 1981 年「課程本位評量」一詞，才由 Gickling 和 Havertape 首次以專有名詞發表於學術刊物之上，而此第一個出現的定義：以學生在現有課程內容上的持續性表現來決定其學習需要的一種歷程，目前仍是最被為肯定的課程本位評量之定義（葉靖雲，民 85）。

　　課程本位評量與常模參照測驗的主要差異是測驗材料的來源不同；課程本位評量是採用學生的上課內容為測驗題目，常模參照測驗則以某測驗之建構效度為主發展出的測驗，強調個體間能力表現或發展的相對性比較，它的測驗題目和學生的實際上課內容不見得有相關。而課程本位評量與標準參照測驗則有密切關係，標準參照測驗的目的在於評量個

體本身的進步發展狀況，和個體間的比較無關。標準參照測驗是擇定某一技能或學科課程內容為測驗題目，以測驗所得的分數代表個體之精熟的程度，亦用以顯現個體之自我比較的進步或退步狀況（Marston, 1989；Shinn, Tindal, & Stein, 1988；葉靖雲，民 85）。

　　Tucker（1987）乃提出符合「課程本位評量」定義之三項基本條件：一為測驗材料需來自學生上課的課程教材，二是要經常性施測，三是評量結果乃為教學決策之依據。由此可見，課程本位評量乃是一統稱的名詞。

❖課程本位評量的分類

　　課程本位評量既是一統稱名詞，符合其定義之評量系統多年來已發展出許多類型，以下僅介紹其中主要之三個模式：標準參照模式（Criterion-Referenced Model）、正確性本位模式（Accuracy-Based CBA Model）和流暢性本位模式（Fluency-Based CBA Model）（Marston, 1989；葉靖雲，民85），請參見圖 11。

　　標準參照模式（Criterion-Referenced Model）乃將課程之教學目標依工作分析做順序安排，再編製成試題和決定通過標準，學生由評量結果可知其精熟程度，教師由學生的評量結果作教學決策；其代表性之發展者有 1985 年之 Blankenship 和 1983 年之 Idol-Maestas。

　　正確性本位模式（Accuracy-Based CBA Model）是教師在教學前運用由教學內容設計成測驗題目的評量工具，來瞭解學生對學習此一教材內容的準備狀況，以作為教師教學目標之抉擇。此模式之評量結果正確率為 90%以上是「獨立層次」，表示此學生對此教材內容已達精熟程度，教師必須再選取更高難度或深度之教學目標；正確率為 70%-85%是「教學層次」，表示此教材對此學生而言是適合學習的內容；正確率為 70%以下則為「挫折層次」，顯示此教材內容彼階段將不適合此學生之學習，因為難度太高了。此正確率的層次之百分比率頗具彈性，必須依據不同測驗內容作調整。此模式之代表性人物是 Gickling & Thompson 於 1985 年

間發展出之「教學傳遞模式」（Instructional Delirvey Model）。

　　流暢性本位模式（Fluency-Based CBA Model）亦是將課程教學內容發展成測驗題目，其與上述二模式不同的是評量標準強調在單位時間內的正確反應次數，此外，流暢性本位模式亦發展出可作常模參照和標準參照之雙重用途，此模式是以數據資料為解決教學問題之依據，主要的代表者即是 S. Deno 等人所倡導之「課程本位測量」（Curriculum-Based Measurement，簡稱 CBM），亦是本書所欲介紹應用之系統。

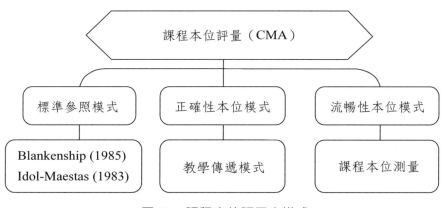

圖 11　課程本位評量之模式

❖課程本位測量

　　課程本位測量是以 S. L. Deno 為首，所發展出之結合評量與教學為一之實用模式。1977 年 Deno 等人於美國明尼蘇達大學的「學習障礙研究機構」（Institute for Research on Learning Disabilities）開始進行研究，至 1983 年，「課程本位測量」已成為具有完整規模之評量模式（Deno, 1992；Shinn, 1989）。課程本位測量之目的是希望能提供一套有效且可靠的測驗工具和評量程序，其評量結果將協助教師決定「是否」或「何時」該改變某學生的教學計畫。

　　本質上，課程本位測量模式是一個學科基本能力的動態偵測者。學

科基本能力是指讀、寫、算之學習，例如朗讀、拼字、寫作、克漏字和數學計算等能力之評量。動態意謂高頻率的評量以隨時掌握學生的學習狀況。偵測者是表示課程本位測量將鎖定某些特定能力的瞭解。基於上述課程本位測量之發展原則，課程本位測量乃具有下列六項特色（Deno, 1985; Deno, 1992; Shinn, 1988; Shinn, Tindal & Stein, 1988）：

1. 課程本位測量是一種形成性評量，可以用來瞭解學生的學習發展狀況。

2. 課程本位測量並非診斷性測驗，它僅能顯示學生學習的結果是成功或失敗，但是它並無法找出學生學習成敗的原因。Deno 即是將課程本位測量比喻為一支溫度計，溫度計僅能利用度數高低來顯示個體是否發燒，卻無法告知個體是為何原因而導致發燒；如同課程本位測量的結果數據，可以顯示學生的學習成果是否通過標準，卻無法告知教師是何因素促成此結果，導因的探究則需要教師依據其他資料之判斷，或是教師的觀察分析。

3. 課程本位測量提出區域性常模（Local Norms）的理念和做法，此區域的定義可指全市、某學區、某學校、某一學年或某一班級；區域性常模的觀點乃有別於常模參照測驗所常用之全國性常模，其用意乃強調常模對照的相對性，生活環境條件相似之區域性常模的信度和效度，都高於全國性或州際性的常模，而且更富意義。

4. 課程本位測量只計算正確度，即做對多少測驗內容。

5. 課程本位測量強調熟練度或流暢性（fluency），即評量方式是要求學生在短短幾分鐘內能做對若干測驗題目。

6. 課程本位測量的結果皆有數據資料，可以據以建立學生的學習目標和評估教師的教學成效。

綜論之，運用課程本位測量來編寫「個別化教育計畫」之現況和短程教學目標，乃因為課程本位測量具有下列優點，其將可以有助於「個別化教育計畫」之成效評估（Deno, Mirkin, &Wesson, 1984）：⑴內容效

度高，因為評量的是教師所教的教學內容；(2)簡單易行，因為題目內容少，答題方式又單一化；(3)由評量結果可以反應學生的學習成敗，從而協助教師作教學決策；(4)評量結果之數據皆需轉換成進步追蹤圖（Progress Monitoring），讓學生之學習結果一目了然，此學生學習結果之進步追蹤圖範例，請參見圖 12；(5)由於經常性評量，可以靈敏反應學生的學習狀況；(6)試題以紙張影印即可，不需購買市售套裝測驗，具有省錢優點，(7)課程本位測量的施測時間約在 1 到 5 分鐘內，具有省時優點。

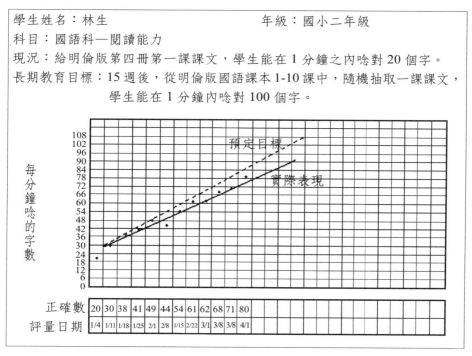

圖 12　林生之朗讀能力學習成果的進步追蹤圖

❖運用課程本位測量編擬各項教育目標

Deno（1986），Deno, Mirkin, & Wesson （1984）和 Fuchs & Shinn（1989）曾提出如何運用課程本位測量於「個別化教育計畫」之教育目

標的擬訂，此教育目標的擬訂過程三步驟是：(1)運用學生所學之課程內容設計評量題目，再與使用相同測驗的同儕作比較，以找出學生的現階段程度；(2)根據現況程度，擬訂具體之未來學生需學習的課程內容，和評量方式及日期；(3)擬訂出需達到之評量標準。

　　課程本位測量與傳統常模參照測驗的一大相異處，乃是課程本位測量強調評量通過標準的設定可以採用區域性常模（Local Norm）之特色（Shinn, 1988），其可分為同年級組常模和跨年級組常模兩種；同年級組常模是和同年齡組的學生作比較，通常用在學生鑑定或回歸時的標準參照比較，跨年級組常模是指用提昇或下降年級組的常模作對照，通常適用於輕度障礙學生之現況的評量，或是長程教育目標的訂定。然而屬於常模參照模式之區域性常模，有時仍不適用於某些身心障礙學生之學習特性，或強調身心障礙學生和自己的進步作比較之教育意義，因此除上述兩種常模參照標準外，課程本位測量又提出不需運用區域性常模之三種評量標準設定方式：(1)專家判斷（老師是其一），(2)某一套裝課程或教材之設定標準，(3)某些教育實驗研究之結果。目前根據我國在課程本位測量之發展現況，我們並未發展出各年級之常模參照標準、課程已訂定之及格標準或是經由實驗研究中所發出之及格標準，因此上述五種評量通過標準的設定中，我們目前唯一可採用之標準僅有：專家判斷，亦即是由特殊教育教師根據其經驗之專業判斷，自訂出此學生精熟此教學目標的通過標準；例如甲老師認為某一課生字共 10 個，學生必須在一分鐘內聽寫出 8 個才算通過標準，乙老師則認為這一課 10 個生字，學生只需要在兩分鐘內看注音寫出七個國字即可通過，教師之專家判斷提供設計者有較大之決定彈性，更符合身心障礙學生之高異質性的特質，所以尤其適合應用於「個別化教育計畫」中現況、長程教育目標和短程教學目標之擬訂，以下為此五種課程本位測量所建議使用之評量標準設定範例：

A.運用區域性常模

1. 同年級組常模（生理年齡）

　　◎唸給學生國小第七冊第十一到十四課中，任何一課的生字共 10 個，學生在一分鐘內，能正確寫出 10 個生字。

2. 跨年級組常模（降低年級組）

　　◎唸給學生國小第二冊第十到十四課中，任何一課的生字共 10 個，學生在一分鐘內，正確寫出 8 個生字。

B.不用區域性常模

1. 專家判斷（老師）～特殊教育

　　◎唸給學生國小第二冊第十一到十四課中，任何一課的生字共 10 個，學生在 3 分鐘內，能正確寫出 8 個生字。

2. 課程／教學目標標準

　　◎唸給學生國小第二冊第十一到十四課中，任何一課的生字共 10 個，學生在 3 分鐘內，能正確寫出 8 個生字。

3. 實驗／研究標準

　　◎唸給學生國小第二冊第十一到十四課中，任何一課的生字共 10 個，學生在 3 分鐘內，能正確寫出 8 個生字。

　　Fuchs & Shinn（1989）和 Shinn & Habbard（1992）亦提出編寫閱讀、數學、拼字和作文之「個別化教育計畫」現況和教學目標的公式，本書作者參考其模式，再根據中文的語法，轉換成下列編寫國語、數學、作文和動作技能之現況、長程和短程教學目標之公式，其中動作技能為本書作者自行設計之公式，非屬原始課程本位測量之訂定公式；然而本書作者經過多次於研習會和教學中介紹給特殊教育教師練習應用，驗證試用之結果成效頗佳，故在此予以推廣。以下為運用中文之課程本位測量公式以及所示範編擬之國語科「個別化教育計畫」的現況、長程和短程教學目標之間的銜接關係，其中評量標準之依據是根據專家判斷，即由特殊班教師的經驗所擬訂；其後為四類中文之課程本位測量個別教育計畫之教學目標編擬的參考公式。本書作者亦將執行四年之課程本位測量國科會研究成果，建構在免費下載網頁（http://speedu.flps.kh.edu.tw/CBM/），其中包含國小低年級的國語文參照常模，歡迎有興趣者參考

應用。

國語文領域—現況、長程教育目標、短程教學目標

學生現況～

1. 聽寫：唸明倫版第三冊第八課的生字 7 個，在 5 分鐘內能正確寫出 14 個國字與注音。
2. 朗讀：給明倫版第三冊第八課之課文 90 字，在 60 秒內能正確讀出 85 字。
3. 理解：問三個明倫版第三冊第八課課文中的問題，在 3 分鐘內能正確答出三題。
4. 造句：給第八課的句型二個，在 2 分鐘內能正確寫出二個照樣造句。

長程教育目標～

1. 聽寫生字：一學期後，能正確聽寫出第三冊第九課至第十八課的生字。
2. 朗讀課文：一學期後，能正確讀出第三冊第九課至第十八課的課文。
3. 課文理解：一學期後，能理解國語第三冊第九課至第十八課課文內容。
4. 照樣造句：一學期後，能依所給的句型，正確造出照樣造句。

短程教學目標～

（將長程教育目標，以一週／一課為單位，區分成短程教學目標）

※第一週：3 月 16 日至 3 月 26 日

1-1 唸第九課生字 14 個（孩、條、步、蛇、身、角、形、衣、服、更、失、敗、法、刻），能在 8 分鐘內正確寫出國字與注音共 25 個。

2-1 給第九課課文 101 個字，能在 70 秒內正確唸出 95 個字。

3-1 給三個第九課課文中的問題（愛娜是那一族的女孩？愛娜所織的花紋是學哪一種動物？愛娜是不是很快就織出她想要的花紋？）能在 2 分鐘內正確回答三題。

4-1 給三個第九課的句型，能在 3 分鐘內正確寫出三句。

課程本位測量教學目標寫公式—國語文

範例

◆唸給學生國小第二冊第十課的生字 10 個，學生在 3 分鐘內能正確
寫出 8 個生字。

◆給學生國小國語啟智教材第一冊第五課的課文共 15 個字，學生在
1 分鐘內能正確唸出 15 個字。

公式

◎ 情境—

＿＿＿給學生第＿＿＿冊、第＿＿＿課中任何一（課、段）的（字、詞、
解釋、句子、課文）

◎ 評量標準—

＿＿＿學生在＿＿＿分鐘內，能正確（唸出、寫出、造出）＿＿＿個（字、
詞、解釋、句子）

評量標準之依據

*1.*專家判斷（老師）

☺

*2.*同年級組常模

☺

*3.*跨年級組常模

☺

*4.*課程教學目標標準

☺

課程本位測量教學目標寫公式—數學科

範例

◆給學生五題一位數加一位數直式加法，學生在 5 分鐘內，能正確算出三題。

◆給學生八題10以內之數數題，學生在5分鐘內，能正確算出八題。

公式

◎ 情境—

給學生＿＿＿題＿＿＿（某一課程單元）

◎ 評量標準—

學生在＿＿＿分鐘內，能正確（唸出、寫出、算出、指出）＿＿＿題

評量標準之依據

1. 專家判斷（老師）

　☺

2. 同年級組常模

　☺

3. 跨年級組常模

　☺

4. 課程教學目標標準

　☺

課程本位測量教學目標寫公式－作文

範例

◆給學生任何一個記敘文題目，學生在 5 分鐘內，能正確寫出 10 個句子的文章。

◆給學生任何一個說明文題目，學生在 5 分鐘內，能正確寫出 3 個段落的文章。

公式

◎ 情境－

給學生任何一個（說明文、記敘文、論說文、抒情文）

題目

◎ 評量標準－

學生在＿＿分鐘內，能正確寫出＿＿個（字、句子、段落）的文章

評量標準之依據

1. 專家判斷（老師）

☺

2. 同年級組常模

☺

3. 跨年級組常模

☺

4. 課程教學目標標準

☺

課程本位測量教學目標寫公式—動作技能科

範例

◆給學生一件長袖襯衫，學生在 5 分鐘內，能正確折疊完整。

◆給學生一個五邊形圖形，學生在 3 分鐘內，能正確用剪刀剪出此五邊形圖形。

公式

◎ 情境—

給學生＿＿＿＿＿＿＿＿＿＿（某一個動作技能）

◎ 評量標準—

學生在＿＿分鐘內，能正確（做出、使用、操作）＿＿＿（某一個動作技能）

評量標準之依據

1. 專家判斷（老師）

   ☺

2. 同年級組常模

   ☺

3. 跨年級組常模

   ☺

4. 課程教學目標標準

   ☺

第六節 如何編寫具體、客觀、易評量的短程教學目標

　　第五節是以課程本位測量的內容編寫現況、長程教育目標和短程教學目標，第六節則是本書作者發展的另外一套教學目標設計模式，以協助教師編寫具體、客觀且易評量的現況和長程、短程教學目標，此模式和課程本位測量最大的差異是沒有將施測時間列入考量，也就是沒有考量到流暢性的特質。表 7 是此一明確易評量教學目標設計模式的雙向細目表，此模式將結合某一特定領域的教學內容和其多元評量方式的雙因素，教學內容分析由容易到高階水準，多元評量的概念可由獨立完成到需要他人完全協助以完成，或是由基本能力表現到複雜能力表現兩種評量陳述方式。此模式並將對某一個案某一期間內的預期教學成效設定為進步區、成功區和卓越區，此三個區域的設定完全依據教師對此一教學內容精熟水準界定的專業考量，可以作彈性調動。此模式每一個細格都代表著一個具體客觀可評量的教學目標，可以設定為現況，也可以設定為長程或短程教學目標，完全依據學生的學習能力作區分，所以有許多的變化。卓越區指達到此一教學內容的最高階層且最複雜的雙項能力指標，可以參照普通教育的要求標準，此乃相同於美國 IDEA 2004 年的要求，參照普通教育精熟水準以擬定身心障礙學生的長程目標原則。成功區設定為此一教學內容和評量方式的基本精熟水準，進步區則針對對某些重度或多重身心障礙學生而言，因為受限於其障礙狀況，有些教學目標一學期內的時間內可能也無法達到基本的精熟水準，仍需要他人協助或是學會最簡單基本的內容層次，因此可以將教學目標設定在進步區，以呈現孩子的成長和進步。

　　表 7 內箭頭線設計，是為了幫助教師訂定現況至長程或短程教育目標，箭頭線的起點細格可作為學生的現況，箭頭所在細格可以設定為短

程教學目標或是長程教育目標。參照此一教學目標設計模式，教師必須精熟某一學科領域或能力發展的內容，多元評量的概念將可考量到身心障礙學生的個別差異，讓不同能力的學生都可以學習到不同層次的同一教學內容，或是相同的評量方式之下多寡不同的學習內容。換言之，從教學內容和多元評量兩個因素，可以整合成短程教學目標，設計出許多個別化考量的變化，也就是所謂多層次教學目標的設定，這個理念即是特殊教育個別化教學的意義。以團體教學國語文某一課為例，團體教學目標之一的習寫字若訂定為「寫出 10 個生字」，其中一位書寫障礙學生的個別化教育計畫的短程目標，則可以是「選出 10 個生字」，因為此學生是無法書寫出這 10 個生字的字形，但是他／她可以學會認讀這 10 個生字；同時在此團體中，另外一位智能障礙學生的個別化教育計畫的短程目標，則可能是「寫出 5 個生字」，此智能障礙學生可以達到書寫出新生字的學習水準，但是受限於其學習能力有限，所以教師應從 10 個習寫字的內容中，再選擇出最常用或最重要的 5 個生字，擬訂為此智能障礙學生的短程教育目標。

　　特殊教育的信念就是所有的孩子都能學習，端視有無個別化考量的教學目標之設定以及有效教學的實施。對於某些重度或極重度身心障礙兒童而言，此一具體明確教學目標設計模式，可以提供教師設定某學生一整個學期的某些能力訓練的現況到短程教學目標，然而其長程目標會比較止於進步區，因為重度或極重度身心障礙學生的學習，需要更細緻化的內容工作分析和學習時間，但是若每一項能力的學習成效都可以達到進步區，那也是足以堪慰的成就。若針對能力較佳的個案，其長程目標的設定（箭頭所在）會傾向落在成功區和卓越區，因為透過有效的教學介入，這群學生的學習能力應該努力朝向更接近普通教育學生的成就水準。表 8、9、10 依序呈現便利商店清潔貨架、國語文和數學的教學目標擬定之實際範例說明，細格內的「★」代表將有具體、明確、易評量的完整教學目標範例敘述。

表7　明確易評量教學目標設計模式基本架構表

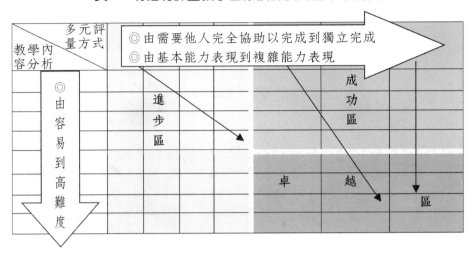

表8　明確易評量教學目標設計模式範例－清潔便利商店貨架

教學內容分析　＼　多元評量方式	1.他人完全身體協助下完成	2.他人部分身體協助下完成	3.示範動作下完成	4.手勢提示下完成	5.直接口語提示下完成	6.間接口語提示下完成	7.獨立完成
A.能正確準備清潔的用具（水桶、抹布、籃子）	★	★		★			
B.能在水桶內裝入適當的水量（約一半的水量）					★	成	
C.能洗淨、擰乾抹布並折疊成適當的大小		進				★	
D.能把一種或數種貨品整齊的擺放入籃子裡							★
E.會視貨架乾淨的程度來決定擦拭之次數		步	★			功	
F. 能擦拭貨品，並排放回原來的格局，且注意商標朝外排列整齊	★						
G.能夠觀察水桶內水的透明度來更換汙水		★區					
H.能將汙水倒入水槽內，並把水桶清理乾淨			★			區	
I.把用具回歸原位並排列整齊				★★			
J.貨品不多時，能夠補滿前面的空缺，並注意門面					★卓	越	
K.貨品太多須排兩排時，能先排穩下層再排第二層，並注意門面						★	區

表 8 的清潔貨架的雙向分項模式，共可發展出 77 項不同內容的具體明確教學目標，部分範例如下：

A-1　學生能在他人完全身體協助下完成正確準備清潔的用具（水桶、抹布、籃子）。

A-2　學生能在他人部分身體協助下完成正確準備清潔的用具（水桶、抹布、籃子）。

A-4　學生能在手勢提示下完成正確準備清潔的用具（水桶、抹布、籃子）。

B-5　學生能在直接口語提示下在水桶內裝入適量的水量（約一半的水量）。

C-6　學生能在間接口語提示下洗淨、擰乾抹布並折疊成適當的大小。

D-7　學生能獨力完成的把一種或數種貨品整齊的擺放入籃子裡。

E-3　學生能在示範動作下視貨架乾淨的程度來決定擦拭的次數。

F-1　學生能在他人完全身體協助下擦拭貨品，並排放回原來的格局，且注意商標朝外排列整齊。

G-2　學生能在他人部分身體協助下觀察水桶內水的透明度來更換汙水。

H-3　學生能在示範動作下完成將汙水到入水槽內，並把水桶清理乾淨。

I-4　學生能在手勢提示下把用具回歸原位並排列整齊。

J-5　學生能在直接口語提示下完成當貨品不多時，能夠補滿前面的空缺，並注意門面。

K-6　學生能在間接口語提示下完成當貨品太多須排兩排時，能先排穩下層再排第二層，並注意門面。

表9　明確易評量教學目標設計模式範例一實用語文：全民公敵一感冒

教學內容分析　　　　　　多元評量方式	1.說出	2.讀出	3.配對	4.選出	5.寫出
A.課文主旨：全民公敵—感冒的主旨是什麼→對感冒要有正確的觀念，不能輕忽它。	★			＊＊書認寫字障困礙難學學生生報讀題目	成
B.字形字音：耳「ㄕㄡˊ」能詳→熟、病「ㄅㄨˊ」→毒、「ㄈㄢˊ」多→繁、習「ㄍㄨㄢˋ」→慣、「ㄉㄞˋ」口罩→戴、均「ㄏㄥˊ」→衡、「一」生→醫、「ㄑㄩ」勢→趨。	★	進			
C. 字詞：均衡、專業、輕忽、耳熟能詳、不二法門、趨勢、預防、機率。			★		功
D.字義：均衡、專業、輕忽、耳熟能詳、不二法門、趨勢、預防、機率。					
E. 句型：雖然……但是……；只要……就能……。		步			★
F.聽覺理解與口語表達 ㈠大家一起來討論 　⑴感冒是由什麼所引起的？ 　⑵感冒是經由什麼傳染？ 　⑶如何預防感冒呢？ 　⑷如果感冒了該怎麼辦？ 　⑸感冒了可以自己買藥來吃嗎？ 　⑹怎麼做可以減輕感冒的症狀？ 　⑺近幾年來感冒的流行趨勢如何？ 　⑻我們可以輕忽感冒嗎？ ㈡ 　⑴感冒引起的症狀有哪些呢？ 　⑵看病時要記得帶什麼東西？ 　⑶要怎麼做感冒才會趕快好？ 　⑷你感冒時都去哪裡看病？ 　⑸你上一次感冒是什麼時候？ 　　是你自己去看病的嗎？	★	區			區

教學內容分析　　　　多元評量方式	1.說出	2.讀出	3.配對	4.選出	5.寫出
G. 篇章理解 (1)如何預防感冒？→避免出入公共場所 (2)如果感冒了該怎麼辦？→去找醫生診療 (3)如何可以防止感冒大流行？→養成個人良好衛生習慣 感冒的流行期似乎有加長的趨勢是什麼意思？→流行感冒的時間變長了					★
H. 寫作 (1)題目：如果你感冒了，你會怎麼處理呢？ (2)題目：請依自己的經驗，寫出一篇有關「生病」的文章。			★	卓　越	區

　　表9的雙向細目分析共可發展出35種可能的教學目標，以因應不同學生的需求，其中選出和寫出是普通教育所要求的基本精熟水準，而「選出」的評量方式，尤其適用於有書寫障礙學生，或是對認字都有困難的學生，再提供報讀題目的改變評量方式。部分範例如下：

A-1　給學生1題課文主旨的選擇題（全民公敵—感冒的主旨是什麼→對感冒要有正確的觀念，不能輕忽它），學生能在30秒內正確說出1題答案。

B-1　給學生8題填充題（耳「ㄕㄡˊ」能詳→熟、病「ㄅㄨˊ」→毒、「ㄈㄢˊ」多→繁、習「ㄍㄨㄢˋ」→慣、「ㄉㄞˋ」口罩→戴、均「ㄏㄥˊ」→衡、「一」生→醫、「ㄑㄩ」勢→趨），學生能在4分鐘之內正確說出8題答案。

C-3　給學生8題字詞的配合題（均衡、專業、輕忽、耳熟能詳、不二法門、趨勢、預防、機率），學生能在8分鐘內正確配合出8題符合句意的字詞答案。

D-4　給學生8題字義選擇題（均衡、專業、輕忽、耳熟能詳、不二法

門、趨勢、預防、機率），學生能在 8 分鐘內正確選出 8 題符合字義的答案。

E-5　給學生 2 題句型造句題（雖然……但是……；只要……就能……），學生能在 4 分鐘內正確寫出 2 題符合句意的完整句子。

F-1　㈠給學生 8 題課文理解的問答題，學生能在 30 秒之內，每一題至少說出 1 個以上的正確答案。

　　⑴感冒是由什麼所引起的？

　　⑵感冒是經由什麼傳染？

　　⑶如何預防感冒呢？

　　⑷如果感冒了該怎麼辦？

　　⑸感冒了可以自己買藥來吃嗎？

　　⑹怎麼做可以減輕感冒的症狀？

　　⑺近幾年來感冒的流行趨勢如何？

　　⑻我們應該輕忽感冒嗎？

　　㈡給學生 5 題課文理解的問答題，學生能在 1 分鐘之內，每一題至少說出 2 個以上的正確答案。

　　⑴感冒引起的症狀有哪些呢？

　　⑵看病時要記得帶什麼東西？

　　⑶要怎麼做感冒才會趕快好？

　　⑷你感冒時都去哪裡看病？

　　⑸你上一次感冒是什麼時候？是你自己去看病的嗎？

G-3　給學生 4 題有關課文內容的選擇題，學生能在 2 分鐘之內正確配對出 4 題的答案。

　⑴如何預防感冒？→避免出入公共場所

　⑵如果感冒了該怎麼辦？→去找醫生診療

　⑶如何可以防止感冒大流行？→養成個人良好衛生習慣

　⑷感冒的流行期似乎有加長的**趨勢**是什麼意思？→流行感冒的時間

　　　　變長了

H-5　㈠給學生一個題目：如果你感冒了，你會怎麼處理呢。學生能夠在
　　　　15 分鐘內寫出至少 50 個字的一段內容。

　　　㈡給學生一個課內的主題（請依自己的經驗，寫出一篇有關「生
　　　　病」的文章），學生能夠寫出至少 100 個字的兩段內容。

表 10　明確易評量教學目標設計模式範例－國小翰林版數學

多元評量方式／教學內容分析	1.指認	2.說出	3.讀出	4.聽寫	5.配對	6.選出	7.操作	8.計算
A.認識 300 以內的數	★	★				成		★
B.進行 300 以內各數位值化聚的活動				★		功		
C. 進行 300 以內各數位值進位的活動		進			★	區		卓
D.操作積木對應 300 以內各數位值、進位、化聚的活動			步			★		越
E.利用數線表明 300 以內數的順序				區			★	區

　　表 10 的 300 以內數值的具體明確易評量教學目標將可以形成 40 項，
以因應不同能力學生之需求，其中選出、操作到計算是普通教育所要求
的基本學習精熟水準。部分範例如下：

A-1　學生能正確指認 300 以內的數。

A-2　學生能正確說出 300 以內的數。

A-8　學生能正確計算出 300 以內的數。

B-4　學生能正確聽寫出 300 以內各數位值化聚的活動。

C-5　學生能正確配對出 300 以內各數位值進位的活動。

D-6　學生能在操作積木時，正確選出對應 300 以內各數位值、進位、化
　　　聚的活動。

E-7　學生能正確利用數線的操作表明出 300 以內數的順序。

　　個別化教育計畫之現況、長程教育目標和短程教學目標，都是用以敘述學生的學習結果，因此明確、客觀和易評量的敘述，方能具體瞭解學生的進步狀況，尤其重度和極重度身心障礙學生的學習發展與進步比較緩慢，其個別化教育計畫的教學目標更需要精細且具體敘述。撰寫明確易評量的教學目標並非天生本能，它需要專業訓練與不斷練習，作者參考 Bateman & Herr（2003）與 Bateman（2007）的看法，撰寫明確易評量的教學目標，必須掌握「3W 原則」：1. What—明確的教學內容是什麼？2. How—學生如何表現出其學習成果，或是所謂的評量學生的方式？3. How much—學生的預期精熟水準，或是所謂的通過標準或及格標準。具備上述 3W 原則，方可以讓長程或短程目標易於評量，也就是看得出個別化教育計畫的成效。如此的教學目標陳述也更能促進不同專業領域之間的溝通，以及讓家長更明確瞭解到孩子的進步，所以具體、明確、易評量的教學目標陳述，是一份成功的個別化教育計畫的關鍵，也是個別化教育計畫的核心。以下僅就七個學習領域中，一些在個別化教育計畫常見的短程目標敘述作討論，此些短程教育目標通常不夠具體明確，或是不容易實施評量，本書嘗試以 3W 原則為指標作討論再重新編寫，最後並加入「請您試試看」練習，提供讀者試作如何撰寫明確易評量的短程目標，以協助教師能練習編寫出比較明確易評量的教學目標，以利個別化教育計畫之評估學生的學習成效，瞭解學生每一階段的進步發展狀況。

國語文領域—實用語文		
常見教學目標範例	問題與討論	具體、客觀、可評量的教學目標敘述
1. 可以聽懂一段簡單的指示完成動作	「一段簡單的指示」太過於籠統，應配合情境再具體說明。	1. 家庭生活情境 (1)給學生一段「吃完飯後把碗筷拿到水槽裡放好」的指令，學生能在1分鐘內完成把碗筷放到水槽內的動作。 (2)給學生一段「脫下運動鞋，放到鞋櫃裡擺好」的指令，學生能在2分鐘內完成把鞋子脫下並擺放至鞋櫃內的動作。 2. 學校情境 (1)給學生一句「拿出家庭聯絡簿」的指令，學生能在5秒內拿出其家庭聯絡簿。 (2)給學生一段「拿出牙刷、牙膏和漱口杯到洗手臺前刷牙」的指令，學生能在5分鐘內完成拿出三樣用具和完成刷牙活動。
2. 能認讀生活中常用字詞達90%	1. 生活中常用的字詞過於廣泛，應明確的界定教學內容有哪些。 2. 如果不確定生活中的常用字詞的教學內容數量，90%正確率的評估將無法訂定。	1. 給學生一個多音字「便」，學生能寫出其讀音「ㄆㄧㄢˊ」、「ㄅㄧㄢˋ」。 2. 給學生一個多音字「便」，學生能寫出其不同讀音的造詞。 3. 給學生一句話「那本書很便（ ）宜，你如果方便（ ），請幫我買一本」，學生能正確寫出括弧內的注音。
3. 國文課本語彙認識與理解，以及造詞造句的練習	1. 國文課本語彙範圍過廣，需加以界定範圍、程度。 2. 語彙的認識、理解、造詞、造句屬於不同的	1. 語彙理解：學生能在2分鐘內寫出6個詞彙的解釋名詞—寂寞、漸漸、一閃一滅、趕緊、一群、螢火蟲。 2. 造句：給學生六個詞彙（寂寞、漸漸、一閃一滅、趕緊、一群、螢火蟲），學生能在5分鐘內口頭造出一個句子。

國語文領域—實用語文		
常見教學目標範例	問題與討論	具體、客觀、可評量的教學目標敘述
	能力，應再加以區分成二種不同的教學目標敘述：語彙理解和造句。	
4. 能夠增加實用口語詞彙 100 個	1. 實用口語詞彙的定義為何？ 2. 是最常用的前 100 個詞彙嗎？	請您試試看：
5. 可進行注音符號二拼正確率達 60%	1. 注音符號二拼的範圍並不確定。 2. 「進行」的評量方式並不明確，可改為「口語拼出」、「分解拼出」或是「結合拼出」等評量方式。 3. 60%應該是指多少個，無法確定。	請您試試看：
6. 給一個主題，能正確的書寫給朋友的信	請您試試看：	請您試試看：
7. 給一購物的情境，能寫一張有意義的購物單	請您試試看：	請您試試看：

英語領域—實用英語		
常見教學目標範例	問題與討論	具體、客觀、可評量的教學目標敘述
1. 認識常用物品的英文名稱	1. 常用物品過於廣泛，建議先分類，例如：交通工具、教室用品、水果、服飾……等等。 2.「認識」物品的英文名稱，也需再界定，是只要學生聽得懂英文單字就好，還是需要學生會唸、會拼寫單字。	1. 教師唸 5 個英文單字（教室物品），學生能夠在 2 分鐘內依序拿出正確的單字卡。（book、chair、table、pen、computer） 2. 給學生 5 個英文單字（教室物品：book、chair、table、pen、computer），學生能夠在 2 分鐘內依序正確唸出 5 個單字。 3. 給學生 5 個中文語詞（教室物品：書本、椅子、桌子、筆、電腦），學生能夠在 3 分鐘內依序正確寫出 5 個英文單字。
2. 能閱讀課文	1. 課文的內容有難易度區別，若能明確指出冊別或課別名稱別更明確。 2. 此閱讀課文是指學生能學會識字層次，還是要能閱讀理解，需有更明確的說明。	1. 給學生第二冊第一課課文共 55 個字，學生能在一分鐘內正確朗讀 40 個字。 2. 給學生第二冊第一課三段課文句子，能在五分鐘內說出句子的中文意思。 (1)Who moved to the New World in 1620? (2)Who helped those people when they had problems? (3)What is the really important thing about Thanksgiving?
3. 認識家電產品中各種按鍵名稱	家電產品種類繁多，諸如：冰箱、電視、洗衣機、烤箱、錄放影機、音響等等，其所附之按鍵也不盡相同，因此需先說明是為何種家電產品。	1. 學生能在 2 秒內在三張圖片中（play 鍵、stop 鍵、open 鍵）正確指出或說出可以開啟音響 CD 蓋子的按鍵是 open 鍵。 2. 學生能在 2 秒內在三張圖片中（play 鍵、stop 鍵、open 鍵）正確指出或說出可以播放 CD 的按鍵是 play 鍵。 3. 學生能在 2 秒內在三張圖片中（pause 鍵、stop 鍵）指出或說出可以暫停音樂的按鍵是 pause 鍵。 4. 學生能在 2 秒內在三張圖片中（pause

英語領域─實用英語		
常見教學目標範例	問題與討論	具體、客觀、可評量的教學目標敘述
		鍵、stop 鍵、鍵）指出或說出可以停止音樂的按鍵是 stop 鍵。 5.學生能在 2 秒內在三張圖片中（pause 鍵、stop 鍵、power 鍵）指出或說出可以開啟音響電源的按鍵是 power 鍵。 6.學生能在 2 秒內在三張圖片中（power 鍵、volume 鍵、pause 鍵）指出或說出調整音量大小的按鍵是 volume 鍵。 7.學生能在 1 分鐘之內正確的播放 CD 一遍（包含播放 CD、暫停、停止、音量調整） 8.學生能在 1 分鐘之內正確的播放錄音帶一遍（包含播放錄音帶、暫停、停止、音量調整）
4.能使用購物用語	1.購物的情境應該更為明確。 2.購物用語過於廣泛，包括了如何表達需要、議價、表達個人喜好、付錢……等等都屬於購物用語，需明確的界定。 3.「使用」的方式為何也需有明確界定，例如只希望學生能說出、選出或寫出購物用語。	1.給學生四題速食店購買餐點對話的題目，學生能根據圖片情境寫出正確答案。 例一： Q:What do you want ? A:I want two sandwiches. 例二： Q:What do you want? A:I want a hamburger and a fries. 例三： Q: What do you like? A: I like a coke. 例四： Q: How much it is? A: Total is 100 dollars.
5.能使用常用打招呼用	1.「使用」的定義不夠明確，應在界定出「指出」、「說出」、「選	請您試試看：

英語領域─實用英語		
常見教學目標範例	問題與討論	具體、客觀、可評量的教學目標敘述
語	出」或「寫出」。 2.應再界定出打招呼的常用情境。例如見面時，再見時，早、午、晚不同時段等。	
6. 能正確拼寫單字達80%	請您試試看：	請您試試看：

數學領域─實用數學		
常見教學目標範例	問題與討論	具體、客觀、可評量的教學目標敘述
1. 一億以內的數之大小比較	1.一億以內的數範圍太廣 2.大小比較範圍如何界定 3.正確率無法得知	1. 給學生 5 組 10,000,000～100,000,000 之內八位數的大小比較，學生能正確圈選出 5 組內較大者。
2. 能瞭解平面上兩直線相互平行的概念	1.如何測量出學生是否「瞭解」平行的概念？ 2.兩條直線相互平行除了讓學生舉出生活上實例外，大部分紙筆測驗會牽涉到圖形的判別，學生能說出平行概念，但卻無法保證他會判別課本上何謂平行的圖形。	1.能說出平行概念：兩條直線不相交稱為平行。 2.能說出三個生活中平行的例子。 3.給學生四個圖形，例：學生能選出哪一個圖形中直線 L1、L2 相互平行。

數學領域─實用數學		
常見教學目標範例	問題與討論	具體、客觀、可評量的教學目標敘述
3. 能具有日期的概念	1. 日期的概念過於廣泛，應該要界定是否要包含年、月、日？ 2. 年的概念也要界定是否包含西元、民國、農曆？	1. 能正確說出當日日期為西元幾年幾月幾日 2. 能正確說出當日日期為民國幾年幾月幾日 3. 能正確說出當日日期為農曆幾年幾月幾日
4. 能認識重量單位	1.「認識」如何評量？ 2. 重量單位很廣泛，如：毫克、公兩、公克、公斤、磅、公噸……等，要先界定現階段學生需要學習的內容。	1. 給五種放在磅秤上的物品，學生能正確說出五種物品的重量各為幾公斤。 2. 給五種放在電子磅秤上的物品，學生能正確說出五種物品的重量各為幾公克。 3. 給五種放在電子磅秤上的物品，學生能正確說出五種物品的重量各為幾磅。
5. 能學會簡單乘法	1.「學會」的定義上不明確。是指背誦或心算等等。 2. 簡單乘法的定義為何？是指一位數乘以一位數、一位數乘以二位數、二位數乘以二位數等等？需再清楚說明。	請您試試看：
6. 會計算時間之長短	1.「時間」是指年、月、日、時、分、秒哪一個？ 2. 計算的評量方式是紙筆計算、心算還是利用實務操作，仍有待釐清。	請您試試看：
7. 給一支溫度計能良自己的體溫	請您試試看：	請您試試看：

生活教育領域		
常見教學目標範例	問題與討論	具體、客觀、可評量的教學目標敘述
1. 增進學生洗碗的能力	增進的定義不夠明確，到底要進步到何種程度？	1. 學生能將洗碗精倒在菜瓜布上。 2. 學生能用左手單手拿住一個碗或盤。 3. 學生能左手拿碗或盤，右手拿菜瓜布。 4. 學生能將碗或盤裡外各洗刷五次。 5. 學生能將沾有洗碗精的碗或盤放在水龍頭下沖洗 5 秒。 6. 學生能將碗盤輕放回烘碗機裡。
2. 能表現出適當的飲食衛生習慣	飲食衛生習慣範圍很廣泛，可以區分成用餐前、用餐時、用餐後等方面，再細分成幾個步驟會較容易評量。	1. 學生吃完飯後，會利用手帕或是衛生紙來擦嘴巴。 2. 學生會將骨頭或是殘渣放置碗內。 3. 學生會將骨頭以及殘渣丟到集中處，並且不會掉落在外面。 4. 餐後會收拾便當或自己的碗筷。
3. 被別人性騷擾時，學會如何說「不！」	可以更明確界定出性騷擾的情境。	請您試試看：
4. 能遵守資源教室常規達 80%	請您試試看：	請您試試看：
5. 給予觀看生活教育的錄影帶 4 卷，能正確分辨對錯	請您試試看：	請您試試看：
6. 學生能夠正確開關瓦斯達 90%	請您試試看：	請您試試看：

社會適應領域		
常見教學目標範例	問題與討論	具體、客觀、可評量的教學目標敘述
1. 社交禮儀—能學會和人對話的禮儀達90%	1. 和人對話的禮儀內容應該有明確的界定。 2.「學會」的評量方式是指角色扮演表現、問答方式或選擇題，應有明確的說明。 3. 90%到底是多少呢？	1. 給學生一個和他人（教師、父母、同學……）交談的情境，學生可以正確地在2秒內和他人對話時，眼睛注視對方的眼睛。 2. 給學生一個和他人（教師、父母、同學……）交談對話的情境，學生可以正確地正確地在2秒內使二人之間保持約一個手臂的距離。 3. 給一個學生和他人（教師、父母、同學……）交談對話的情境，學生可以正確地在2秒內說出使對方聽的清楚之音量。
2. 人際關係—能辨識喜、怒、哀、樂的情緒表情	情緒反應可從臉部表情、肢體動作、口語表達等方面去判斷	1. 從影片情境中，學生能判斷高興情緒的特徵：眼睛變成咪咪眼、嘴角上揚、露出牙齒或開懷大笑、比出勝利手勢。 2. 從影片情境中，學生能判斷生氣情緒的特徵：橫眉豎眼、張大眼睛、張大嘴巴罵人、緊握拳頭。 3. 給學生10張不同的臉譜圖卡（興奮、喜悅、期待、滿意、生氣、難過、擔心、緊張、尷尬、哭泣），學生能在5分鐘內將這10種常見的情緒之臉部表情、肢體動作、說話的音調音量和語氣表演出來。 4. 給學生5張不同的臉譜圖卡（喜悅、滿意、生氣、難過、緊張）以及一個情境（考試考的好被老師及媽媽稱讚），學生能在30秒內正確地選出這個情境的情緒反應。 5. 給學生5張不同的臉譜圖卡（喜悅、滿意、生氣、難過、緊張）

社會適應領域		
常見教學目標範例	問題與討論	具體、客觀、可評量的教學目標敘述
		以及一個情境（考試考的好被「老師及媽媽稱讚」），學生能在30秒內正確地選出這個情境的情緒反應。
3. 社區資源的使用—能辨識公共場所常見的標誌	1. 公共場所常見標誌應有明確的界定範圍。 2. 「辨識」的評量方式不易界定，是指指認、口頭說明或實際動作表現，有待確認。 3. 未訂評量標準。	1. 給學生6個公共場所常見的圖案標誌，學生能在1分鐘內正確指出／說出6個圖案標誌代表的意思。 2. 給學生12個公共場所常見的文字標誌（公共電話、男廁、女廁、洗手間、化妝室、推、拉、停、出口、入口、緊急出口、安全門），學生能在3分鐘內說出／指出12個文字標誌代表的意思。
4. 知道儀容的重要	1. 「知道」的定義不夠明確。是指說出、寫出或角色扮演等？ 2. 儀容的定義為何？	請您試試看：
5. 給一社交情境，能說出應有之適當舉止態度，並說出他做這種行為選擇之理由。	請您試試看：	請您試試看：

社會技能領域		
常見教學目標範例	問題與討論	具體、客觀、可評量的教學目標敘述
1. 不高興時不再打頭	1. 未呈現問題的發生頻率。 2. 可以更具體描述訓練策略。	1. 訓練學生使用替代技能五次中有一次，跟特定人士說：「我不高興，因為我的東西被拿走了。」 2. 訓練學生使用替代技能五次中有三次，跟特定人士說：「我不高興，因為我的東西被拿走了。」 3. 訓練學生使用替代技能五次中有五次，跟特定人士說：「我不高興，因為我的東西被拿走了。」 4. 五次中有一次使用簡單的口語「我不高興」，向他人或特定人士表達自己不高興的情緒，以取代東西被別人拿走不高興，從而打頭的行為。 5. 五次中有三次使用簡單的口語「我不高興」，向他人或特定人士表達自己不高興的情緒，以取代東西被別人拿走不高興，從而打頭的行為。 6. 五次中五次皆能使用簡單的口語「我不高興」，向他人或特定人士表達自己不高興的情緒，以取代東西被別人拿走不高興，從而打頭的行為。

社會技能領域		
常見教學目標範例	問題與討論	具體、客觀、可評量的教學目標敘述
2. 會適當與人打招呼	1.「適當」的定義過於廣泛，且「適當」的行為會牽涉到場所的適用性及口語或肢體的表現方式。 2.「人」的定義過於廣泛，應該要區隔長輩、平輩、晚輩、家人、熟人或陌生人。	1. 早上到學校時，看到老師和同學會說「某某老師早」和「某某同學早」。 2. 平常下課時間，看到老師和同學會說「某某老師好」和「某某同學好」。 3. 放學離開學校時，會跟老師和同學說 4.「某某老師再見」和「某某同學再見」。 5. 學生能夠說出在學校下列六種不需打招呼的情境，例如：上課時有他人經過教室、他人午休時、他人正在上廁所時、他人正在上課時、升旗時、考試時。 6. 平常看到男性長輩會稱呼「叔叔好」。 7. 平常看到女性長輩會稱呼「阿姨好」。 8. 離開自己或他人家裡時，會跟家人或他人說「再見」。 9. 回到家裡時，會跟家人說「我回來了」。
3. 能表現適當的招待客人的禮儀	1. 招待客人的禮儀可以再依情境做區分，因為適當的禮儀會因情境、場所而有不同。 2.「適當」的定義可以再明確，例如口頭問答、角色扮演或利用檢核表做實際情境表現的檢核。	1. 給學生一個聽到門鈴響聲的情境，使學生能在 2 分鐘內做出適當、安全的反應。 2. 給學生一個有客人來的情境，使學生能在見到客人 10 秒鐘之內向客人說出「歡迎光臨」。 3. 給學生一個有客人來的情境，使學生能在適當的時機說出招待用語。 4. 給學生一個客人尋求協助的情境，例如；「請問廁所在哪裡？」學生要在 5 秒內給

社會技能領域		
常見教學目標範例	問題與討論	具體、客觀、可評量的教學目標敘述
	3.未見評量標準。	客人有禮貌的回應—「我帶你去」。
		5.給學生一個客人要離開家裡的情境，使學生能在 5 秒鐘之內向客人說：「再見、下次再來玩。」
4.	聽他人說話時能表現專注態度	請您試試看：	請您試試看：

休閒教育領域		
常見教學目標範例	問題與討論	具體、客觀、可評量的教學目標敘述
1.	會選擇適當的交通工具去旅遊	1.旅遊的地點必須先確定，因為地點會影響到交通工具的選用。 2.教師應先依照生態性評估定義出學生當地可使用的交通工具。	1.給學生 7 種交通工具的圖片，學生可以在一分鐘內正確指出／說出／寫出 3 項我們日常生活中常見的交通工具。（垃圾車、計程車、火車、裝甲車、卡車、公車、聯結車） 2.告訴學生這次戶外教學的地點是高雄市—柴山，給學生五個不同的公車路線圖，學生可以在 10 秒內正確指出兩項可以搭乘的公車路線：31 路公車、柴山觀光車。 3.告訴學生這次戶外教學的地點是高雄市—柴山，然後給學生一張「柴山觀光車」的發車時刻表，學生可以根據活動行程表在 5 ／ 10 ／ 15 秒鐘內正確指出／說出／寫出這一次戶外教學所要搭乘的是「火 09:00」這一班車次。

休閒教育領域		
常見教學目標範例	**問題與討論**	**具體、客觀、可評量的教學目標敘述**
		4.告知學生這次戶外教學的地點，然後給學生所搭乘路線（會經過五個公車停靠站：臺灣銀行、西子灣、中山大學、慈德堂、壽山公園），學生可以在 3／5／10 秒鐘內正確指出／說出／寫出應該在哪一站下車才能到達目的地。 5.給學生一個公車站牌，學生可以在 3 秒鐘內正確指出要搭回出發點的站牌箭頭方向（→火車站）。
2. 能獨自去觀賞電影	觀賞電影所需應用的技能很多，如：查詢影片放映時間、至窗口告知售票員買票、金錢的使用、電影廳院及座位的尋找等，應該更明確界定，此階段需要教學的內容是哪些？	1.給學生一份電影時刻表，學生能說出****電影的放映時間。 2.在購票模擬情境中，學生能說出／寫出「我要買＿點＿分（電影名稱）的票張」。 3.在購票模擬情境中，學生能依標示找出／說出一張票價多少錢。 4.在購票模擬情境中，學生能使用計算機算出兩張票價多少錢。 5.在購票模擬情境中，學生能使用計算機算出買兩張票，付五百元，可找回多少錢。
3. 能使用公園中的休閒設施	1.應先明確指出公園中的休閒設施有哪些。 2.使用的方式將依設施性質不同有所差異。	請您試試看：
4. 給予象棋學生會一起玩	請您試試看：	請您試試看：

職業生活領域		
常見教學目標範例	問題與討論	具體、客觀、可評量的教學目標敘述
1. 認識餐廳店員的工作內容	1. 餐廳包含很多種，有中式、西式、簡餐、速食店……等，性質不同工作內容也不同，在此需先界定餐廳和工作項目性質。	簡餐店的點餐員： 1. 打開菜單放在客人面前，告訴客人：「請點餐。」 2. 能詢問客人要點幾號餐。 3. 能將客人點的餐點寫下來。 4. 收回菜單。 5. 能告訴客人「謝謝你，請稍後，餐點馬上送上來。」
2. 能完成清潔工作	1. 清潔工作會依法所有差異，因此需要明確的定義如家庭、辦公室、賣場或是公共場所的廁所等。	公共場所的廁所清潔： 1. 給學生雨鞋、手套、工作服及口罩四樣東西，學生能在 5 秒內將掃廁所需要的裝備選出來。 2. 給學生手套、工作服及手套，學生能穿戴整齊，正確率達 100%。 3. 給學生廁所的五張照片（馬桶、門、洗手臺、鏡子、地板），學生能在 30 秒內將正確掃廁所的順序排出。 4. 給學生兩張馬桶的照片（垃圾桶拿出來、沒有把垃圾桶拿出來），學生能在 5 秒內選出不會讓垃圾濺濕的照片。 5. 給學生兩張倒清潔劑的照片（輕輕壓、用力按），學生能在 3 秒內選出不讓清潔劑濺到身上的照片。 6. 給學生兩張刷馬桶的照片（蹲著來回刷、站著沒順序的刷），學生能在 3 秒內選出能將馬桶刷乾淨的照片。 7. 給學生兩張刷子的照片（有

職業生活領域		
常見教學目標範例	問題與討論	具體、客觀、可評量的教學目標敘述
		在馬桶瀝乾、滴的滿地都是），學生能在 3 秒內選出不濺濕地板的照片。 8.學生可以在 5 秒內說出擦鏡子需要玻璃清潔劑和報紙。 9.學生可以在 5 秒內說出擦門需要水桶和抹布。 10.學生可以在 5 秒內說出刷洗手臺需要浴室清潔劑和菜瓜布。 11.學生能在擦門和鏡子時依照由上而下的順序擦，正確率達 100%。 12.學生能於 5 秒鐘內檢視這面鏡子是否有擦拭到不留指紋、痕跡，正確率達 100%。 13.學生刷洗手臺時能重複刷洗，正確率達 100%。 14.給學生兩張放工具的照片（工具放回掃具室、工具隨便丟在一旁），學生能在 3 秒內選出表示物歸原位的照片。
3. 遵守工作時間與規範	1.遵守工作時間的定義為何？ 2.「規範」的內容需更明確。	請您試試看：
4. 給一項需要按部就班完成的工作，能以正確的順序，成功地完成每一部分的作業	請您試試看：	請您試試看：

重 點 摘 要

一、我國身心障礙學生接受特殊教育服務之步驟（p.59-60）

轉介→篩選→診斷→鑑定→安置→個別化教育計畫→教學→成效之評估。

二、「個別化教育計畫」的執行流程包含（p.64）

1. 階段一——是進行個案教育與相關專業服務的各項能力評估與資料蒐集，以確認個案在此時期的特殊教育需求。

2. 階段二——是籌劃和召開「個別化教育計畫會議」。

3. 階段三——是召開個別化教育計畫會議後，經過家長同意確定具體可行的長程和短程教育目標／相關服務／轉銜服務，完成一份完整的個別化教育計畫書面文件。

4. 階段四——是依據教育目標，進行教學／相關服務和轉銜服務。

5. 階段五——是教學／相關專業／轉銜服務的實施成效評估，以確認「個別化教育計畫」的目標是否完全達成。

三、「個別化教育計畫」委員會之功能（p.69-70）

「個別化教育計畫委員會」成員組合是視個案獨特性之考量的組合，主要功能在召開會議擬定「個別化教育計畫」。會議之主要目的，乃必須先決定此身心障礙學生的獨特之需要，再據此獨特需要擬定出個案的長期教育目標與短期教學目標、相關服務和轉銜服務之內容。

四、決定個案之獨特需要所需考量的因素（p.80）

身心障礙學生之獨特需要的考量應以「教育之需要」作整體性的考量，約可分為九項：學科表現、認知能力、職業性向／轉銜、社區活動能力、溝通能力、行動能力、生活自理能力、感官功能、社交／情緒行為等。而依據「個別化教育計畫」的內容要求，上述九個項目，可再區分為三類：教學目標、相關服務、轉銜服務。綜言之，獨特教育

需求的決定有賴於對個案之現況瞭解，但是有時亦可能由於已決定了特殊教育需求，而需要進一步作現況之評估。

五、特殊教育教師編擬「個別化教育計畫」時應考量之因素（p.81）

1. 現階段此個案教學需求的的優先順序。

2. 學校採用之課程或教學綱要。

3. 學校之科目或領域的排課方式。

4. 學校是否有能力分組或需求分組之教學。

5. 不同科目的上課節數或時數。

6. 師資的配合。

7. 學生的學習能力特質。

8. 家長的期待。

六、「個別化教育計畫」中現況、長期教育目標及短期教學目標之定義（p.101）

1. 現況：指學生目前在該學科學習成就或技能／能力發展上的最高水準，須藉由正式或非正式性的評量而得此資料。

2. 長期教育目標：根據學生現況、學習能力、其教育之獨特需要，再配合家長的期待等，由「個別化教育計畫委員會」決定一學年或一學期後，此生期待可達到的某學科學習、能力發展之教育目標。

3. 短期教學目標：指在「長期教育目標」的指引下，將學科學習、能力發展之教育目標，依課程架構、技能組織或能力發展程序等原則，在考量時間分配因素，細分為若干小目標，以作為實施教學或輔導之依據。

七、運用課程綱要或教學綱要擬定現況、長期教育目標和短期教學目標（p.103）

1. 對於學科性（如數學能力）或技能性（如洗滌衣物）的學習目標而言：長期教育目標可參考課程綱要或教學綱要之內容細分

成短期教學目標。

2. 對於能力訓練（如延長注意力的持續時間）的學習目標而言：長期教育目標則可依據此能力發展之順序，運用工作分析的方式再細分成短期教學目標。

八、編寫明確易評量的教學目標 3W 原則（p.134）

1. What—明確的教學內容是什麼。

2. How—學生如何表現出其學習成果，或是所謂的評量學生的方式。

3. How much—學生的預期精熟水準，或是所謂的通過標準或及格標準。

九、運用「課程本位測量」擬定「個別化教育計畫」的教育目標（p.118）

1. 運用學生所學之課程內容設計評量題目，再與使用相同測驗的同儕作比較，以找出學生的現階段程度。

2. 根據現況程度，擬定具體之未來學生需學習的課程內容，和評量方式及日期。

3. 擬定出須達到之評量標準。

十、運用「課程本位測量」編擬「個別化教育計畫」之優點

1. 內容效度高。

2. 簡單易行。

3. 評量結果可以反映學生的學習成敗，從而協助教師作教學決策。

4. 評量結果之數據轉化成追蹤圖，讓學生之學習結果一目了然。

5. 經常性評量，可以靈敏反映學生的學習情況。

6. 省錢。

7. 省時。

參考書目

林幸台等（民 83）。我國實施特殊兒童個別化教育方案之策略研究。臺北
　　市：國立臺灣師範大學特殊教育研究所。

洪儷瑜（民 76）。個別化教育方案之設計與執行。高雄市：國立高雄師範
　　學院特殊教育中心。

葉靖雲（民 85）。課程本位評量的理論與應用。載於周台傑、葉靖雲主編：
　　學習障礙有效教學。彰化市：國立彰化師範大學特殊教育中心。

瑞復益智中心（民 85）。智能不足者個別教育計畫。臺北市：心理出版社。

蔡明珊（民 82）。如何開好業務會議。CHEERS 雜誌 3 月號。

Bateman, B. D. (1996).BetterIEP(2nd ed.). Longmont,CO:Sopris West.

Bateman, B. D. (2007). From Gobbledygook to Clearly Written Annual IEP GO-
　　ALS.Verona, WS：Attainment Co.

Bateman, B. D. & Herr, C. M. (2003). Writing Measurable IEP Goals and Objec-
　　tives. Verona, WS：Attainment Co.

Bateman, B. D. & Linden, M. A. (1998). BetterIEP (3rd ed.) Longmont,CO: Sopris
　　West.

Council for Exceptional Children (1999) .IEP team guide. Reston, VA：The council
　　for exceptional children.

Deno, S. L. (1985).Curriculum-based measurement: The emerging alteratiave. Ex-
　　ceptional Children, 52(3), 219-232.

Deno, S. L. (1986).Formative evaluation of individual student program: A new role
　　for school psychologists. School Psychology Review, 15(3), 357-374.

Deno, S. L. (1989).Curriculum-based measurement and special education services:
　　A fundamental and direct relationship. In M. R. Shinn (Ed.), Curriculum-based
　　measurement. New York: The Guilford Press.

Deno, S. (1992). The nature and development of curriculum-based measurement.

Preventing School Failure, 36(2), 5-10.

Deno, S. L., Mirkin, P. K., & wesson, C. (1984). How to write effective data-based IEP. Teaching Exceptional Children, 16, 99-104.

Fuchs, L. S. & Shinn, M. R. (1989).Writing CBM IEP objectives. In M. R. Shinn (Ed.), Curriculum-based measurement. New York: The Guilford Press.

Gajar, A., Goodman, L., & McAfee, J. (1993).Secondary schools and beyond: Transition of individuals with mild disabilities. New York: Merrill.

Herr, C. M. & Bateman, B. D. (2006).Better IEP meetings：everyone wins. Verona, WS：Attainment Co.

Howell, K. W., Fox, S. L. & Morehead, M. K. (1993).Curriculum-based evaluation (2nd ed.). Pacific Grove, CA: Brooks/Cole Publishing Company.

Kameenui, E. J., Silbert, J. & Carnine D. (1990).Direct Instruction Reading (2nd ed.).Columbus, OH：Merrill Publishing Company.

Kameenui, E. J. & Simmons, D. C. (1990).Designing Instructional Strategies, The Prevention of Academic Learning Problems.Columbus, OH：Merrill Publishing Company.

Marston, D. (1989).A curriculum-based meadurement approach to assessing academic performance: What it is and why do it. In M. R. Shinn (Ed.), Curriculum-based measurement. New York: The Guilford Press.

McLoughlin, J. A. & Lewis, R. B. (1990).Assessing special students (3rd ed.). Columbus, OH: Merrill.

Polloway, E. A. & Patton, J. R. (1993).Strategies for teaching learners with special needs (5th ed.). New York: Macmillan.

Salvia, J. & Ysseldyke, J. E. (1995).Assessment (6th ed.). Boston: Houghton Mifflin Company.

Shinn, M. R. (1988).Development of curriculum-based local norms for use in special education decision-making. School Psychology Review, 17(1), 61-80.

Shinn, M. R.(Ed.) (1989).Curriculum-based measurement. New York: The Guilford

Press.

Shinn, M. R., Tindal, G. A. & Stein, S. (1988).Curriculum-based measurement and the identification of mildly handicapped students: A research review. Prefessional School Psychology, 3(1), 69-85.

Shinn, M. R. & Hubbard, D. D. (1992).Curriculum-based measurement and problem-solving assessment: Basic procedures and outcomes. Focus on Exceptional Children, 24(5), 1-20.

Silver, L. B. (Ed.)(1989).The assessment of learning disabilities: Preschool through adulthood. Boston: College-Hill Press.

Strickland, B. B. & Turnbull, A. P. (1993).Individualized education

programs (3rd Ed.). Englewood Cliffs, NJ: Macmillan Publishing Company.

Tucker, J. (1987).Curriculum-based assessment is no fad. The Collaborative Educator, 1(4), 4-10.

May 20, 2007.   EMU. U. of Oregon

第四章

迷思與省思

第一節　法令的規範

第二節　教育行政單位的督導

第三節　特殊教育教師的角色

第四節　家長的角色

從民國 86 年起至今，我國「個別化教育計畫」已經依法執行十年了，早期特殊教育領域對個別化教育計畫的論述，多以介紹美國「個別化教育計畫」的內容和實施狀況為主，間有國內特殊教育教師撰文以發表參與「個別化教育計畫」設計之感想與困擾，或是有關單位將特殊教育教師編擬的「個別化教育計畫」內容蒐編成冊。民國 83 年由林幸台教授為主要主持人之「我國實施特殊教育兒童個別化教育方案之策略研究」，乃開始有系統地探討我國實施個別化教育計畫的研究，後續國內許多碩士、博士學位論文或研究專案，也開始探討個別化教育計畫的實施成效和執行規劃等。民國 87 年我國公告了特殊教育法施行細則，其中第 18 條和第 19 條對個別化教育計畫的實施有了具體明確的規定，也促使個別化教育計畫的實施有了法源的依據，然而學術界或實務界對於個別化教育計畫的理念或執行，仍有許多不同的意見和看法。

　　本章將綜合相關論述研究與實務經驗，探討我國實施「個別化教育計畫」實務的迷思和解決挑戰的省思，以作為未來真正落實「個別化教育計畫」之參考。此迷思與省思章將就法令的規範、教育行政單位的督導、特殊教育教師的角色、和家長角色等執行上相關影響因素進行討論。

第一節　法令的規範

　　1975 年開始，「個別化教育計畫」在特殊教育法的保障下，美國的身心障礙兒童得以享有適合其特殊需要的教育服務。1997 年，我國新修訂通過的「特殊教育法」，也規定必須實施「個別化教育計畫」以保障身心障礙學生的受教育權益。在法規的保障之下，美國已經施行「個別化教育計畫」達三十幾年的歷史，其在執行「個別化教育計畫」的相關法規或配套措施，或許可以提供作為我國依法執行「個別化教育計畫」的借鏡參考。

一、條款規範之周延性

我國的「個別化教育計畫」是始自民國 86 年「特殊教育法」的公布，才賦予其強制執行的法令依據。民國 87 年公布之「特殊教育法施行細則」以第 18 條和第 19 條兩條規範了「個別化教育計畫」的內容和實施。美國特殊教育法之聯邦管理條例的地位乃相當於我國的「特殊教育法施行細則」，歷年來美國「障礙個體之教育法案」的聯邦管理條例中，「個別化教育計畫」的直接有關條款共有十一條（300.340-300.350），每一條之下更有數款規定「個別化教育計畫」的內容和施行；而整個「障礙個體之教育法案」的聯邦管理條例其他條文亦間接相關「個別化教育計畫」的施行，例如身心障礙兒童的診斷與鑑定、家長權益、輔助科技服務、相關服務、轉銜服務和經費補助等。相較之下，我國要確實施行「個別化教育計畫」，若單獨依賴「特殊教育法施行細則」之兩條條款的「個別化教育計畫」內容和實施方式的規範可能將不敷所需。我們確實需要相關條款的支援，例如：相關專業服務和轉銜服務的整合方式、相關專業人員如何與教育體系之教師協調合作、如何客觀評鑑各縣市執行「個別化教育計畫」的成效評估，以及其和特殊教育經費補助的關係等等配套措施，方能落實「個別化教育計畫」的目標。「個別化教育計畫」在美國是評鑑地方教育機構是否提供*適當之教育*給身心障礙兒童的重要關鍵指標，因此美國特殊教育法之經費條款，其經費補助原則即是依據各州或是地方教育機構執行「個別化教育計畫」的成效和品質，以決定聯邦教育經費對其下一會計年度整體教育經費預算的補助額度；亦即是美國運用經費補助的監督效用，得以促使美國各州或地方政府對特殊教育法之「個別化教育計畫」的執行奉行不渝。我們深深期盼，「特殊教育法施行細則」之相關法規的公布執行，能有助於各級學校落實「個別化教育計畫」的整合施行。

二、「個別化教育計畫」二條款之疑議性

　　我國「特殊教育法施行細則」第 18 條和第 19 條兩條規範，是我國實施「個別化教育計畫」的重要依據，然而有關單位必須對其中的二項疑議處再作澄清，否則恐將有礙「個別化教育計畫」的推廣施行。

　　第一項是「特殊教育法施行細則」第 18 條規定，「個別化教育計畫」的內容之現況敘述計有：認知能力、溝通能力、行動能力、情緒、人際關係、感官功能、健康狀況、生活自理能力、國文、數學等學業能力，然而在「個別化教育計畫」書面文件中，此十項學生之現況是否該絕對性全部列入紀錄是存有爭議性。作者認為上述十項內容是召開「個別化教育計畫會議」時，討論個案之特殊教育需求的必要之整體考量項目，然而因為身心障礙學生的特殊教育需求差異性很大，並非所有身心障礙學生的「個別化教育計畫」的書面文件都需要列載十項現況敘述乃值得探討。例如以一位重度多重障礙學生而言，在「個別化教育計畫會議」討論時，發現他／她確實有上述十項之特殊教育的需求，因此基於從現況至長期教育目標之連貫性考量，此學生的「個別化教育計畫」之書面文件，自然需要呈現上述十項之現況描述資料。然而亦有可能出現另一類單純中文讀寫障礙的學生，此學生經過「個別化教育計畫會議」相關資料的討論，發現其特殊教育的需求就僅有國語文學業學習的困擾，因此在其「個別化教育計畫」的書面文件上，列載其他無此需要的現況描述就無實質意義了。綜合上述之考量，為了避免浪費人力資源於不需要的工作，「個別化教育計畫」現況描述項目，應該視個案的實際需要（case by case）作需要性的選擇列載，而非絕對性的全部敘述。

　　第二項是「特殊教育法施行細則」第 18 條規定，「個別化教育計畫」需預先擬定個案之學期教育目標是否達成的評量標準，但是擬定者或執行者是否需要承擔學生的「個別化教育計畫」未達成預訂標準之責任？亦即是經過一學期的教學之後，假若此個案仍未能學到預定之國語課本第三冊第九課的進度，或是仍未能學會自行使用湯匙進食等教育目

標，擔任此些個案之教學的教師是否該承擔未達成目標之責任？根據美國的法規解釋，除非是確定肇因於教師人為之教學不當等因素，否則個案之「個別化教育計畫」長期教育目標未能如期完成，設計者和執行者並不需承擔法律責任。相較之下，我國的相關法規並未論及此點，但是為了避免設計者或執行者，因為*規避未達成預定目標的壓力，而刻意降低學生之預設達成標準*的弊端，我國的決策單位有必要對此疑議提出具體說明，給予「個別化教育計畫」之設計者和執行者更多合法的保護，亦保障了身心障礙學生的受教育品質，讓身心障礙學生的學習潛能得以充分被激勵啟發，不至於因為立法的不全而受到不當之壓制。

基於上述「個別化教育計畫」執行過程中可能會遭遇之爭議性問題，作者建議有關決策單位，我國在正式法規執行「個別化教育計畫」之際，應該研擬「個別化教育計畫」之相關條款的解釋文件，以供執行單位或人員有所依循。附錄八提供美國「個別化教育計畫」之條款解釋以供參考，此附錄八原文轉載翻譯自 Dr. Bateman（1992）的書：*The Better IEPs*。如此的官方法律之解釋說明，必能有助於大家對「個別化教育計畫」建立一致性的共識，有利於我國推展「個別化教育計畫」的正確方向。

第二節　教育行政單位的督導

一、個別化教育計畫納入學校特殊教育實施成效評鑑項目之一

多年來，教育部或各縣市教育局都一直非常重視「個別化教育計畫」的施行，「個別化教育計畫」也一直被列入特殊教育學校和班級之評鑑或訪視的重點。然而教育行政單位對於各校施行「個別化教育計畫」的考評標準為何呢？恐怕這也是學校教育人員所想要知道的答案。在民國87 年「特殊教育法施行細則」頒布之前，教育行政單位主導的「個別化教育計畫」評鑑，大都是檢視特殊教育教師為其學生所編擬的「個別化教育計畫」書面文件，其實這是檢視有無作「個別化教育計畫」之*量化*

*層次*評鑑，然而是否為一份理想的的個別化教育計畫之***質性層次***評估，學術界似乎也是見仁見智難以論斷之議題；如此造成學校特殊教育人員對於如何編擬正確、優良的「個別化教育計畫」無所依從而抱怨連連。

　　我國在強制執行身心障礙學生之「個別化教育計畫」法令公布後，教育行政單位確實有必要訂定出明確的相關評鑑指標，以讓學校教育人員有所依循。下述表 1 乃為作者參與高雄縣特殊教育教師個別化教育計畫訓練工作坊，與全體與會教師共同發展的一份「個別化教育計畫」實施檢核表，此份檢核表是依據我國特殊教育法的規定做最基本的要項要求，屬於量化層次的評鑑指標，可以提供相關人員做參考；此工作坊亦在第二階段培訓一群輔導員至各校協助教師設計個別化教育計畫，除此之外，工作坊的計畫之一是與高雄縣教育行政單位達成協議，此個別化教育計畫的訓練內容和檢核項目，成為高雄縣教育局實驗一年實務特殊教育教師的要求和評鑑指標如此的工作坊規劃，是嘗試協助教育行政單位建立在職訓練與評鑑項目標準一致的作法，以避免縣市教育局規劃的研習訓練內容是一套標準，對學校的後續評鑑要求又是另一套標準的矛盾，因為這種狀況常造成實務教師的無所依循，也形成在職進修資源的浪費。

　　教育行政單位對於「個別化教育計畫」的執行考評應有量化與質性兩部分。量化層次是對各校「個別化教育計畫」內容項目作「有、無執行」的評估，檢核各校是否依照法規要求執行「個別化教育計畫」的實施步驟和內容項目；質性評鑑「個別化教育計畫」，則是瞭解是否能真正提供符合此學生需要的特殊教育服務，從特殊教育需求的確認、現況的確定、長期教育目標的訂定到短期教學目標的銜接等一系列相屬關係的適切性。

表1　高雄縣學前暨國民中小學身心障礙學生「個別化教育計畫」檢核表

高雄縣學前暨國民中小學身心障礙學生「個別化教育計畫」檢核表

☐學校自評
☐訪視小組評

學校名稱：＿＿＿＿＿＿國中／小／幼稚園

班級類別：☐啟聰班＿＿＿＿班　☐巡資班＿＿＿＿班

　　　　　☐啟智班＿＿＿＿班　☐資源班＿＿＿＿班　☐學前特教班＿＿＿＿班

身心障礙學生總人數：＿＿＿＿＿＿人

檢核項目：有達成者請打☑，未達成者請留白

☐一、召開「個別化教育計畫」會議

　　　　☐ 1.包含家長或監護人

　　　　☐ 2.包含相關專業人員　　　　　☐此個案不需要相關專業服務

　　　　☐ 3.包含轉銜服務之相關人員　　☐尚未需要轉銜計畫

☐二、「個別化教育計畫」書面文件內容

　　　　☐ 1.學生基本資料（姓名、年齡、學齡、性別……）

　　　　☐ 2.學生家庭描述

　　　　☐ 3.學生身心障礙狀況對其在普通班上課及生活的影響描述

　　　　☐ 4.學生因行為問題影響學習者，其行政支援及處理方式

　　　　☐ 5.普通教育之服務內容敘述

　　　　☐ 6.特殊教育之服務內容敘述

　　　　☐ 7.相關專業服務之提供

　　　　☐ 8.學生能力現況

　　　　☐ 9.長程教育目標

　　　　☐ 10.短程教學目標

　　　　☐ 11.短程教學目標之評量標準

　　　　☐ 12.短程教學目標之評量方式

　　　　☐ 13.短程教學目標之評量結果

　　　　☐ 14.短程教學目標之教學起訖時間

　　　　☐ 15.家長或監護人同意欄

三、學生評量方式的調整

　　　　☐ 1.無此需要

　　　　☐ 2.依學生能力實施適當的評量調整

　　　　☐ 3.學校行政單位有配合協助

四、參與普通教育時間及項目

　　　　☐ 1.無此需要

　　　　☐ 2.有規劃協助個案在普通班的學習適應

　　　　☐ 3.有規劃協助個案在普通班的人際互動

五、相關專業服務內容
　　　□ 1.無此需要
　　　□ 2.提供交通車服務　　　□該提供而未提供　　□無此需要
　　　□ 3.提供物理治療　　　　□該提供而未提供　　□無此需要
　　　□ 4.提供職能治療　　　　□該提供而未提供　　□無此需要
　　　□ 5.提供語言治療　　　　□該提供而未提供　　□無此需要
　　　□ 6.提供心理治療　　　　□該提供而未提供　　□無此需要
　　　□ 7.提供教師助理員　　　□該提供而未提供　　□無此需要
　　　□ 8.提供社工員對其家庭之協助　□該提供而未提供　□無此需要
六、轉銜服務
　　　□ 1.無此需要
　　　□ 2.升學輔導
　　　　　□提供升學相關資訊
　　　　　□召開升學輔導會議
　　　□ 3.就業輔導
　　　　　□實施職業教育試探與陶冶課程
　　　　　□安排職業試探課程
　　　　　□協助就業安置與追蹤輔導
★綜合評述：
★建議事項：

訪視人員：　　　　　　　　　　訪視日期：＿＿＿年＿＿＿月＿＿＿日

二、專人負責個別化教育計畫的實施與督導

　　地方縣市政府是否該有專人負責「個別化教育計畫」的資源整合與執行？美國依據其條文規定，各州政府和學區委員會是負責執行和督導「個別化教育計畫」的地方層級單位，由於我國此專職權責在法條中並未明確指定，學校個案的「個別化教育計畫會議」若需要相關專業團隊人員的整合，極有可能淪為無人監督或執行，或是單獨變成特殊教育教師的職責，跨單位的整合窒礙難行。「個別化教育計畫會議」和相關專

業團隊的整合是屬於跨領域的行政協調工作，實非僅是教學前線之特殊
教育教師的職責或專長，因此為了避免無法施行個別化教育計畫的資源
整合，「個別化教育計畫」淪於書面作業，地方縣市政府設立負責的專
職人員乃屬當務之急。

　　我國個別化教育計畫的法規規範並未如美國特殊教育法般詳盡與明
確，所以地方縣市教育行政單位的提供進一步行政命令的規範與督導，
將可以協助學校與教師更明確的遵行法規要求和教學專業，發展設計出
適合各階段各類別身心障礙學生的個別化教育計畫。

第三節　特殊教育教師的角色

　　特殊教育教師一直是個別化教育計畫中的核心靈魂人物。凡是接觸
過特殊教育的教師都知道「個別化教育計畫」的理念或內容，但是在知
與行之間，特殊教育教師彼此之間仍存有頗大的歧異。差別在於有些老
師會真正落實「個別化教育計畫」；有些老師則知道「個別化教育計畫」
很重要，但是卻不知道或不想去執行它；有些教師則一直停留在知道此
一名詞概念階段而已。然而不管是知之者或是行之者，對大多數的特殊
教育教師而言，「個別化教育計畫」仍可能是心中的一團疑惑或是一塊
痛處。本書作者希望藉著理念的澄清和有關單位的共同合作，我們能夠
協助特殊教育教師澄清「個別化教育計畫」的迷思，移去多餘的工作負
擔，讓特殊教育教師能夠視「個別化教育計畫」為其教學的好幫手而不
是惡殺手。

一、特殊教育教師的夢魘

　　「個別化教育計畫會議」在我國完全落實似乎仍有難處，因此特殊
教育教師大多是獨自設計完成學生的「個別化教育計畫」；亦即是從學
生相關資料的蒐集、獨特需要決定、到「個別化教育計畫」各項內容之

擬定執行等，大都由特殊教育教師一人承擔。此過程中既無各種專業相
關人員的協助診斷與治療，也無教育行政單位協助行政之支援。此現象
自然如「個別化教育計畫」的有關研究結果和感想——特殊教育教師皆
認為施行「個別化教育計畫」最感困難的項目有：診斷評量工具不足、
相關專業人員的支援不足、不知道如何設計長期教育目標和短期教學目
標等。當特殊教育教師在孤立無援，但是又被要求必須執行「個別化教
育計畫」的矛盾衝突下，自然而然造成許多特殊教育教師對「個別化教
育計畫」的無助感和挫折感，更進而排斥它。有些特殊教育教師仍視「個
別化教育計畫」為寫給上級單位檢查的表面官樣文章罷了，與學生之特
殊教育服務或是實際教學根本毫無關聯。上述現象亦造成某些學校在特
殊教育訪視或評鑑時被發現，同一班級十幾個學生的「個別化教育計畫」
內容中，長期教育目標和短期教學目標的擬定幾乎都一樣。在特殊教育
教師敷衍塞責態度的另一方面，也會有一些特殊教育教師對「個別化教
育計畫」產生未能善盡職責的罪惡感，從而選擇離開特殊教育的工作轉
至普通教育工作。不管特殊教育教師是黯然神傷的離去或是敷衍了事的
應付，此皆非特殊教育之福。

二、「個別化教育計畫」的格式化和電腦化之爭議

　　特殊教育教師對於「個別化教育計畫」的無力感，也常常反應至許
多特殊教育的相關會議中，特殊教育教師常會要求能給予統一或標準的
「個別化教育計畫」格式作參考，讓他們能依樣仿作。多年來國內確實
已出版一些優良「個別化教育計畫」範例彙編或是電腦化格式版本，但
是這麼多年來，特殊教育教師對知道如何設計「個別化教育計畫」的渴
求似乎並未解除，再隨著民國 86 年「特殊教育法」的公布要求，特殊教
育教師的夢魘更是有增無減；為何會造成此結果呢？原因是特殊教育教
師的困擾癥結並不是***「個別化教育計畫」的格式有無，或是「個別化教
育計畫」能否電腦化***？因為有些教師仍不清楚如何找出身心障礙學生的

特殊教育需求，如何從特殊教育需求找出學生現階段的能力以變成個別化教育計畫的主要內容，再如何從現況設定出一學期或一學年後的長程教育目標等等。解決此特殊教育教師的困惑關鍵應是：**教師必須增強自己從診斷出問題到教育介入的專業能力，以及如何召開「個別化教育計畫」會議，知道如何與相關專業團隊、普通教育教師、學校行政人員一起合作，共同擬定滿足身心障礙學生獨特教育需要的教育計畫**，這才是對症下藥以解除特殊教育教師夢魘的良方。

「個別化教育計畫」的格式化和電腦化僅是「個別化教育計畫」的外形，其真正的骨肉精髓是完整的教育目標規劃，徒有外形空架之格式是無法賦予「個別化教育計畫」生命之動力。我國施行「個別化教育計畫」的過去經驗，特殊教育教師的無力感主要來自缺乏學校內、外行政單位的支持，得以召開「個別化教育計畫」會議。特殊教育教師在支援不足、無計可施之下，對「個別化教育計畫」將只求填充規制格式的書面作業，卻無法顧及是否能滿足身心障礙學生獨特教育需求；因此建議由各校之輔導室或是教務處主導，協同各縣市特殊教育行政單位，召開「個別化教育計畫會議」，結合不同領域專長的相關人員，共同決定每一位身心障礙學生的特殊教育獨特需要與需要提供之服務。特殊教育教師是特殊教育專業團隊的一份子，特殊教育教師應該是「個別化教育計畫」擬定與執行的部分力量而非全部能源，如果僅要依賴特殊教育教師來完成特殊教育團隊工作之全效，此於特殊教育理念和於特殊教育實務都難盡其功。我國過去是將「個別化教育計畫」的重擔都放在特殊教育教師的兩肩上，多年來此運作模式的結果是：「個別化教育計畫」淪為官樣文章且效能不彰，更挫損了許多優秀特殊教育教師的教育熱誠與鬥志。總而言之，唯有當「個別化教育計畫委員會」能發揮整合功能，確實為每一位身心障礙學生召開「個別化教育計畫會議」，「個別化教育計畫」才能成為特殊教育教師之美夢而不是惡夢，也才能為特殊教育園地留住更多優秀傑出的教師。

三、「個別化教育計畫」不是教學設計

　　「個別化教育計畫」的實施成效不彰,特殊教育教師對於「個別化教育計畫」的理念不清也是重要關鍵因素之一。檢視國內許多「個別化教育計畫」的範例,在短期教學目標之下,常常會出現教材、教具、教法或是教學地點等之內容敘述,以「個別化教育計畫」之本旨而論,此乃多餘且不必要之內容。教法、教材、教具等皆屬於教學設計或稱教案之定義內容,和「個別化教育計畫」之教育目標契約無關。***「個別化教育計畫」是學生需求本位之教學目標的訂定,教學設計是教師課程本位之教學過程的規劃***。「個別化教育計畫」是***教給學生什麼內容?***(What to teach?),是一種目標的擬定;教學設計是***如何教給學生這些內容?***(How to teach?),是一種過程的設計。假若教法、教材、教具亦涵蓋於「個別化教育計畫」的內容,即是指「個別化教育計畫」不只要訂定目標,更要規劃過程。從法規的觀點論之,「個別化教育計畫」的本意,乃是界定在長期教育目標和短期教學目標的擬定,並未要求事先要規劃所有的教學過程。再從教學實務層面論之,當一位特殊教育教師必須在開學之初,即將一學期要如何進行教學的所有過程書之於文字敘述,恐怕是有困難;此乃無怪乎特殊教育教師們將「個別化教育計畫」視之為畏途,因為其不但增加工作負擔而且又不切合實際。一般而言,對已經實際擔任教學的教師而言,日常教學最主要的工作項目乃是教材或教具的設計和準備,書面的教學設計或教案已非必要之舉。再者,對許多特殊教育教師而言,許多適用身心障礙學生的教材和教具,教師恐怕無法在一學期之初或一學年之始就可以確定或是有現成的資源可用。

　　總之,基於學生的特質、教材教法的運用等因素,在開學之初即在「個別化教育計畫」中,列入教材教法的設計的確是有所困難,也無怪許多特殊教育教師將「個別化教育計畫」視之為重擔或是不知道如何擬定之。綜論之,於法於理,「個別化教育計畫」的內容之中實在不需要列入教材、教法、教具或教學地點等之教學設計;也因此期待特殊教育

教師能釐清「個別化教育計畫」與教學設計的差異，**讓*目標與過程*不再**混淆不清，徒增自己的困擾，也妨礙了「個別化教育計畫」的推行。

四、「個別化教育計畫」與教學分組之相輔相成

　　「個別化教育計畫」的精髓在於滿足身心障礙學生之獨特教育需求，但是「個別化教育計畫」並非因此必須與個別化教學或是一對一教學畫上等號。許多特殊教育教師否定「個別化教育計畫」可行的理由之一是：一個班級教學就有十幾位程度差異極大的學生，怎麼有可能顧及每一位學生的程度需求？又如何進行個別化教學？所以「個別化教育計畫」是不切合實務的書面作業。特殊教育教學之學生程度差異大是存在的事實，也一直是特殊教育教師教學上最大的挑戰；但是這個現實挑戰並不會因此阻礙「個別化教育計畫」之滿足學生個別需求的實現，其所依賴的關鍵條件即是教務行政上有無作*學生需求組合或能力程度分組*的配合。特殊教育之教學或相關服務若要達到成效，本來就必須破除固定年級和班級的桎梏，而以*學生之需求或程度*作教學組合的主要原則，而非依循普通教育之固定年級和班級的學習組合型態，此為達到個別化教學的必經途徑。當特殊教育的教學或相關服務是以學生的需求或現況作編組／班之組合，而此時同一班／組內學生的差異性自然可以降到最小，教師因而同時可以照顧到同組／班內大多數學生之需要。綜言之，學校行政必須在特殊教育之教學分組上，摒除傳統以年齡別或班級別的學習分組原則，而以需求和程度能力作組合標準；「個別化教育計畫」正是分組教學的有效依據，而「個別化教育計畫」也須有賴分組教學以達到個別化教學的目標，如此相輔相成，方能真正落實「個別化教育計畫」與實際教學結合的可行性。

五、「個別化教育計畫」是否每一科目／領域都要編擬？

　　這一個問題幾乎是所有特殊教育教師對「個別化教育計畫」施行最

關切的問題，而作者對這個問題的答案是：要也是不要。「個別化教育計畫」之目的是用以提供個體獨特需要的教育設計，當一位重度多重障礙身心障礙學生的所有教育需求都和其他同儕不一樣時，他／她的「個別化教育計畫」自然是*每一科目／領域都要編擬*。但是當一位單純語文學習障礙身心障礙學生的所有教育需求只有一科／領域和其他同儕不一樣時，他／她的「個別化教育計畫」自然是*只要編擬一科目／領域*。「個別化教育計畫」的編擬必須從*學生的需求*為出發點之肇因，*科目／領域的數量*就是其考量的結果，此觀念之澄清相當重要，否則將會徒增特殊教育教師許多困擾。

　　然而，此是否每一科目／領域都要編擬「個別化教育計畫」的問題，也必須和是否作分組教學之行政措施作搭配考量。基本上，一個身心障礙學生的所有教育需求和其他同儕完全不一樣的狀況並不常見，大多數身心障礙學生的特殊教育需求仍然會和其同儕有相似之處，在教學／需求分組之下，此特殊教育教師所編擬的這一科目／領域的「個別化教育計畫」內容，就可以適用於同組內有相同特殊教育需求的身心障礙學生之「個別化教育計畫」中；換句話說，即使所有學生的每一科目／領域都要編擬「個別化教育計畫」，也不一定是所有學生每一科目／領域的「個別化教育計畫」都必須單獨設計。綜言之，在教學／需求分組考量安排下，當學生們的需求或起點行為相似時，其「個別化教育計畫」自然可能是相同內容。

第四節　家長的角色

　　我國身心障礙學生之家長團體，例如智障者家長團體、自閉症家長協會等，早已成立多年。家長團體為其子女之受教育權而努力之成效已卓然有成，值得鼓勵與喝采。然而如前所述，「個別化教育計畫」是政府對身心障礙學生提供特殊教育服務具體目標的法律契約，也是家長為

其子女爭取完整特殊教育的最有效的途徑，身心障礙學生之家長必須充分運用參加「個別化教育計畫會議」的機會，表達對其子女教育參與的權益。然而，不可諱言，現階段國內大多數的家長，對「個別化教育計畫」的內容及運作方式以及其家長的權益等等，大都仍處於茫然不知的階段，因而喪失了對其子女特殊教育的參與權，或是淪為被知會和蓋章表同意的地位，此乃甚為可惜之事。因此為了鼓勵家長對其身心障礙子女的教育之參與和負責，學校機構應該利用親職教育時間，主動告知家長「個別化教育計畫」的權益和重要性，鼓勵每一位家長都能親自參加其子女的「個別化教育計畫會議」。另一方面，特殊教育之家長團體也應該多舉辦相關之研習會或講座，讓家長們能充分瞭解「個別化教育計畫」的內容，以具備基本之理念參與其子女「個別化教育計畫」之擬定。

總　結

　　民國 86 年以前，我國的「個別化教育計畫」乃處在於法無據但是鼓勵推行的地位，此一階段，「個別化教育計畫」的實施是蹣躓前進，特殊教育學術機構對特殊教育行政單位或特殊教育教師都只能動之以情，鼓勵及輔導其對「個別化教育計畫」的重視與施行，然而似乎一直未見彰顯的成效。民國 87 年「特殊教育法施行細則」公布後，「個別化教育計畫」終於擁有了法規執行的保障，更同時具有了明確的實施導向；然而綜合上述迷思與省思之探討，我國對於「個別化教育計畫」相關法規解釋的疑義、行政執行的權責區分、特殊教育教師及相關專業人員的觀念澄清、家長的權益等等問題，都必須有預防因應措施，以事先完整規劃來避免事後補救所必須付出之社會成本。美國在「個別化教育計畫」的推行上已有三十幾年之的經驗歷史，我國尚處於「個別化教育計畫」之推行的第一個十年，正視挑戰與不斷調適是建立完整制度的必經過程，期待藉由特殊教育相關工作人員與家長的共同努力，我國的「個別化教

育計畫」能得以落實實施，我國提供身心障礙學生之適當教育的特殊教育理想終可得實現。

May 6, 2007.   Campus, U. of Oregon

附　錄

附錄一　1990 年美國「障礙個體之教育法案」聯邦管理
　　　　條例

附錄二　美國奧瑞崗州州政府教育局個別化教育計畫
　　　　（中文版）─會議通知參考資料

附錄三　個別化教育計畫會議通知單參考資料家長版
　　　　（參考資料）

附錄四　美國奧瑞崗州標準個別化教育計畫（IEP）參
　　　　考格式

附錄五　美國奧瑞崗州個別化家庭支持計畫（IFSP）參
　　　　考格式

附錄六　美國奧瑞崗州個別化轉銜計畫參考格式

附錄七　美國紐澤西州語言治療之個別化教育計畫參考
　　　　格式

附錄八　1990 年美國「障礙之個體的教育法案」─B 篇
　　　　之條款解釋

附錄一

1990 年美國「障礙個體之教育法案」
聯邦管理條例

　　聯邦政府「障礙兒童管理條例」，是管理個別化教育計畫最主要之法律。當各州或各地區的法令或政策與之相牴觸時，除非他們能夠提供更多的利益或保障，否則一切均以聯邦條例為先。管理辦法 300.5 條（輔助科技設備）、300.6 條（輔助科技服務）、300.7 條（障礙兒童）、300.8 條（免費，適當之學校教育），300.13 條（家長）、300.16 條（相關服務）、300.17 條（特殊教育），以及 300.18 條（轉銜服務）中列載重要之相關定義。管理辦法 300.34 到 300.35 條直接與個別化教育計畫相關。

300.05 條　輔助科技設備

　　此條文中，「輔助科技設備」係指任何經由商業方式購得改良或訂製之品目、儀器或產品系統，其目的為增進、維持或改善障礙兒童機能上之能力。

　　（根據：20U.S.C. 1401(a)(25)）

300.06 條　輔助科技服務

　　此條文中，「輔助科技服務」係指直接服務障礙兒選擇、取得或使用輔助科技設備。此服務項目包括：

　　(a)障礙兒童需求之評估，包含兒童在習慣環境中之實用性評估。

　　(b)購買、租借或提供障礙兒童輔助科技設備之取得。

　　(c)選擇、設計、試用、訂製、改裝、應用、保養、修理或更換輔助科

技設備。

(d)協調或接受其他之治療、介入方式或輔助科技設備服務，如：現行教育與復健計畫、課程之結合。

(e)提供障礙兒童訓練或技術上之協助，如果合適，亦可提供家屬相同之協助。

(f)針對專業人員（包括教師或復健人員）、雇主、提供就業服務者，或與障礙兒童生活機能息息相關者，提供訓練或技術上之協助。

（根據：20U.S.C. 1404(a)(26)）

註：此部分「輔助科技設備」輔助科技服務之定義根據條例第602條(a)(25)—(26)，但是依照B部分，「障礙個人」之法定稱謂已由「障礙兒童」所取代。此條例對「輔助科技設備」與「輔助科技服務」之定義乃逐字參考1988年「障礙個人相關科技輔助」條例中之定義而成。

300.7條　障礙兒童

(a)(1)此條文中，「障礙兒童」係指依據300.530-300.534條文接受評估之兒童被診斷具有知能障礙、視覺障礙（包括全聾）、口語表達或語言障礙、視覺障礙（包括全盲）、重度情緒困擾、肢體障礙、自閉症、創傷性腦傷、其他健康障礙、特殊學習障礙、聾盲或多重障礙，而且因其障礙需要特殊教育以及相關服務者。

(2)「障礙兒童」一詞，依據州政府判定，為3至5歲兒童，且

（Ⅰ）由州政府根據適當之診斷儀器與程度之評量結果，判定在下列項目有一項或多項發展遲緩者——生理發展、認知發展、溝通能力發展、社交或情緒發展，或適應能力發展。

（Ⅱ）因其發展遲緩，需要特殊教育或相關服務者。

(b)此條文中所用之名詞定義如下：

(1)「自閉症」係指嚴重影響口語、非口語溝通以及社會互動之發展障礙，通常發現於3歲前，是以影響兒童之學業表現。自閉症兒童特性還包括：重複性兒童之學業表現，對於環境改變或日常固

定生活習慣改變相當抗拒，對感官經驗有異常反應。此名詞不適用於因情緒困擾而導致學業成就低落之兒童，此類兒童之定義見此條文之(b)(9)項。

(2)「聾盲」係指聽覺障礙伴隨視覺障礙。由於兩種障礙之結合導致嚴重溝通、發展以及教育問題，無法因單一之啟聰教育或啟明教育而受益。

(3)「全聾」係指極重度之聽力損失，使兒童無論在音量有無擴大之下，皆無法處理語言資訊，是以嚴重影響兒童之學業成就。

(4)「聽覺障礙」係指永久性之聽力障礙，即使聽力損失程度有所改變，仍影響兒童之學業成就。此類兒童並不包含在「全聾」定義中。

(5)智能障礙係指智能明顯低於平均智能，且在發展期顯現適應性行為之不足，嚴重影響兒童之學習成就。

(6)「多重障礙」係指同時伴隨多項障礙（如：智障—視障，智障—肢障等），由於多種障礙結合導致嚴重的教育問題，無法因單一障礙項目之特殊教育而受惠。此名詞不包括「聾盲」。

(7)「肢體障礙」係指重度之肢體損傷，嚴重影響兒童之學業成就。此名詞包括因先天性異常而導致之障礙（如：扁平足、四肢缺陷等），亦包括因疾病而導致之障礙（如：小兒麻痺、骨結核病等），還包括其他因素所導致之障礙（如：腦性麻痺、截肢、以及因骨折或燙傷造成之攣縮）。

(8)「其他健康障礙」係指因擾性或急性之健康問題如：心臟狀況、肺結核、風濕病、腎臟炎、氣喘、鐮狀細胞性貧血、血友病、癲癇、鉛中毒、白血病或糖尿病所引起之體力—活力或警覺力不足，嚴重影響兒童學業成就。

(9)「重度情緒困擾」之定義如下：

（Ⅰ）此名詞係指長期出現一項或多項下列特性之狀況，且此狀況已達到相當程度，嚴重影響兒童之學業成就。

(i)無法由智能、感官或健康因素解釋其無法學習之狀況。

(ii)無法建立或維持同儕或師生之間滿意之人際關係。

(iii)在正常情況下表現出不合宜之行為或感覺。

(iv)具有廣泛性不愉悅或憂鬱之情緒。

(v)傾向於因個人或學校問題而衍生出生理上之症狀或恐懼。

(Ⅱ)此名詞包括含精神分裂症。此名詞不適用於社會適應不良之兒童，除非診斷結果認定他們具有嚴重之情緒困擾狀況。

(10)「特殊學習障礙」係指在理解或使用口語或書寫文字時，整個基本之心理運作過程中出現一項或多項失調，導致在聽、說、讀、寫、思考、拼字或數學運算上能力不足。此名詞包括了接收障礙、腦傷、輕度腦功能不良、閱讀障礙、以及發展性失語症。此名詞不適用於因視覺、聽覺、運動障礙、智能障礙、情緒困擾，或因環境、文化、經濟不利等因素而導致學習問題之兒童。

(11)「口語表達或語言障礙」係指溝通障礙如：口吃、構音障礙、語言障礙或發聲障礙，影響兒童學業成就。

(12)「創傷性腦傷」係指因外力而引起之後天性腦損傷，造成全面性或部分功能不足或社會心理層面障礙，或兩者皆俱，影響兒童學業成就。此名詞適用於因外顯或內在頭部傷害，造成下列一項或多項功能障礙—認知、語言、記憶、注意力、邏輯推理、抽象思考、判斷能力、解決問題能力、感官刺激、接受與運動能力、社會心理行為、生理功能、資訊處理以及口語表達。此名詞不適用於先天性或退化性腦傷，或因出生時之創傷而引發之腦傷。

（根據：20U.S.C. 1401(a)(1)）

註：假使兒童在 3 歲之後才顯示出「自閉症」障礙之特性，若其行為表現符合本條文(b)(1)之標準，仍能夠被診斷為「自閉症」。

300.8 條　免費、適當之學校教育

在此條文中，「免費、適當之學校教育」一詞係指特殊教育以及相關服務—

(a)皆以公費實施，由學校督導管理，不收任何費用。

(b)符合州教育局之標準，包括此部分條文之要求。

(c)各州內學前、小學、中等教育皆包括在內。

(d)與個別化教育計畫一致，必須符合300.340-300.350等條文之要求。

（根據：20U.S.C. 1401(a)(18)）

300.13 條　家長

在此條文中，「家長」一詞係指父親或母親、監護人、撫養人或依照條文第300.514條指派之法定代理人。若兒童為州政府之被監護人，則此名詞不包括州政府。

（根據：20.U.S.C. 1415）

註：「家長」一詞之定義包括代理家長地位者如：與兒童同住之祖母或繼父母，他們在法律上亦需為兒童之福利負責。

300.16 條　相關服務

(a)在此條文中，「相關服務」一詞係指障礙兒童因特殊教育之需要所參與之發展、矯治和其他支持性服務活動，以及往返之交通運輸。相關服務包括：語言病理診斷和語言治療、聽力檢查、心理輔導、物理與職能治療、休閒娛樂（包括治療性之娛樂活動）、兒童障礙之早期鑑定與評估、諮詢服務（包括復健諮詢），和以診斷評估為目的之醫療服務。此名詞亦包括學校之保健服務、社會工作服務以及家長諮詢與訓練。

(b)此條文中之名詞定義如下：

(1)「聽力檢查」包括

（Ⅰ)聽障兒童之鑑定。

（Ⅱ)確定聽力損失之範圍、類型和損失程度，包括轉介至醫療或專業機構接受聽能創健。

（Ⅲ)安排創健活動，包括語言創健、聽能訓練、讀話（讀唇）訓練、聽力評估以及口語能力之維持。

（Ⅳ)設立預防聽力障礙之課程。

（Ⅴ)針對聽力損失之議題，提供學生、家長和老師諮詢與輔導。

(VI)確定兒童需要團體性和個別性擴大音量，選配合適之助聽器，評估增大音量後之效果。

(2)「諮詢服務」係指由合格之社工人員、心理師、輔導員、或其他合格人員提供之服務。

(3)「兒童障礙之早期鑑定與評估」係指儘早為兒童施行正式之障礙鑑定計畫。

(4)「醫療服務」係指經由合格醫師認定兒童因其障礙需要接受特殊教育和相關服務。

(5)「職能治療」包括

(Ⅰ)改善、發展或恢復因疾病、受傷或環境剝奪而受損或喪失之功能。

(Ⅱ)當功能受損或喪失後，改善其執行獨立功能之能力。

(Ⅲ)藉由早期介入之方式，預防任何或更多之功能受損或喪失。

(6)「家長諮詢與訓練」係指協助家長瞭解其子女之特殊需求，並提供家長有關兒童發展之資訊。

(7)「物理治療」係指由合格物理治療師所提供之服務。

(8)「心理輔導」包括

(Ⅰ)安排心理與教育測驗，以及其他評估程序。

(Ⅱ)解析評估結果。

(Ⅲ)取得、整合並分析兒童在學習方面之行為表現與狀況。

(Ⅳ)根據心理測驗、面談以及行為評估之結果，與其他教育人員磋商，以求符合兒童之特殊需求。

(Ⅴ)計畫安排心理輔導服務課程，包括提供兒童與家長心理諮詢。

(9)「休閒娛樂」包括

(Ⅰ)休閒功能之評估。

(Ⅱ)治療性娛樂服務。

(Ⅲ)學校和社區機構所提供之休閒課程。

(Ⅳ)休閒教育。

(10)「復健諮詢服務」係指由合格人所提供之一對一或團體課程，內

容著重於障礙學生之職業發展、工作準備，達到獨立自主之目標，在工作場合與社區中有良好之整合。此名詞亦包括由職能復健課程提供之職能復健服務，此課程為 1973 年復健條例修正案專款創辦。

⑾「學校保健服務」係指由合格之校護或其他人員所提供之服務。

⑿「學校社會工作服務」包括

（Ⅰ）預備障礙兒童之社會經歷與成長歷史資料。

（Ⅱ）以團體或個別之方式與兒童及家屬進行諮商。

（Ⅲ）針對兒童在日常生活情境下（家中、學校、社區）足以影響兒童學校生活適應之問題，尋求解決。

（Ⅳ）在兒童之教育課程中，動員學校與社區資源，以協助兒童盡可能有效地學習。

⒀「語言病理診斷和語言治療」包括

（Ⅰ）兒童口語表達或語言障礙之鑑定。

（Ⅱ）特殊口語表達或語言障礙之診斷與評估。

（Ⅲ）轉介至醫療或專業機構接受口語表達或語言訓練。

（Ⅳ）針對溝通障礙之復健及預防，安排口語表達與語言訓練服務。

（Ⅴ）針對口語表達與語言障礙之問題，提供家長、兒童和老師諮詢與輔導。

⒁「交通運輸」包括

（Ⅰ）由家至學校以及學校之間之返往。

（Ⅱ）由家至學校建築物或建築物周圍。

（Ⅲ）針對障礙兒童之特殊交通運輸狀況所需之特殊設備（如特製或改裝之公車、升降機（電梯）及斜坡道）。

（根據：20U.S.C 1401(a)(17)）

註：至於相關服務方面，參議院報告中指出：委員會決案中提出相關服務之定義，明白指示並非任何兒童皆需要所有之相關服務，此名詞包括障礙狀況之早期鑑定與評估，並提供服務，將障礙狀況對兒童之影響減至最低。

（參議院報告 NO.94-168，12 頁（1975））

相關服務列舉項目並不完全，假使能夠協助障礙兒童由特殊教育中獲益，相關服務亦可包括發展性、矯治性或支持性之服務（如：藝術與文化課程，以及藝術、音樂和舞蹈治療）。

由於各州要求不同，某些服務項目可由不同專業背景人員以不同之執行名稱實施。例如：根據州政府標準，諮詢服務可由社會工作人員、心理師或輔導員提供，而心理測驗可由合格心理檢定人員、精神測定師或心理師執行。

本條文所定義之各項相關服務可包括適合之行政和督導管理活動，以應課程計畫、管理與評估之需要。

300.17 條　特殊教育

(a)(1)在此條文中，「特殊教育」一詞係指經過特別設計、無需家長付費之教學方式，以符合障礙學生之特殊需求，包括：

（Ⅰ）在教室、家中、醫院和機構，以及其他場合所實施之教學。

（Ⅱ）體育課程之教授。

(2)此名詞包括語言治療，或其他相關服務，其服務包括了針對障礙兒童所需之免費特殊教學。依州政府之標準，此類課程應視為特殊教育而非相關服務。

(3)此名詞亦包含職業教育，其教育內容包括了針對障礙兒童所需之免費特殊教育。

(b)此條文之名詞定義如下：

(1)「免費」係指特殊設計之教學無需收費，但不排除正規教育學程中一般學生需繳納之雜費。

(2)「體育」之定義如下：

（Ⅰ）此名詞係指下列各項之發展：

(i)生理與運動神經。

(ii)基本之運動技巧與模式。

(iii)水上運動、舞蹈、以及個人、團體遊戲與運動（包括校內

與終生運動）等技巧。

(Ⅱ)此名詞包括特殊體育，改良式體育、運動教育以及運動發展。

（根據：20U.S.C. 1404(a)(162)）

(3)「職業教育」係指編制之教育課程，其內容針對個人有薪或無薪就對之準備，或額外之職對需要準備而非學士學位或更高學歷之課程。

（根據：20U.S.C. 1401(162)）

註1：在這些管理條例中，特殊教育之定義尤其重要，因為兒童若無障礙，則不需要接受特殊教育（見 300.7 條障礙兒童之定義）。相關服務（300.16 條）之定義亦根據特殊教育之定義而生，因相關服務必須確保兒童由特殊教育而受惠。因此若兒童不需要接受特殊教育，也就不需要相關服務，兒童亦非障礙兒童，因此也就不包括在此條例中。

註2：上述職業教育之定義仍摘錄自 1963 年職業教條例，公法 94-482 條修正案。在此條例下，「職業教育」包括工藝、消費者居家教育課程。

根據個別化教育計畫條例第 612 條(5)(B)，障礙者之職業教育課程與活動應在無障礙空間實施，而且依據此條例第 614 條(a)(5)，障礙者之職業教育課程與活動亦應為個別化教育計畫之一部分。依障礙教育條例第 614 條(a)(5)而接受個別化教學訪案之障礙學生，在職業教育課程方面，將享有此條例第 612、614 和 615 條所賦予之權利與保護。

300.18 條　轉銜服務

(a)此條文中，「轉銜服務」係指在以結果（out-come oriented process）為定位之過程內針對學生所設計之一系列同等之活動，以加強就學與畢業後活動之銜接，包括中等教育以上之教育（post-secondary education），職業訓練、統整性就業（包括支持性就業）、繼續教育與成人教育、成人服務、生活自立，或社區參與。

(b)此條文(a)項所指之一系列同等之活動必須符合下列條件：

(1)以個別學生之需求為主，並將其喜好與興趣列入考量。

(2)此系列之活動包括：

（Ⅰ）教學。

（Ⅱ）社區經驗。

（Ⅲ）就業發展與其他畢業後之人生目標發展。

（Ⅳ）在適當之狀況下，日常生活技能之習得與功能性職業之評估。

（根據：20U.S.C. 1401(a)(19)）

註：對障礙學生而言，轉銜服務若為特別設計之課程，則可視為特殊教育，轉銜服務若為特別設計之課程，則可視為特殊教育，轉銜服務若能夠協助障礙學生由特殊教育中受惠，則可視為相關服務。在(b)項之活動項目並不完全。

個別化教育計畫

300.340 條　定義

(a)此條文中，「個別化教育計畫」係指根據 300.341 至 300.350 等條文針對障礙兒童所發展與實施之書面說明。

(b)在 300.346 與 300.347 等條文中，「參與機構」係指除了負責學生教育之公立機構以外之州立或地方機構，財政與法律上必須負責提供學生轉銜服務。

（根據：20U.S.C. 1401(a)(20)）

320.341 條　州立教育機構之責任

(a)公立機構─州教育局必須確保各州立機構針對每一位障礙學生發展和實施個別化教育計畫。

(b)私立學校和機構─州教育局必須確保個別化教育計畫能夠發展並實施於下列障礙兒童：

(1)經由公立機構安置或轉介到私立學校或機構者。

(2)於教會附屬學校或其他私立學校註冊以及於公立機構接受特殊教育或相關服務者。

（根據：20U.S.C. 1412⑷，⑹ 1413(a)⑷）

註：此條文適用於所有公立機構，包括直接藉由契約或其他安排等方式提供障礙兒童特殊教育之其他州立機構（如：智力健康與福利部門）。因此，州立福利機構與提供障礙兒童特殊教育之私立學校或機構簽定契約，則該機構必須負責確保為兒童發展其個別化教育計畫。

（在 1820-0030 號監督下，由管理及預算處核准）

300.342 條　個別化教育計畫實施時間

(a)每學年開始，各公立機構必須針對於該機構接受特殊教育之障礙兒童實施個別化教育計畫。

(b)個別化教育計畫必須

⑴在提供兒童特殊教育或相關服務之前實施。

⑵盡可能在 300.343 條文規定之會議後執行。

註：在此條文(b)(2)項，障礙兒童之個別化教育計畫應在 300.343 條文規定之會議後立刻執行。例外之狀況可為①會議於暑假或寒假期間舉行，或②因特殊狀況而有短暫延遲（如：交通運輸之安排）。然而，在提供兒童特殊教育或相關服務上，絕不可有過度之延遲。

300.343 條　會議

(a)一般性：各州立機構必須負責發起和舉辦會議，其目的在發展、審察以及修訂障礙兒童之個別化教學方安案（抑若與州政策一致，在地方教育局之決定下，並獲得家長同意，亦可針對 3 歲至 5 歲之障礙兒童舉辦會議，商討此條例第 677 條文(d)所描述之個別化家庭服務計畫）。

(b)保留

(c)時間表：針對發展兒童個別化教育計畫之會議必須在三十天之內舉行，並裁定該兒童需要接受特殊教育與相關服務。

(d)審察：各州立機構必須發起和舉辦會議以定期審察兒童之個別化教

育計畫，必要時，可修訂其條款。針對審察所舉行之會議每年至少一次。

（根據：U.S.C. 1412 (2)(B)，(6)；1414(a)(5)）

註：各機構實施個別化教育計畫之日期在 300.342 條文中有詳細列舉（每學年開始）。然而，除了新進之障礙學生（亦即第一次接受評估且被鑑定需要接受特殊教育和相關服務者）之外，針對發展，審察和修正個別化教育計畫之會議時間安排由各機構自由決定。

為了使個別化教育計畫能夠在每一學年一開始即可實施，各機構可在前一學年期末或該學年前一暑假期間舉行會議。個別化教育計畫一旦在每學年即實施，會議可在學年中任何時間舉行。

此條例規定各機構每年至少舉辦一次會議，其目的在審察以及在必要時修訂兒童之個別化教育計畫。會議之時間安排可為前一年兒童個別化教育計畫會議之相同日期，亦可由各機構自行決定。

300.344 條　會議之成員

(a)一般性—各公立機構需確保每次會議皆包括下列成員：

(1)公立機構代表一名，具有提供或修訂特殊教育條款資格者，而非兒童之教師。

(2)兒童之教師。

(3)兒童之家長，一位或兩者，其定義參照第 300.345 條條文。

(4)必要時，兒童本身。

(5)經由家長或機構決定之其他人員。

(b)評估人員—針對第一次接受評估之障礙兒童，各公立機構需確保。

(1)評估小組中有一位成員參與會議，或

(2)公立機構之代表、兒童之教師或會議中出席之其他人員，必須對施用於兒童之評估程序有所瞭解，並且相當清楚評估之結果。

(c)轉銜服務成員

(1)若會議之目的以學生轉銜服務為考量，公立機構必須邀請下列成員：

（Ⅰ)學生本人。

(Ⅱ)任何可能提供轉銜服務或支付轉銜服務費用之機構代表一名。

(2)若學生未出席,公立機構必須採取其他措施,以確保學生之喜愛和興趣皆列入考量。

(3)若受邀代表參加會議之機構未依規定行事,公立機構應採其他措施,務必在計畫任何轉銜服務時,有其他機構參與。

(根據:20U.S.C. 1401(a)(19),(a)(20);1412 (2)(B)(4);1414(a)(5))

註1：在決定參加兒童個別化教育計畫會議之教師人選前,各機構可將下列情況列入考量:

(a)針對正在接受特殊教育之障礙兒童,參加會議之教師可為兒童之特殊教育老師,若兒童之障礙為語言障礙,參加會議之教師可為語言治療師。

(b)針對正被列考慮安置於特殊班之障礙兒童,參加會議之教師可為兒童之普通班老師或符合學生之教學計畫所需資格之教師,亦可為兩者。

(c)若學生不在校內或有一位以上之老師,其機構可指派老師參加會議。

教師代表或機構代表應具有兒童可能之障礙項目之專業知識。

針對以語言障礙為主要障礙之兒童,根據此條文(b)(1)項之規定,參與評估之人員通常為語言治療師。

註2：根據此條文(c)項之規定。若會議之目的為考慮提供學生轉銜服務,則公立機構該邀請學生參加自己之個別化教育計畫會議。對於年滿16歲或16歲以上之學生,轉銜服務為其個別化教育計畫中之必要項目,所以年度會議的目的之一即是轉銜服務之計畫。對於未滿16歲之學生,若在學生未出席會議之情況下討論轉銜服務,則公立機構應負責保證,在為學生決定轉銜服務之前,針對此目的再舉辦一個別化教育計畫會議,並邀請學生本人參加會議。

300.345 條　家長參與

(a)各公立機構應採取措施以確保障礙兒童家長其中一位或兩位皆出席
會議，或是由公立機構提供家長參與會議之機會。包括下列：

　(1)儘早通知家長以確保家長有出席會議之機。

　(2)會議時間和地點之安排皆由雙方同意。

(b)(1)根據此條文(a)(1)項之規定，會議通知書應詳述會議之目的、時間、
地點和出席人員。

　(2)若會議之目的為考慮提供學生轉銜服務，則會議通知書必須：

　　(Ⅰ)說明此目的。

　　(Ⅱ)說明公立機構將邀請學生參加會議。

　　(Ⅲ)列舉受邀派代表出席之其他機構。

(c)若家長皆無法出席，公立機構應以其他方法確保家長參與會議，包
括個人或團體會議電話通訊等方式。

(d)若公立機構無法說服家長參與，會議可在無家長出席之情況下舉行。
在此狀況下，公立機構必須保留安排雙方同意之時間和地點之紀錄，
如：

　(1)詳細之電話訪談記錄以及通話結果。

　(2)郵寄家長之文件影印本以及任何回函。

　(3)家訪或至家長工作地點訪視之詳細記錄及結果。

(e)公立機構應採取必要措施以確保家長瞭解整個會議之進行方式，包
括為聽障家長或母語非英語之家長安排翻譯人員。

(f)家長索取個別化教育計畫副本時，公立機構提供。

（根據：20U.S.C. 1404(a)(20)；1412 (2)(B)，(4)，(6)；1414(a)(5)）

註：此條文(a)項中之通知書亦可告知家長得以在他人伴下參加會議。
如同此條文(c)項所規定，通知家長之程序（不論口頭、書面或兩
者）皆由機構自行決定，但機構必須將聯繫之努力過程記錄下來。
（在 1820-0030 號監督下，由管理及預算處核准）

300.346 條　個別化教育計畫之內容

(a)一般性－兒童之個別化教育計畫必須包括：

(1)兒童目前之學業成就程度之說明。

(2)年度目標之說明，包括短程之教學目標。

(3)特定特殊教育和相關服務之提供以及兒童參正規教課程之極限說明。

(4)實施服務之確切日期（projected dates）以及服務之預期時間。

(5)合適且客觀之標準和評估程序，以及每年至少一次安排時間評定短程教學目標是否達成。

(b)轉銜服務

(1)學生之個別化教育計畫設計不得晚於 16 歲（若評定合宜者可於更早之年齡開始），其內容必須包括根據第 300.18 條定義下必要之轉銜服務之說明，必要時，包含學生離校前，各公立機構和各參與機構之責位（responsibility）或聯繫（lonkage）或兩者皆具之說明。

(2)若個別化教育計畫小組評定在第 300.18 條(b)(2)(Ⅰ)至(b)(2)(Ⅲ)等方面有一項或多項不需要服務，則個別化教育計畫必須包括此評定結果以及評定之基本要點說明。

（根據：20U.S.C. 1401(a)(19)；(a)(20)；1412(2)(B)，(4)，(6)；1414(a)(5)）

註1：本條例轉銜服務條款之立法史建議，在此條文中(b)項所提必要之轉銜服務之說明應包括參與機構之承諾證明，以符合轉銜服務準備時之財政責任。參照會議報告 No. 101-544，p11（1990）。

註 2：依照此條文(b)項條款之要求，必要之轉銜服務之說明應包括第 300.18 條(b)(2)(Ⅰ)項至(b)(2)(Ⅲ)項所列之項目。若個別化教育計畫小組評定上述項中不需要任何之服務，則公立機構需實行此條文(b)(2)項之要求。然而轉銜服務為個別化教育計畫之一部分，個別化教育計畫小組每年至少必須重新考量決定。

註3：本條例第 602 條(a)(20)項規定，個別化教育計畫應包括學生接受最必要之轉銜服務不得晚於 16 歲之說明，但允許未滿 16 歲之學生接受轉銜服務（亦即，「……評定合適之個人，可於 14 歲更

早開始」）。

雖然此條例並未強制命令年滿 14 歲和 14 歲以下之學生接受轉銜服務，然而轉銜服務之規定對於學生未來就業和獨立生活有極正的功效，尤其對於未滿 16 歲即可能輟學之學生而言更具意義。根據未滿 16 歲學生之轉銜服務規定，公法 101-476 教育及勞工之議會委員會報告包含下列之說明：

雖然本報告將未滿 16 歲學生接受轉銜服務之時間之最後裁決由個別化教育計畫處理，然而國會希望能夠針對年滿 14 歲或未滿 14 歲學生接受轉銜服務之需求加以考量。委員會鼓勵此取向，因為他們擔心對許多學生而言，特別是輟學生之虞和重度障礙之學生，16 歲已嫌太晚。

即使學生留校至 18 歲，許多學生仍需求兩年以上之時間接受轉銜服務。殘障學生之所以在未滿 16 歲即輟學乃因教育體系並無法提供他們所需。

是以早期開始轉銜服務有其重要性（議會報告 No.101544，10（1990））。（在 1820-0030 號監督下，由管理及預算處核准）

300.347 條　機構從事轉銜服務之責任

(a)若參與機構無法提供障礙學生之個別化教育計畫中所同意之轉銜服務，負責學生教育之公立機構應儘速加開會議，其目的為確認其他之策略以符合轉銜目標，必要時，修訂學生之個別化教育計畫。

(b)在此部分中，包括州立職對復健機構在內之任何參與機構，對於符合其機構合格標準之障礙學生，皆無法免除提供轉銜服務或支付轉銜服務費用之責任。

（根據：20U.S.C. 1401(a)(18)；(a)(19)，(a)(20)；1412 (2)(B)）

300.348 條　經由公立機構決議安置於私立學校

(a)發展個別化教育計畫

　　(1)公立機構將障礙兒童安置或轉介至私立學校或機構之前，公立機構應發起及舉行會議，並依照第 300.343 條條文之規定，針對兒童發展其個別化教育計畫。

　　(2)公立機構必須確保私立學校或機構派代表一名參加會議。若代表

無法出席，公立機構應以其他方法確保私立學校或機構參與會議，包括個人或團體會議電話通訊等方式。

(3)保留。

(b)審核及修訂個別化教育計畫

(1)障礙兒童進入私立學校或機構之後，任何有關審核及修訂兒童個別教學計畫之會議可由私立學校或機構發起與舉辦，並由公立機構自行決定。

(2)若私立學校或機構發起並舉辦會議，公立機構應確保家長和機構代表一名：

（Ⅰ)參與兒童個別化教育計畫之各項決定。

（Ⅱ)在計畫實施任何變更之前，行使其同意變更之權利。

(c)責任─即使私立學校或機構實施兒童之個別化教育計畫，其遵守此部分條文之責任歸屬於公立機構和州教育局。

（根據：20U.S.C. 1413(a)(4)(B)）

300.349 條　教會教區附屬學校或其他私立學校之障礙學生

若障礙學生於教會教區附屬學校或其他私立學校註冊就讀並且於公立機構接受特殊教育或相關服務，公立機構應該：

(a)依照第 300.343 條條文之規定，發起並舉行會議，以發展、審核及修訂兒童之個別化教育計畫。

(b)確保教區附屬學校或其他私立學校派代表一名參加會議。若代表無法出席，機構應使用其他方法確保私立學校參與會議，包括個人或團體會議電話通訊等方式。

（在 182-0030 號監督之下，由管理及預算處核准）

（根據：20U.S.C. 1413(a)(4)(A)）

300.350 條　個別化教育計畫─責任

各公立機構必須依照個別化教育計畫之規定，提供障礙兒童特殊教育與相關服務。然而本條例 B 部分並不要求任何機構、老師或其他人士對學

生無法達到年度目標之事負責任。

　　（根據：20U.S.C. 1412 ⑵(B)；1414(a)⑸⑹；Cong,Rec. at H7152（dailyed, July21, 1975）

　　註：本條文之目的在於解除公立機構和老師必須保證兒童以特定比率
　　　　進步之顧慮。然而，本條文並不因此放鬆機構和老師必須盡力協
　　　　助兒童達成個別化教育計畫目標之責任。再者，當家長認為機構
　　　　和老師不曾盡力協助時，本條文不限制家長抱怨以及要求修訂兒
　　　　童計畫之權利，或是尋求正當程序之權利。

附錄二

美國奧瑞崗州州政府教育局個別化教育計畫（中文版）
—會議通知參考資料　（mm/dd/yy）

第一部分——IEP 會議通知

親愛的 ＿＿＿＿＿＿＿＿＿＿ 和 ＿＿＿＿＿＿＿＿＿＿＿＿＿＿＿＿＿＿

（家長）　　　　　　　　　（學生；如果會議的目的是考慮 IEP 和轉
　　　　　　　　　　　　　衛服務，則學生要在 IEP 生效時年滿 16
　　　　　　　　　　　　　歲或即將年滿 16 歲）

敬邀閣下參加關於 ＿＿＿＿＿＿＿＿＿＿＿＿＿＿＿＿＿＿＿＿＿ 的會議

（學生的全名）

在本次會議上，我們將：

□審查您孩子現有的資訊，並

　　□決定是否應當對您的孩子進行特殊教育資格評估。

　　□決定是否需要其他的測試。

　　□決定您的孩子是否有或仍然有資格接受特殊教育。

□為您的孩子制定或審查個人教育計畫（IEP）和安排。IEP 的制定方
　式是根據多項資訊來源，包括最近的評估、進展報告、測試結果以
　及您所提供的資訊。

□考慮 16 歲或 16 歲以上學生的轉衛需求或服務。（對於 16 歲或 16 歲
　以上的學生，必須邀請可能負責提供或支付轉衛服務費用的其他任
　何機構派出的代表）

會議時間謹訂於 ＿＿＿＿＿＿＿＿＿＿＿＿　＿＿＿＿＿＿＿＿＿＿＿＿

（星期）　　　　（日期）　　　　（時間）

會議將在＿＿＿＿＿＿＿＿＿＿＿＿＿＿＿＿＿＿＿＿＿＿＿＿舉行

（地點）

我們深盼您能參加關於您孩子的特殊教育計畫的所有會議。若您不克參加會議，或欲於其他地點或時間參加會議，或希望透過其他的方式參加，請與我們聯繫：

＿＿＿＿＿＿＿＿＿　聯繫方式＿＿＿＿＿＿＿＿　時間＿＿＿＿＿

（姓名）　　　　　　　　　　　（電話）　　　　　　　（日期）

如您選擇不參加，會議將在您缺席的情況下召開。如果您無意參加，請與上述指定的人員聯繫，向他們提供您希望在會議中予以考慮的資訊。

必須參加的人員： 姓名／職位／所在機構	邀請參加的其他人員： 姓名／職務／所在機構

您可以邀請對您的孩子的問題比較瞭解或可以提供專業意見的其他人員參加會議。如果您打算邀請不在邀請清單之中的人員參加會議，請與我們聯繫。對於 IEP 會議，您和學區可以同意所需與會者不參加會議，或允許他們透過提交書面建議的方式參加會議。請參閱書面協定表格。

謹啟，

＿＿＿＿＿＿＿＿＿＿＿＿＿　　　＿＿＿＿＿＿＿＿＿＿＿＿＿＿

簽名／職銜　　　　　　　　　　　電話

第二部分──IEP 會議通知──使用說明

本表格用於：

- 通知家長、監護人或代理家長參加為學生提供的與免費適用公共教育的認定、評估、安排和／或規定相關的會議。
- 邀請家長、監護人或代理家長參加為學生提供的與免費適用公共教育的認定、評估、安排和／或規定相關的會議；如果該學生年滿 16 歲，並且會議的目的是考慮 IEP 及轉銜服務，則還會邀請學生參加。
- 記錄學區為邀請家長、監護人或代理家長來參加會議所作的工作。

說明：

1. 輸入完成此通知的年、月、日。
2. 輸入家長、監護人或代理家長的姓名。如果邀請了學生參加會議，請輸入學生的姓名。如果會議目的是考慮 IEP 及轉銜服務，則必須邀請當 IEP 生效時，年滿 16 歲或即將年滿 16 歲的學生參加會議。
3. 輸入學生的姓名。
4. 說明將要召開會議的類型。勾選所有會議目的。
5. 輸入召開會議的星期、日期和時間。
6. 輸入召開會議的地點。
7. 輸入在時間不方便的情況下，家長應聯繫的人員的姓名。
8. 輸入家長應聯繫的人員的電話號碼。
9. 輸入在計畫的會議日期不方便情況下，家長應當通知學校的最晚日期。
10. 輸入認為「必須參加人員」的姓名、職銜和所在機構。有關各種會議必須到會人員的資訊，請參閱下頁的圖表。
11. 輸入邀請參加的其他人員的姓名、職務和所在機構。這些人員可能包括其他普通教育的老師、相關服務人員、或對學生比較瞭解或可以提供專業意見的人員。該等非屬必須參加人員。
12. 請簽署您的姓名、職務及您的電話號碼。

第三部分——必須通知的參與會議人員

注意：家長不包括在此清單中，因為該會議通知寄送的對象是家長。

*對於標有星號的專案，小組可以不透過會議而逕予決定。

會議類型	參與人員
*決定是否應當進行評估 [OAR 581-015-0071]	• 至少有兩位專業人士，其中至少有一位是熟悉障礙兒童教育和評估方面的專家；或
*將現有資料作為評估計畫的一部分進行考慮 [OAR 581-015-0701]	• 兒童 IEP 小組（參見下文）
決定身心障礙類別資格：除了特定學習障礙以外的所有障礙 [OAR 581-015-0053]	
決定身心障礙類別資格：特定學習障礙 [OAR 581-015-0053]	同上，但必須包含： • 普通教育的老師；和 • 有資格為學生進行個人診斷評估的人員，諸如學校的心理學家、語言病理學家或其他的合格人員。
對於 IEP 會議 [OAR 581-015-0066]	• 至少有一位該學生的普通教育老師（如果該學生參與或可能參與普通教育環境）； • 至少有一位該學生的特殊教育老師或特殊教育提供者； • 一位學區代表（可能是小組的其他成員），此人： ◎有資格提供特殊教育、或監督特殊教育的規定； ◎瞭解普通課程；瞭解學區資源；並且 ◎有權利用學區資源並確保提供 IEP 中所規定的服務； • 瞭解學生障礙並且可以解釋評估結果指導涵義的人員（可能是小組的其他成員）。
安排會議 [OAR 581-015-0061]	• 瞭解學生的人員； • 瞭解評估資料意義的人員；和 • 瞭解可選安排的人員。 如果此人具有必須的知識，也可以是 IEP 小組的成員。

附錄三

個別化教育計畫會議通知單家長版
（參考資料）

親愛的家長您好：

　　敬邀閣下參加貴子弟 95 學年度的「個別化教育計畫」會議，此次會議上，我們將對您的孩子進行學科和其他方面特殊教育的評估，並提出各需求領域本學期的長期目標和短期目標。深盼您能參加此會議，給予建議與回饋。

　　時間謹訂於民國 95 年 7 月 30 日（六）早上九至十點，於本校三樓會議廳召開。

　　若您不克參加會議，或希望透過其他的方式參加，請與我們聯繫：

　　特教組長：王玉 老師　　　聯繫電話：1234567 轉 111

會議流程	
9：00-9：05	主席致詞
9：05-9：15	特教組長報告 個案特教需求評估結果
9：15-9：25	普通班老師報告
9：25-9：40	特殊教育老師報告： 國文科任課教師 英文科任課教師 數學科任課教師 社交技巧任課教師
9：40-9：55	家長意見
9：55-10：00	主席總結

―――――――――――――――――――――――請沿線撕下――

本人　□可以參加此次 IEP 會議。

　　　□無法參加，委由校方全權處理本子弟之所有教育規劃

家長簽章：＿＿＿＿＿＿＿＿＿＿

日期：＿＿＿＿＿＿＿＿＿＿

個別化教育計畫會議通知單教師版
（參考資料）

親愛的_____老師：

　　敬邀閣下參加 王○○同學 的「個別化教育計畫」會議。本會議將由其國、英、數、社交技巧資源班老師和相關專業人員進行其學科學習以及其他特殊教育支援服務的評估，並提出本學期之各需求領域的長期目標和短期目標。請老師務必參加此會議，以提供專業的教學建議與回饋，使學生能得到最適切的教育服務。

　　時間謹訂於民國 95 年 7 月 30 日（六）早上九至十點在本校三樓會議廳召開。

　　若您不克參加會議，或希望透過其他的方式參加，請與特教組長王玉老師聯繫，聯絡電話：1234567 轉 111，謝謝您！

會議流程	
9：00-9：05	主席致詞
9：05-9：15	特教組長報告──個案特教需求評估
9：15-9：25	普通班老師報告──學生學習表現
9：25-9：40	資源班老師報告： 國文科任課教師 英文科任課教師 數學科任課教師 社交技巧任課教師
9：40-9：55	家長意見
9：55-10：00	主席總結

────────────────────────────────請沿線撕下──

_____老師　□　可以　參加王○○同學 IEP 會議。

　　　　　　　□　無法　參加王○○同學 IEP 會議，請說明原因：

　　　　　　　　　_____

　　　　　　　　　　　簽章：

　　　　　　　　　　　日期：

附錄四

美國奧瑞崗州（Oregon State）標準個別化教育計畫(IEP）參考格式

A 部分：實施準則

在開發每個兒童 IEP 的過程中，IEP 小組必須考慮孩子的優勢；家長對提高孩子教育水準的想法；孩子的初始評估或最近重新評估的結果；以及孩子的學業、發展和實用需要。如果有助於提供支援資訊或說明情況，也可以引用 IDEA 2004 內容。

☐完成所有人口統計資訊

√ 輸入學生的姓名、性別、出生日期、年級和學生識別號碼。

√ 輸入學區名稱、原學校名稱、所在學校和學區的名稱以及特殊教育個案管理員的姓名。

√ 輸入學生的殘障代碼：

10 智力遲鈍	43 失聰失明	70 肢體障礙	82 自閉症
20 聽覺障礙	50 溝通障礙	74 創傷性腦傷	90 特殊學習障礙
40 視覺障礙	60 情緒障礙	80 其他健康障礙	

√ 輸入「年度」IEP 會議的日期。

IDEA 要求 IEP 小組至少每年評審一次學生的 IEP，以確定學生是否達到了年度目標，並著重於下列問題對 IEP 進行適當修訂：

- 在朝向年度目標和學習普通課程中有任何未達成的預期進步；
- 任何特殊教育評估的結果；
- 學生或家長提供的有關學生學業、發展和實用需求的資訊；
- 學生的預期需求，或
- 其他問題。IDEA 2004，Sec. 614(d)(4)(A)（與 IDEA 1997 相同）。

√ 輸入對年度 IEP 進行修訂的所有日期（如果需要）。

　　如果家長和授權的學區代表同意，IDEA 2004 則允許對年度 IEP 會議中產生的 IEP 進行修改，而且可以不必召開 IEP 會議。或者，家長和授權的學區代表可以提出一份書面文件，對 IEP 進行修改或修訂。IDEA 2004，Sec. 614(d)(3)(D)（新增）。參見 ODE 樣表：家長和學區的書面協定或參閱學區表格和程序。

√ 輸入重新評估的截止日期。

　　至少每三年進行一次重新評估，除非家長和學區認為沒有必要進行重新評估。IDEA 2004，Sec. 614(a)(3)(B)(ii)（新增）。參見 ODE 樣表：家長和學區的書面協定或參閱學區表格和程序。

□確定與會者

√ 列出參與開發 IEP 的所有成員。

　　透過蒐集與會者的簽名或列出與會者的姓名即可完成這項工作。IEP 中不需要簽名。

　　IEP 小組成員必須包括：

- 學生的家長；
- 至少有一位該學生的普通教育老師（如果該學生參與或可能參與普通教育）；
- 至少一位該學生的特殊教育老師，或者，如有必要，應包括一位該學生的特殊教育提供者；
- 學區的一位代表，此代表應當：
  ◎有資格提供或管理特殊教育；
  ◎具備普通教育課程的知識；

◎瞭解資源的可用性,而且有權利用相關機構的資源。

◎學區可以指派另一位 IEP 小組成員作為學區代表,只要此代表
　達到了該職位的標準。

・可以解釋評估結果教育性啟示的成員(也可以擔任 IEP 小組中的
　其他職務);

・學生,如有必要。IEP 小組的學生成員最小為 16 歲。在考慮轉銜
　服務時,該學生必須有機會在 IEP 會議過程中說明其喜好和興趣。
　在討論轉銜服務時,如果該學生沒有參加 IEP 會議,學區必須採
　取措施,確保考慮了該學生的喜好和興趣。

・對於處於轉銜年齡的學生:由可能負責提供或支付轉銜服務費用
　的其他機構派出的代表。如果某機構沒有指派代表出席會議,學
　區則必須採取其他措施,以便此機構參與到所有轉銜服務的規劃;

・根據家長或學區的判斷,認為具備與該學生相關的知識或特殊技
　能的其他人員。

IEP 與會者可以透過其他方法參加會議。召開 IEP 小組會議時,殘疾
兒童的家長和學區可以經協商後使用其他方式參加會議,如視訊會
議和電話會議。IDEA 2004,Sec. 614(f)(新增條例,但先前在規章中
也許可)。

IEP 小組不必要出席會議的情況。若因不會在會議中對該成員的課程
領域或相關服務進行修改或討論而殘疾兒童的家長和學區認為 IEP
的某小組成員沒有必要參加會議,則不要求該成員出席 IEP 的部分
或全部會議。學區必須以書面方式單獨記錄此協定,並將此書面提
議保存在學生的教育記錄中,而且學生的 IEP 中不應當出現對於此
課程領域或相關服務的更改。IDEA 2004,Sec. 614(d) (1) (C) (i)(新
增)。參見 ODE 樣表:家長和學區的書面協定或參閱學區表格和程
序。

IEP 小組以書面形式參加會議。當對 IEP 小組某成員的課程領域或相
關服務進行更改或討論時,只要得到家長或學區同意,該成員可以
要求不參加 IEP 會議,而且該成員在召開會議前向家長和 IEP 小組

以書面形式提交了關於開發 IEP 的資訊，則該成員可以不參加部分或全部 IEP 會議。學區必須以書面方式單獨記錄此協定，並將此書面提議保存在學生的教育記錄中。IDEA 2004，Sec. 614(d) (1) (C) (ii)（新增）。參見 ODE 樣表：家長和學區的書面協定或參閱學區表格和程序。

□服務摘要

服務摘要記錄了 IEP 小組就學生的必要服務作出的決定。這些服務必須以經同業評審過的研究為基礎，並具有可行性。Sec. 614(d) (1) (a) (i) (IV)（新增）。

➤網頁資源：基於調查且經過調查證實的閱讀課程 www.ode.state.or.us/teachlearn/subjects/elarts/reading/literacy/accelfordelayedreaders.doc
說明將要向學生提供的服務，或以兒童的利益為基礎，允許兒童：
・在達到年度目標時獲得適當的進步；
・參與普通教育課程並獲得進步；
・參加課餘和其他非學業活動；以及
・在盡可能與其他殘疾和非殘疾兒童一起接受教育。

√確定學生的特別設計課程、相關服務、調整、修改和補充援助和服務。（如有必要，使用另頁以記錄附加服務。）
√說明預期服務的總量／頻率、地點（如，普通教育班、資源班、自立班、工作地點等等），開始和結束的日期（月、日和年）以及以下服務的提供者：
　・特別設計課程的各個領域（如，閱讀、數學、體育、職業、走動訓練）；
　・要提供的所有相關服務（相關服務是指學生可從特別設計課程中受益的必要服務）；
　・要向學生提供的調整、修改和／或補充援助和服務；
　・代表學生向教職員工提供的支援（即如向一位老師提供的特殊培訓）

總之，任何服務的總量／頻率不應當被確定為一個「範圍」（如，「30-60 分鐘／星期」）或未指定的時間段（如，「根據需要」、「如果合適」）。不能根據教職員工的空閒情況、或者因為人手短缺或員工空閒時間的不確定性來確定每一種服務的總量／頻率。

次頁 IEP 表格的導引

□對特殊因素的考慮

考慮到特殊因素，IEP 小組將確定學生是否需要特殊設備或服務，包括為了使學生能夠接受合適的教育而進行的干預、調整或其他計畫修改。如果確定了某種需求，IEP 中必須包含描述此設備或服務的聲明。

√ 對於所有學生，應考慮學生是否需要輔助科技服務和／或設備，並考慮學生的交流需求：

・可能需要輔助科技（AT）服務或設備的學生：AT 設備是用來增加、維護或提高孩子實用能力的專案、設備或產品系統。這些設備可能是「低技術的」（如彩色覆蓋圖、專用鉛筆夾），或「高技術的」（如電腦、軟體應用程式、可攜式筆記設備）。AT 服務是指幫助學生選擇、獲取或使用這些設備的所有服務。

➤網頁資源：學區和 IEP 小組的輔助科技模式操作手冊

http://www.otap-oregon.org/AMOG.PDF

關於輔助技術計畫的教育技術要點概述

http://www.otap-oregon.org/EdTechPoints.PDF

・交流需求：IEP 必須反映出對學生交流需求的考慮。如果學生有交流需求，請說明 IEP 是如何處理這些需求的。可以透過指定的目標和目的、相關服務，或透過提供合適的輔助支援、修改或計畫調整來處理這些需求。

√ 在適合於特殊因素的情況下需要考慮這些因素，包括行為不便的學生、英文能力有限的學生、失明／視障的學生，以及失聰／聽障的學生。

・表現出來的行為妨礙自己或他人學習的學生：當某個學生的行為

妨礙了自己或他人的學習時，IEP 必須提出解決方法，包括考慮使用積極的行為干預、策略和支援來處理此類行為。應當對該學生進行功能行為評估，以提供學生為什麼會出現某種行為、什麼時候最可能表現出此行為的資訊，並確定此行為最不可能在什麼情況下發生。此資訊可幫助小組設計出適合於該學生的干預方案。

‧英文能力有限的學生：對於每一個英文能力有限的學生，IEP 必須反映出學生的語言需求與 IEP 的相關性。IEP 小組需要考慮：

◎該學生是否接受過母語評估；

◎是否因為殘障而影響學生參加普通教育課程，包括雙語計畫或 ESL 計畫；

◎使用何種語言教學；

◎使用何種語言或交流模式向家長或家庭成員提供或報告資訊；以及

◎教學和測試所必須的調整。

‧失明或視障的學生：對於失明或視障的學生，IEP 必須用盲文教學，除非該小組在評估了學生的閱讀和寫作技能之後，確定盲文不適用於該學生。必須每年考慮未來用盲文教學的需求或使用盲文的可能。

‧失聰／或聽覺困難的學生：對於失聰或聽覺困難的學生，IEP 必須說明其交流和語言需求，以及該學生用自己的語言和交流方式直接與同伴和教職員工交流的機會。IEP 也必須考慮該學生的學業水準和所有需求，以及用該學生的語言和交流方式直接教學的機會。

□不參加的理由

IEP 必須說明學生不能與非殘障同伴共同參加普通課堂活動、課餘活動和其他非學業活動的範圍。

√描述不參加普通課堂的範圍（量），並提供不參加的理由。

□延長學年（ESY）服務的考慮因素

如果 IEP 小組認為有必要向學生提供 ESY 服務，以使其接受適當的免費公共教育，則必須向學生提供 ESY 服務。延長學年服務的目的是要鞏固學生的技能或行為，而不是教授新的技能或行為。請參考學區為延長學年服務制定的政策和程序。

√ 如果小組認為學生需要 ESY 服務，勾選「是」並在「服務摘要」中確定要提供給學生的 ESY 服務。必須將 ESY 服務和 IEP 目標和目的直接聯繫起來，並且向學生提供合適的個別化服務。IEP 必須說明將要提供給學生的具體特殊教育和相關服務，以及對於這些服務所預期的量度、頻率、地點和開始與結束日期。

√ 如果小組認為學生不需要 ESY 服務，請勾選「否」。

√ 如果小組認為需於稍晚後再考慮 ESY 服務，請說明小組再次開會討論 ESY 服務需求的日期。

□轉銜服務（適用於在 IEP 期間年滿 16 歲或 16 歲以上的所有學生）

孩子年滿 16 歲並且在第一個 IEP 生效之前開始提供轉銜服務，此後每年更新一次，IEP 必須包括：

• 合適的可測量專科學習目標，此目標根據與訓練、教育、職業和適用的獨立生活技能相關的適齡轉銜評估而制定；以及

• 幫助孩子完成上述目標所需的轉銜服務（包括學習課程）。IDEA 2004，Sec. 614(d) (1) (A) (i) (VIII) (aa)。

對於在 IEP 期間年滿 16 歲或 16 歲以上的學生，IEP 小組必須主動地涉入開發學生的 IEP。至少從學生 16 歲生日時開始，IEP 小組必須解決學生的轉銜服務需求，包括對學生學習課程的考慮。IEP 小組還必須解決轉銜服務問題。當學生在 IEP 期間年滿 16 歲，而且此後每年更新一次服務的情況下，IEP 小組可以在每年評審時解決所發現的問題，而不用在學生未滿 16 歲之前再次開會討論。

➤網頁資源：轉銜資訊

www.ode.state.or.us/search/results/? id=266

√ 專科學習目標：根據適齡轉銜評估，為學生制定合適的可測量專科
　　學習目標。

√ 學習課程。描述學生的學習課程。此說明必須每年更新，它旨在提
　　出對學生未來很有意義的課程、經驗和活動，激勵學生完成教育課
　　程，並支援結業後的成績。特殊學習課程可以將學業課程作為目標，
　　如進階先修課程。也可以著重於非學業課程和活動，如職業教育課
　　程或工作經驗。此類課程應當與學生的專科學習目標直接相關（例
　　如，「獲得成人生活技能的家庭和消費學課程、日常生活技能課、
　　實用數學和以社區為基礎的飲食服務工作經驗」；「符合代數 II 程
　　度的數學課程、關注建築行業工程的所有工藝美術課和社區工作經
　　驗」；「大學預科課程」）。

➤ 網頁資源：學習課程

　　www.ode.state.or.us/gradelevel/hs/transition/coursesofstudy.pdf

√ 轉銜服務：確定學生所需的轉銜服務。這些服務是長期計畫的一部
　　分，將中學的最後幾年和中學以後的幾年緊密配合。其中說明在 IEP
　　中提出的服務（例如，教學、社區經驗、職業和其他結業後成人生
　　活目標、日常生活技能，和／或相適的功能職業教育）。

√ 機構參與：可能負責提供轉銜服務或支付轉銜服務費用的任何其他
　　機構的代表如果沒有參與，IEP 則應記錄其提出的意見。如果參與的
　　機構沒有提供 IEP 中包含的已達成協定的轉銜服務，負責學生教育
　　的 LEA 則應儘快舉辦一次確定替代性策略的會議，以達到轉銜目標。

√ 畢業日期：說明預期的畢業日期和 IEP 小組期望學生獲得的文憑或
　　其他證書類型。

□權利的轉移

　　與 IDEA 相關的程序性保障權利將在學生成年時轉移給學生。在奧瑞崗
州，18 歲為成年年齡，或者學生結婚或成為自由人時即為成年人。IEP 小
組必須提前計畫，並幫助學生和家長暸解和準備即將發生的權利轉移。有
兩個「適時點」與權利轉移相關。第一個「適時點」出現在學生達到成年

的至少前一年，這是 IEP 內容的要求。而第二個「適時點」在學生成年時出現，這是一項程序性保障要求。

√ 在學生年滿 18 歲時的至少前一年：在 IEP 表格上，小組將記錄與學生就已發生的權利轉移進行的討論。點選權利轉移下的「是」核取方塊，IEP 上就會顯示此內容；而且還會顯示將此資訊提供給學生的日期。

√ 學生成年時：學區必須向學生和家長提供權利轉移的書面通知。必須在學生成年時提供此書面通知，這個時間可能是也可能不是年度評審的時間。

➤ 網頁資源：權利轉移（包括符合程序性要求的書面通知樣例和更多有關權利轉移的資訊）

http://www.ode.state.or.us/gradelevel/hs/transition/transferofrightstap22.pdf

次頁 IEP 表格的導引

☐學業成就和功能表現的當前水準

學業成就和功能表現的當前水準（當前水準）資訊可作為 IEP 開發的基礎。透過評估而決定，當前聲明清晰地反映了學生的優勢與需求。這些描述可以指導小組確定所有必要的服務，以解決與學生的殘障相關的教育需求。這些描述應按可由 IEP 小組所有成員簡易地瞭解的語言所撰寫。當前水準聲明必須確定學生的殘障狀況是如何影響學生參加普通教育課程和獲得進步的，普通教育課程與非殘障學生的課程相同。當前水準聲明應當以反映學生當前學業成就和功能表現的資料為基礎。當前水準聲明、年度目標聲明和 IEP 中所確定的所有其他服務之間的聯繫應當非常清晰。

√ 根據開發 IEP 過程中討論的資訊，記錄學生學業成就和功能表現的當前水準。小組要考慮的因素應包括：

• 學生的殘障狀況如何影響其參加普通教育課程；

• 學生的優勢；

• 家長對提高孩子教育水準的關注事項；

• 最初或最近評估的結果，包括功能性和發展性的資訊；

‧如有必要，還應當考慮州級評估或學區評估的表現結果；

‧考慮學生殘障狀況是否需要按替代成績標準用替代評估方法進行
評估（擴展學科問題評估和擴展職業和生活角色評估系統；
CLRAS）；如果是這樣，則短期目標將包含在年度目標中。

√孩子年滿 16 歲並且在第一個 IEP 生效之前開始，此後每年更新一
次，同時考慮學生的喜好、需求、興趣和結業後的成績。這些興趣
和喜好將描述學生完成學業時想做的工作（例如，繼續教育、工作、
服兵役等等）、他們的生活方式（例如，獨立生活、住公寓、集體
生活等等）以及他們在中學之後參加社區活動的方式（例如，交通、
娛樂等等）。

這些考慮因素將向 IEP 小組提供必要資訊，以指導和幫助策略開發，
從而滿足學生的個別化特殊教育需求，包括對必須課程進行的必要
調整和修改。

次頁 IEP 表格的導引

小於轉銜年齡的學生（IEP 生效時年齡為 15 歲或 15 歲以下）：

□決定使用哪一個目標頁

√標準 IEP 頁面的標題為「目標／目的：適用於 IEP 生效時年齡為 15
歲或 15 歲以下的學生」：

‧必須用於所有年齡小於轉銜年齡的學生，這些學生按替代成績標
準用替代評估方式進行評估（擴展學科領域評估和 CLRAS）；以及

‧可以用於年齡低於轉銜年齡的其他所有學生。

√標準 IEP 頁面的標題為「目標：適用於 IEP 生效時年齡為 15 歲或 15
歲以下的學生」：

‧除了將要利用擴展學科領域評估或 CLRAS 接受評估的學生以外，
還可用於年齡小於轉銜年齡的所有學生。

□可測量年度目標，包括學業和功能目標

年度目標是用可測量標準描述的聲明，說明學生可以在 12 個月內合理完成的目標。目標聲明和學生教育表現的當前水準之間應當有直接的聯繫。每個目標必須包括：

  - ·標準：學生如何成功表明自己的技能；以及
  - ·評估程序：如何評估學生的表現。

√ 確定可測量年度目標，包括學業和功能目標：這些目標和目的必須
  與下列因素相關：
  - ·滿足學生因殘障而產生的需求；
  - ·滿足學生參加普通教育課程和取得進步的需求；以及
  - ·滿足因殘障而產生的其他教育需求。

√ 確定每個年度目標的標準和評估程序。

□如何向家長報告進步情況

IEP 必須描述以下內容：如何衡量學生在實現年度目標過程中取得的進步，以及何時提供定期報告，以說明學生在符合年度目標時獲得的進步（如在使用報告卡的同時，使用季度或其他定期報告）。通過確定的標準和為每個目標確立的評估措施來衡量學生在符合每個年度目標時獲得的進步。

√ 確定如何向家長報告進步情況（例如，「書面報告」或「使用普通
  報告卡」）。

√ 確定提供報告的日期或時間期限（如「逐季度」）。

在空白處可記錄學生「朝向目標的進步」。 可用於說明在評審日期時學生在朝向目標的進步情況。

□短期目標

（目標／目的：適用於 IEP 生效時年齡為 15 歲或 15 歲以下的學生）

IEP 必須包括根據替代成績標準對學生進行替代評估時的可測量短期目標。在奧瑞崗州，這些評估是指擴展學科問題評估和擴展職業和生活角色評估系統（CLRAS）。IEP 可以包括所有其他學生的可測量短期目標。

√ 為學生制訂短期目標。短期目標是中介性表現評定步驟，家長、學生和老師可使用此目標透過下列任一方式而在一年內的中介時期對學生在年度目標中獲得的進步進行評估：

- 將目標中所描述的技能分解為各個組成部分；或
- 說明在一年的指定時間段內期望學生所取得進步的大小。

次頁 IEP 表格的導引

轉銜年齡的學生（IEP 生效時年齡為 16 歲或 16 歲以上）

對於年滿 16 歲或 16 歲以上的學生，必須記錄所需的轉銜服務。這些服務是長期計畫的一部分，將中學的最後幾年和中學以後的幾年緊密配合。這些是學生要達到所欲之結業後成果所需的服務之整體說明，包括由小組確定的所有目標和目的、活動以及其他策略，這些內容是處理學生轉銜到結業後的生活所必須的。IEP 小組應當記錄學生的轉銜服務，以便學生的教育需求和向學生提供的轉銜服務之間能有非常清晰的連結性。例如，如果學生一直有特別設計閱讀課程的需求，小組應當考慮相應策略，透過提供中學結業後取得優秀成績所需的技能來滿足學生的閱讀需求（例如，除了更多典型的學業材料以外，小組還可以經由使用駕駛員的教育培訓材料來提高學生的閱讀技能）。

☐決定使用哪一個目標頁

√ 標準 IEP 頁面的標題為「目標／目的／活動／策略：適用於 IEP 生效時年齡為 16 歲或 16 歲以上的學生」：

- 必須用於所有轉銜年齡的學生，這些學生按替代成績標準用替代評估方法進行評估（擴展學科領域評估和 CLRAS）；以及
- 可以用於任何其他學生。

√ 標準 IEP 頁面的標題為「目標／活動／策略：適用於 IEP 生效時年齡為 16 歲或 16 歲以上的學生」：

- 可以用於所有轉銜年齡的學生，除了將要接受擴展學科領域評估或 CLRAS 評估的學生。

□可測量的年度目標，包括學業和功能目標

　　年度目標是用可測量的標準所撰寫的聲明，說明學生可以在 12 個月內合理完成的目標。目標聲明和學生教育表現的當前水準之間應當有直接的聯繫。此目標還應當能幫助學生實現其專科學習目標。每個目標必須包括：

　　・標準：學生如何表明自己的技能是成功的；以及

　　・評估程序：如何評估學生的表現。

　　√ 確定可測量的年度目標，包括學業和功能目標：這些目標和目的必須與下列因素相關：

　　　　・滿足學生因殘障而產生的需求；

　　　　・滿足學生參加普通教育課程和獲得進步的需求；以及

　　　　・滿足因殘障而產生的其他教育需求。

　　√ 確定每個年度目標的標準和評估程序。

□如何向家長報告進步情況

　　IEP 必須包含以下內容：如何測量學生在實現年度目標過程中獲得的進步，以及何時提供定期報告，以說明學生在實現年度目標時獲得的進步（如，在使用報告卡的同時，使用季度或其他定期報告）。透過確定的標準和為每個目標確立的評估措施來測量學生在實現每個年度目標時獲得的進步。

　　√ 確定如何向家長報告進步情況（例如，「書面報告」或「使用普通報告卡」）。

　　√ 確定提供報告的日期或時間期限（如「每季度一次」）。

　　在空白處可記錄學生「為實現目標獲得的進步」。可用於在評審日期說明學生在實現目標過程中的進步情況。

□短期目標

　　（目標／目的／活動／策略：適用於 IEP 生效時年齡為 16 歲或 16 歲以上的學生）

　　IEP 必須包括根據替代成績標準對學生進行替代評估時的可測量的短期

目標。在奧瑞崗州，這些評估是指擴展學科問題評估和擴展職業和生活角色評估系統（CLRAS）。IEP 可以包括所有其他學生的可測量的短期目標。

　　√ 為學生訂定短期目標。短期目標是中期表現評定標準，家長、學生和老師可使用此目標透過以下任一方式在一年中間對學生在年度目標中獲得的進步進行評估：

　　　　‧將目標中所描述的技能分解為不同的組成部分；或

　　　　‧說明在一年的指定時間段內期望學生所獲得進步的大小。

□活動／策略

　　√ 考慮和說明：

　　　　‧任何非特別設計課程但可幫助學生獲得結業後成績（例如，聯繫職業康復機構、參加駕駛員培訓課程、開支票帳戶等等）的支援活動和／或策略（包括目標和目的）；

　　　　‧部門間的責任或與這些活動和／或策略的聯繫（例如，職業康復機構將支付駕駛員培訓課程的費用；學生給社區大學打電話等等）。

次頁 IEP 表格的導引

□參加州級評估

　　奧瑞崗的所有學生都有奧瑞崗全州評估系統（OSAS）的完全參與權。IEP 小組必須記錄關於學生參加每個評估領域的決定，這是為了在實施 IEP 期間確定學生的年級水準。根據奧瑞崗行政規章，只有其父母或監護人才能要求免除殘障學生參加州級評估。

　　IEP 小組必須針對評估的每個學科領域確定學生參加 OSAS 的相應水準。對於許多殘障學生來說，得出這些決定並不難。然而，對於某些學生來說，該小組將需要做出更多的努力來確定適當的測驗。IEP 小組的所有成員（包括家長）提供的資訊，對於訂定出能最佳地反映他／她在每個學科領域所掌握的知識／技能的評估非常重要。下表顯示了達到年級水準成績標準的評估選項以及與達到替代成績標準的替代評估。

評估選項

達到 年級水準成績標準的評估	達到 替代成績標準的替代評估
・評估（調整或不調整） ・升級或降級 ・評審團評估 ・有修改的評估	・擴展學科領域評估 ・擴展 CLRAS（評估所有學科領域）

　　小組能否為學生單獨考慮每個評估非常重要。當許多可能處於同一水準的學生參加所有的州級評估時，小組能否認真地參與每個評估非常關鍵。在某些情況下，特定的評估對學生的要求會有所不同；很有可能學生在標準條件下參加一項評估，而在另一項評估中卻需要有所修改。IEP 小組必須熟悉每個評估的內容和要求。評估選項必須公正、對學生有充分挑戰性、並能反映出學生的表現水準。

➤網頁資源：評估資源（包括《專業團隊評估手冊》）：

http://www.ode.state.or.us/search/results/? id=194

標準知識與技能手冊

http://www.ode.state.or.us/teachlearn/testing/manuals/2005/ksadminmanual0405_01122005.pdf

小組還應該意識到評估決定對學生的意義。

評估對學生的意義

	達到 年級水準成績標準的評估			達到 替代成績標準的替代評估	
評估 類型	評估（調整或不調整）；升級	評審團評估	有修改的評估；降級	擴展學科領域評估	擴展 CLRAS
對學生的意義	如果學生符合或超過標準，這些得分將列入 CIM。		這些得分反映了學生隨著時間的推移在知識技能領域的學習和表現情況。	這些得分表明了學生隨著時間的推移在學業和功能技能上的學習和表現情況。	
IEP	不需要 IEP 短期目標。			需要 IEP 短期目標。	

√決定學生是否會在實施 IEP 期間參與任何州級評估。如果不參與，勾選「否」核取方塊。如果參與，勾選「是」核取方塊，並註明測驗時學生的年級水準。（IEP 評估表中所列的每個學科領域註明了進行評估的年級水準。）

√訂定適合學生的每種類型的評估，並勾選適當的核取方塊。在將要對學生進行的評估的「年級水準」中填寫「升級」或「降級」。

√如果 IEP 小組同意學生選擇替代評估，IEP 必須註明學生無法參加常規評估的原因，並選擇適合此學生的特定替代評估。IEP 評估表中標有星號的內容需要作出說明。

評估類型	說明示例
專業評估團隊評估	學生表現符合學生所在年級水準範圍，但因殘障，需要以替代方式來展示其年級水準成績標準。
有修改的評估	學生表現符合學生所在年級水準範圍，但支援學生參加有更改內容或表現標準的評估需求。
降級	學生表現低於學生所在年級水準範圍，但符合較低年級水準範圍。
擴展學科領域評估	學生表現符合初級學業技能水準，低於最低年級水準評估範圍、但高於 CLRAS。
擴展 CLRAS	學生表現符合 CLRAS 評估範圍內的學業和功能技能。

√學生 IEP 必須包含在評估學生時必須做出任何個人適當調整和／或修改的說明。IEP 小組應當考慮到學生的教學日，包括學生每天需要和使用的補充援助／服務、調整和修改。必須確保這些為州級評估提供的必須的補充援助／服務、調整和修改的有效性（例如，如果學生用盲文作為基本的閱讀工具，則盲文對於州級評估中需要學生閱讀的部分就十分必要。如果學生要求閱讀書面材料，評估時也必須提供）。IEP 小組應當考慮到學生參加評估的能力，並確保學生在參加評估之前獲得說明並進行練習，包括使用調整和／或修改的說明。

➤網頁資源：調整及修改表

　http://www.ode.state.or.us/teachlearn/testing/manuals/tables/

　　免除：根據 OAR 581-022-0612，除非其父母要求，任何公共機構都不能免除殘障學生參加奧瑞崗州級評估系統以適應學生殘障情況的權利。州法規沒有指定記錄此要求的程序和方法。小組應當在 IEP 表中完成對所有學生的評估決定，並使用地區程序以記錄家長對免除測驗的任何要求。工作人員應當向家長詳細說明所選評估的內容。

次頁 IEP 表格的導引

□參加學區層級評估

　　除了關於參加州級評估的決定以外，所有學生都必須有區級評估的完全參與權。IEP 小組必須記錄關於學生參加區級評估的決定，確保學生可以適當地參與這些評估。小組必須記錄在實施 IEP 期間對學生考慮的每個評估領域的決定。

　　對於區級評估，IEP 小組應當考慮到學生參加評估的能力，並確保學生參加評估之前獲得說明並進行練習，包括使用調整和／或修改的說明。

　　√ 決定學生是否會在實施 IEP 期間參加任何區級評估。如果不參與，勾選「否」核取方塊。如果參與，勾選「是」核取方塊，並註明測驗時學生的年級水準。

　　√ 訂定適合學生的每種類型的評估，並勾選適當的核取方塊。在將要對學生進行評估的「年級水準」中填寫「升級」或「降級」。地區將把社會科學評估列於區級評估頁內，因為此時它是一個區級選項。而且，由於奧瑞崗只有幾個區執行此評估，美國全國教育進步評估（NAEP）也可能被列入區級評估。

　　√ 如果 IEP 小組同意學生選擇替代評估，IEP 必須註明學生無法參加常規評估的原因，並選擇適合此學生的特定替代評估。

　　√ 列出學生所需的所有必要調整和修改。

安排決定準則

□特殊教育安排決定

安排決定是由一組人做出的，其中包括對學生、評估資料和安排選項非常熟悉的父母。確定年度安排決定涉及的成員。透過蒐集參加決定成員的簽名或列出其姓名即可完成這項工作。安排到特殊教育中必須有最初安排同意書；而年度安排決定則不需要。

安排會議參加者：召開安排會議時，殘障兒童的父母和 LEA 可以經協商後使用其他方式參加會議，如視訊會議和電話會議。

連續性。安排選項必須具有連續性以滿足殘障學生對特殊教育和相關服務的需要。連續性包括：

√ 普通課程教學（包括資源班提供的少於學生教學日 20% 的支援和教學）；

√ 擁有資源班支援的普通課程教學（面向在資源班環境中學習的學生教學日 20-60% 的學生）；

√ 特殊課程（多於上學日的 60%）；

√ 特殊學校；

√ 醫院和社會機構教學；

√ 家庭教學。

安排選項必須要能提供必要的擴展，以使每個殘障學生能實施個別化教育計畫。

LRE。安排決定必須與最少受限制環境（LRE）規定相一致。這些規定指明，殘障學生應在最大的適應程度上與非殘障學生一起接受教育，只有當殘障程度非常嚴重且在普通課程教育中使用補充援助或服務仍無法達到滿意的效果時，才設立特殊課程、個別教育或其他免除殘障學生參加普通教育環境的情況。這種安排必須在非殘障學生就讀的學校中實施，除非有特殊情況導致無法實現，不能僅因為普通教育課程中需要進行必要修改就不讓殘障學生接受適齡的普通課堂教育。

安排必須：

- 至少每年訂定一次；
- 以學生的 IEP 為基礎；
- 盡可能與學生的家庭緊密聯繫。

為了記錄安排決定，安排小組應當審查當前的 IEP 和確定要提供的服務，並審查當前的評估資訊。任何用於訂定安排的評估資訊都應當確定下來。

在審查 IEP 及評估資料之後：

√ 應確定每個考慮到的安排選項。（如果安排小組正在記錄一項適於實施 IEP 所確定服務的普通課堂安排，則該小組可以但並不要求考慮額外的更具限制性的安排選項。）

√ 對於考慮到的每個安排選項，應描述出：

- 該安排的益處；
- 對兒童和／或安排選項中的服務的潛在危害；
- 為減少潛在危害而考慮到的修改／服務。

√ 記錄選中的安排選項。

√ 為家長提供 IEP 和安排決定的付印件。

√ 所有最初安排都要求得到預先書面通知和同意書。在隨後每年的安排審查期間對安排所作的任何更改，都要求預先書面通知。小組可以使用「特殊教育行動的預先通知」進行通知。如果家長提出了被小組拒絕的要求，地區還必須提供拒絕的預先書面通知。

關於奧瑞崗標準 IEP 表和準則的最新資訊，可以隨時查詢奧瑞崗教育部特殊教育辦公室網站：http://www.ode.state.or.us/pubs/forms/iep/

B部分：奧瑞崗州標準個別化教育計畫

將與「個別化教育計畫A部分：IEP實施準則」一起使用

學生姓名：

性別：

出生日期（月／日／年）：

年級：

學生 ID 號碼：

地區：

原學校：

所在學校／地區：

個案管理員：

殘障代碼：

年度 IEP 會議日期：

年度 IEP 修訂日期（如有必要）：

重新評估的截止日期：

IEP 會議參加者＊：

家長：　　　　　　　　　普通教育老師：　　　　　　其他：

特殊教育老師／提供者：　　學生：　　　　　　　　　其他：

地區代表　　　　　　　　個別說明評價：　　　　　　其他：

＊如果要求的參加者以書面形式參加全部或部分 IEP 會議或缺席這些，則附上家長與學區之間書面的同意參加或免除參加的協定文件。

服務摘要（如有需要，續下頁）

	預期服務的總量／頻率	預期地點	開始日期	結束日期	提供者：例如，地方教育局（LEA）、地區教育服務署（ESD）
特別設計課程		預期地點	開始日期	結束日期	提供者：
相關服務	預期服務的總量／頻率	預期地點	開始日期	結束日期	提供者：
補充援助／服務，修改及調整	預期服務的總量／頻率	預期地點	開始日期	結束日期	提供者：
向教職員工提供的支援	預期服務的總量／頻率	預期地點	開始日期	結束日期	提供者：

學生姓名：　　　　　日期：

　　　　　　　學區：

服務摘要（如有需要，接上頁）

	預期服務的總量／頻率	預期地點	開始日期	結束日期	提供者：例如、地方教育局（LEA）、地區教育服務署（ESD）
特別設計課程					
相關服務					提供者：
補充援助／服務，修改及調整					提供者：
向教職員工提供的支援					提供者：

學生姓名： 日期： 學區：

對特殊因素的考慮

A. 該學生是否需要輔助技術設備或服務？
__是，在 IEP 中說明服務／設備 __否

B. 該學生是否有溝通服務／設備的需求？
__是，在 IEP 中說明 __否

C. 該學生是否有防礙自己或他人學習的行為？
__是 __否
（如果是，IEP 小組必須考慮使用策略、積極的行為干預及支援糾正這種行為）

D. 該學生對英語的熟練程度是否有限？
__是 __否
（如果是，IEP 小組必須考慮學生對語言的需求，因為這些需求與 IEP 相關）

E. 該學生是否失明或有視力障礙？
__是 __否
（如果是，IEP 應解決對盲文的需求、或在完成對閱讀／寫作的評估後，得出盲文不適合的決定）

F. 該學生是否失聰或有聽力障礙？
__是 __否
（如果是，IEP 應解決學生對語言和交流的需求、與同齡人和專業人員用兒童的語言和交流方式進行直接交流）

轉銜服務（開始日期不晚於學生在 16 歲時第一份 IEP 生效之日）：

適合的、可測量的專科學習目標（以轉銜評估為基礎）：

學習課程（每年更新）：

為了幫助學生達到專科學習目標，學生需要：
A. 教學和／或相關服務
__是，在 IEP 中說明 __不需要
B. 社區經驗
__是，在 IEP 中說明 __不需要

C. 職業和其他結業後成人生活目標
　＿是，在 IEP 中說明　　＿不需要

D. 如果適合，是否應掌握日常生活技能？
　＿是，在 IEP 中說明　　＿不需要

E. 如果適合，是否需要功能性職業評估？
　＿是　　＿不需要

機構參與：可能負責提供轉銜服務或支付轉銜服務費用的任何其他機構的代表如果沒有參與，則記錄獲得的資訊以便在計畫轉銜服務時考慮。

畢業：預期的畢業日期：_____
　＿＿獲得普通文憑
　＿＿獲得替代證明（描述）_____

權利的轉移：
學生在 IDEA 的 B 部分已經得到將在成年時轉移給該學生的權利的通知。＿是　學生得到通知的日期為_____

當學生成年時，地區還須向學生和家長提供權利轉移的書面通知。

的機會、知識水準以及全方位的需求，包括以學生的語言和交流方式進行直接交流的機會）

不參加的理由

學生是否需要免除與非殘障學生一起參加普通教育班、課餘活動和非學業活動？
　＿是　　＿否

如果是，請說明免除的範圍並提供理由：

延長學年（ESY）服務

將提供給該學生 ESY 服務：
　＿是－服務摘要頁描述了將要提供的 ESY 服務
　＿否
　＿將會考慮：將會考慮 ESY，至＿＿＿（日期）

學生姓名：　　　　　　　日期：　　　　　　　學區：

學業成就和功能表現的當前水準

在訂定學業成績和功能表現的當前水準的聲明中，IEP 小組應當考慮：

- 學生的殘障狀況如何影響其參加普通教育課程；
- 學生的優勢；
- 家長對提高孩子教育水準的關注事項；
- 學生對學業、發展及功能的需求；
- 最初或最近評估的結果（包括功能和發展資訊）；
- 如果適合，學生在州級或區級評估中的表現；
- 學生是否將按替代成績標準使用替代評估方法進行評估（如果是，IEP 必須包括短期目標和年度目標）；以及
- 對於 IEP 生效時年齡為 16 歲或 16 歲以上的學生，學生的喜好、需求、興趣和適齡轉銜評估的結果。

_____
_____
_____
_____
_____
_____
_____
_____
_____
_____
_____
_____
_____
_____
_____
_____
_____
_____
_____

學生姓名：　　　　　　　日期：　　　　　　　學區：

目標／目的＊：適用於 IEP 生效時年齡為 15 歲或 15 歲以下的學生

＊對按替代成績標準使用替代評估方法的學生所要求的目標。

可測量的年度目標	如何 測量進步		如何向家長報告進步情況	何時向家長報告進步情況
	標準	評估程序	學生為實現目標獲得的進步	
可測量的短期目標				
_____ _____				

學生姓名：　　　　　　　　日期：　　　　　　　學區：

目標：適用於 IEP 生效時年齡為 15 歲或 15 歲以下的學生

可測量的年度目標	如何測量進步		如何向家長報告進步情況	何時向家長報告進步情況
	標準	評估程序	學生為實現目標獲得的進步	

學生姓名：　　　　　　　日期：　　　　　　　學區：

目標／目的＊／活動／策略：適用於 IEP 生效時年齡為 16 歲或 16 歲以上的學生

＊對按替代成績標準使用替代評估方法的學生所要求的目標。

可測量的年度目標	進步將 按以下標準進行測量		如何向家長報告進步情況	何時向家長報告進步情況
	標準	評估程序	學生為實現目標獲得的進步	
可測量的短期目標				

活動或策略	負責人／機構

學生姓名：　　　　　　日期：　　　　　學區：

目標／活動／策略：適用於 IEP 生效時年齡為 16 歲或 16 歲以上的學生

可測量的年度目標	如何 測量進步		如何向家長報告進步情況	何時向家長報告進步情況
	標準	評估程序	學生為實現目標獲得的進步	

活動或策略	負責人／機構

學生姓名：　　　　　　　日期：　　　　　　　學區：

<u>州級評估</u>

學生是否會在實施 **IEP** 期間參加任何州級評估？

□否，學生的年級水準不實行州級評估（在測驗期間）

□是（學生在測驗期間的年級水準_____）。如果是，請在下面說明參加決定

普通評估	替代評估	*解釋： 說明學生無法參加普通評估的原因以及所選的特殊替代評估適合學生的原因	調整	修改
閱讀／文學： 3、4、5、6、7、8 和 10 年級／CIM □標準（可能包括調整） 評準：在下面列出年級 □升級 □*降級_____	□*評審團 □*有修改的評估 按替代標準： □*擴展閱讀／文學 □*擴展職業和生活角色評估系統（CLRAS）			
數學： 3、4、5、6、7、8 和 10 年級／CIM □標準（可能包括調整） 評準：在下面列出年級 □升級 □*降級_____	□*評審團 □*有修改的評估 按替代標準： □*擴展數學 □*擴展 CLRAS			

普通評估	替代評估	*解釋：說明學生無法參加普通評估的原因以及所選的特殊替代評估適合學生的原因	調整	修改
寫作： 4、7 和 10 年級／CIM 標準：（可能包括調整） □ 評級：在下面列出年級 □ 升級 ____ □ *降級 ____	□ *評審團 □ *有修改的評估 按替代標準： □ *擴展寫作 □ *擴展 CLRAS			
科學： 5、8 和 10 年級／CIM 標準：（可能包括調整） □ 評級： □ 升級 ____ □ *降級 ____	□ *評審團 □ *有修改的評估 按替代標準： □ *擴展科學 □ *擴展 CLRAS			

學生姓名：

日期：　　　　　　　學區：

區級評估

學生是否會在實施 IEP 期間參加任何區級評估？

□否，學生的年級水準不實行區級評估（在測驗期間）

□是，學生在測驗期間的年級水準_____。如果是，請在下面說明參加決定

普通評估	替代評估	*解釋：說明學生無法參加普通評估的原因以及所選的特殊替代評估適合學生的原因	調整	修改
評估：_____ 所管理年級：_____ □標準管理	□*有修改的評估 □*其他：_____			
評估：_____ 所管理年級：_____ □標準管理	□*有修改的評估 □*其他：_____			
評估：_____ 所管理年級：_____ □標準管理	□*有修改的評估 □*其他：_____			
評估：_____ 所管理年級：_____ □標準管理	□*有修改的評估 □*其他：_____			

學生姓名：　　　　　　　　日期：　　　　　　　　學區：

特殊教育安排決定

安排小組（姓名和職務）：

瞭解學生 的人員	瞭解評估資料 的人員	瞭解安排選項 的人員
家長	其他	其他

該安排基於：
☐ 附加的 IEP，日期為：　　　　　　　　
☐ 附加的評估資訊
此處列出評估資訊：　　　　　　　　

在下面記錄有關安排選項的討論，並說明選定的安排：

考慮到的安排選項	益處	對兒童和／或將提供服務的潛在危害	為減少危害而考慮到的修改／補充援助和服務	說明是否選擇選項及拒絕或選擇的原因

附錄五

美國奧瑞崗州個別化家庭支持計畫（IFSP）參考格式

美國奧瑞崗州　嬰幼兒／幼兒之特殊教育

兒童姓名：　　　　　出生日期：　　　　　日期：

輔助性服務：適應性：住宿	多久一次？	地點	將由誰來做此事？	開始日期	結束日期

對計畫工作人員的變更或支援

對特殊因素的考應

1. 兒童是否有妨礙自己或他人學習的行為？
　□否　□是，在 IFSP 中包含解決不良行為的策略。

2. 兒童是否失明或弱視？
　□否　□是，在 IFSP 中列出預先讀寫需求，並附上評估。

3. 兒童是否需要科技輔具和服務？
　□否　□是，在 IFSP 中列出服務。

4. 兒童或兒童之家人的英語能力是否有限？
　□否　□是，在 IFSP 中列出英語能力有限者的需求。

5. 兒童是否有溝通需求？
　□否　□是，在 IFSP 中列出溝通需求。

6. 兒童是否失聰或聽障？
　□否　□是，在 IFSP 中列出溝通需求。

7. 兒童是否需要延長年服務？
　□否　□是可能需要收集資料並稍後確定。

美國奧瑞崗州　個別化家庭支持計畫參與者

兒童姓名：＿＿＿　出生日期：＿＿＿　日期：＿＿＿

本計畫制定於＿＿＿。列出與會的所有參與者：

分包方代表 ＿＿＿	服務協調員 ＿＿＿	學前教師（如適用）＿＿＿
家長 ＿＿＿	學區代表 ＿＿＿	其他 ＿＿＿
EI/ECSE 專業人士 ＿＿＿	評估者 ＿＿＿	其他 ＿＿＿
		其他 ＿＿＿

我參與制定本計畫並理解計畫內容。我同意本計畫中的早期干預服務。
＿＿＿家長簽名

我參與制定了本計畫中有關我孩子的早期兒童特殊教育服務。
＿＿＿家長簽名　＿＿＿日期

本計畫於＿＿＿得到評審和／或修訂。列出與會的所有參與者：

分包方代表 ＿＿＿	服務協調員 ＿＿＿	學前教師（如適用）＿＿＿
家長 ＿＿＿	學區代表 ＿＿＿	其他 ＿＿＿
EI/ECSE 專業人士 ＿＿＿	評估者 ＿＿＿	其他 ＿＿＿
		其他 ＿＿＿

我參與制定本計畫並理解計畫內容。我同意本計畫中的早期干預服務。
＿＿＿家長簽名

我參與制定了本計畫中有關我孩子的早期兒童特殊教育服務。
＿＿＿家長簽名　＿＿＿日期

本計畫於＿＿＿得到評審和／或修訂。列出與會的所有參與者：

分包方代表 ＿＿＿	服務協調員 ＿＿＿	學前教師（如適用）＿＿＿
家長 ＿＿＿	學區代表 ＿＿＿	其他 ＿＿＿
EI/ECSE 專業人士 ＿＿＿	評估者 ＿＿＿	其他 ＿＿＿
		其他 ＿＿＿

我參與制定本 IFSP 並理解其內容。我同意本計畫中的早期干預服務。
＿＿＿家長簽名

我參與制定了本計畫中有關我孩子的早期兒童特殊教育服務。
＿＿＿家長簽名　＿＿＿日期

嬰幼兒／幼兒目前的發展現況

兒童姓名：＿＿＿＿＿＿　出生日期：＿＿＿＿＿＿　日期：＿＿＿＿＿＿

兒童的優點和興趣：

兒童的障礙會如何影響其參加相應的活動：

在制定 IFSP 時考慮的資訊：
□家長意見和觀察　□所註明日期為＿＿＿＿＿的最近評估
□工作人員意見和觀察　□其他（請指明）：

健康狀況：
聽力檢查：
視力檢查：

目前的發展水平

能做到	*需要學習
認知：	
適應性：	
身體（大動作）：	

能做到	*需要學習
身體（精細動作）：	
社會互動或情緒：	
溝通（接受能力）：	
溝通（表達能力）：	

家庭預期成效／轉銜規劃

兒童姓名：＿＿＿＿＿　　出生日期：＿＿＿＿＿　　日期：＿＿＿＿＿

家庭預期成效：提高發展的計畫
（家庭指出此時不需要一項計畫　＿＿＿）

1. 與支援兒童目標的有關的家庭優先要務和關注問題：

2. 可用和／或所需的家庭資源：

3. 解決家庭優先要務和關注問題的步驟。包括時限和負責人員：

從早期介入—轉銜規劃

勾選並列出其他用以支援兒童及家庭從早期介入轉銜到早期兒童特殊教育或其他服務的必要步驟：

□ 確定ECSE資格：＿＿＿＿＿

□ 向家長提供關於其孩子的過渡資訊，包括今後可能的教育環境、時限和服務方案；以及＿＿＿＿＿

□ 使孩子和家長做好應對服務變化的準備，其中包括幫助兒童適應並利用新環境的步驟，或是退出EI計畫的步驟。＿＿＿＿＿

從早期兒童特殊教育轉銜

列出用以支援兒童及家庭從早期兒童特殊教育過渡到學校教育的必要步驟：＿＿＿＿＿

長程目標　　　方面：＿＿＿＿＿

兒童姓名：_____　　出生日期：_____　　日期：_____

我們希望發生什麼結果（長期目標）	標準	評估程序	評審日期	年度評審日期
			針對目標取得的進步（基於標準和評估）：	針對目標取得的進步（基於標準和評估）：
			該進步是否足以使兒童達到此目標？	
			如果不是，打算作出什麼改變？	

兒童將學到什麼（短期目標）：

我們希望發生什麼結果（長期目標）	標準	評估程序	評審日期	年度評審日期
兒童將學到什麼（短期目標）：			針對目標取得的進步（基於標準和評估）： 該進步是否足以使兒童達到此目標？ 如果不是，打算作出什麼改變？	針對目標取得的進步（基於標準和評估）：

附錄六

美國奧瑞崗州個別化轉銜計畫參考格式

在 IEP 開始生效時，適用於 16 歲或以上的學生

結合個別化教育計畫使用，A部分：IEP 填寫指南

學生姓名：
男性　女性
出生日期（月／日／年）：
年級：
學生安全識別碼（SSID）：

行政區：
母校：
就讀學校／行政區：
個案管理人：
殘障法規：

年度 IEP 會議日期：
年度 IEP 的修改日期：
重新評估日期（如需要）：

＊ IEP 會議參與者：

家長：

特殊教育教師／提供者：

區代表：

學生姓名：

學生：

普通教育教師：

Individual Interpreting Evaluations
（個別化教育評估）

日期：

其他：

其他：

其他：

學區：

＊若上述參與者透過書面形式參與或有事無法參與全部或部分 IEP 會議，應附上家長和行政區同意透過書面形式參與與或書面同意無法參與事由的文件。

IEP 小組必須將以下因素作為 IEP 發展的一部分考量：
A. 學生是否需要科技輔具或服務？　＿是，需要 IEP 中列出的服務／裝置　＿否
B. 學生是否有溝通需求？　＿是，在 IEP 中已列出　＿否
C. 學生是否有妨礙他/他人學習或其他人學習的行為？　＿是　＿否（若答案為「是」，則 IEP 小組必須使用策略、積極的行為介入和支援糾正行為？　＿是　＿否
D. 學生的英語熟練程度是否有限？　＿是　＿否
（若答案為「是」，則 IEP 小組必須考慮學生的語言需求，如與 IEP 有關的其他需求一樣）
E. 學生是否失明或視弱視？　＿是　＿否
（若答案為「是」，則應使用 IEP 中列出的 Braille 盲人點字系統，除非在完成閱讀/寫作需求方面的評估後認為 Braille 盲人點字系統並不適用）
F. 學生是否失聰或聽障？　＿是　＿否
（若答案為「是」，IEP 應指明學生的語言和溝通需求、使用學生的語言和溝通方式可與同齡人和專業人員進行直接溝通的機會，教育水平以及全部需求，包括使用學生的語言和溝通方式的直接教學的機會）

學業成就和功能性績效的現有水平

學業成就和功能性績效的現有水平必須包括以下特定資訊：

- 學生的優點；
- 家長在提高其子女的教育方面的關注；
- 學業表現的現有水平，包括學生最近在州或區評估中表現；
- 發展性和功能性績效的現有水平（包括最初或最近評估的結果）；
- 殘障將如何影響學生在通識教育課程中的參與和進步；以及
- 學生的喜好、需求、興趣以及適合年齡的轉銜時期結果。

學生姓名：　　　　日期：　　　　學區：

轉銜時期：
根據與培訓、教育、就業以及獨立生活技能（如適用）有關的適合年齡的轉銜時期評估而制定的適當的可衡量高等教育目標。

學習課程（專門設計以協助學生達到高等教育目標）：

機構參與：若任何機構委派的負責提供或支付轉銜時期服務費用的代表未出席會議，均應證明已收到資訊以考慮轉銜時期服務計畫。

畢業：
預期畢業日期：
□具備合格文憑
□具備替代證明（請描述）_____

權利轉讓：
根據 IDEA 的 B 部分的規定，學生的權利將在該學生成年時進行轉讓。□是
通知學生的日期_____
在學生成年時，行政區還必須以書面形式向學生及家長提供權利轉讓的通知。

學生姓名：＿＿＿＿　　日期：＿＿＿＿　　學區：＿＿＿＿＿＿＿＿＿＿＿＿

全州範圍的評估

在此 IEP 期間學生是否會參與任何全州範圍的評估？

　　□否，全州範圍的評估不會在進行測試的學生年級中實行

　　□是（進行測試的學生年級為＿＿＿）。若答案為「是」，請描述以
　　下參與決策：

定期評估	替代評估	* 解釋部分 請寫明學生為何無法參與定期評估以及為何所選的特殊替代評估是適合學生的	住宿
閱讀／文學： 3、4、5、6、7、8 和 10/CIM □標準（可能包括住宿）	* 擴展性評估 □* 標準管理 □* Scaffold 管理		
數學： 3、4、5、6、7、8 和 10/CIM □標準（可能包括住宿）	*擴展性評估 □* 標準管理 □* Scaffold 管理		
寫作： 4、7 和 10/CIM □標準（可能包括住宿）	* 擴展性評估 □* 標準管理 □* Scaffold 管理		
科學： 5、8 和 10/CIM □標準（可能包括住宿）	* 擴展性評估 □* 標準管理 □ * Scaffold 管理		

學生姓名：_____ 日期：_____ 學區：_____

全學區範圍的評估

在此 IEP 期間學生是否會參與任何全學區範圍的評估？

　　□否，全區範圍的評估不會在進行測試的學生年級中實行

　　□是，進行測試的學生年級為 _____。若答案為「是」，請描述

　　以下參與決策：

定期評估	替代評估	* 解釋部分： 請寫明學生為何無法參與定期評估以及為何所選的特殊替代評估是適合學生的	住宿
評估： _____ 所管理年級：____ □標準管理	□* 區替代評估 □*其他：____		
評估： _____ 所管理年級：____ □ 標準管理	□* 區替代評估 □*其他：____		
評估： _____ 所管理年級：____ □標準管理	□* 區替代評估 □*其他：____		
評估： _____ 所管理年級：____ □標準管理	□ * 區替代評估 □*其他：____		

學生姓名：＿＿＿＿＿　日期：＿＿＿＿＿　學區：＿＿＿＿＿＿＿＿＿＿＿

可衡量年度目標記錄：

　IEP 小級必須考慮學生以下方面的需求：

　　‧教育和／或相關服務

　　‧社區經歷

　　‧就業和其他高等教育成人生活目標

　　‧獲得日常生活技能，如適合

可衡量年度目標	如何衡量進步		如何向家長報告進步	何時向家長報告進步
	標準	評估程序	學生達成目標之進步	

學生姓名：_____　日期：_____　學區：_____

可衡量年度目標：（學生進行替代評估所需達成的目標應符合替代成就標準）

IEP 小級必須考慮學生以下方面的需求：

・教育和／或相關服務

・社區經歷

・就業和其他高等教育成人生活目標

・獲得日常生活技能，如適合

可衡量年度目標 可衡量短期目標	將按照以下方式衡量所取得的進步		如何向家長報告進步	何時向家長報告進步
	標準	評估程序	學生達成目標之進步	

學生姓名：＿＿＿＿＿＿　日期：＿＿＿＿＿　學區：＿＿＿＿＿

服務一覽表（如需要，此部分可額外增頁）

	預期數量／頻率	預期位置	開始日期	結束日期	提供者 例如LEA、ESD、地區性分支機構
特殊教育					
相關服務	預期數量／頻率	預期位置	開始日期	結束日期	提供者
輔助性器材／服務：限制：住宿	預期數量／頻率	預期位置	開始日期	結束日期	提供者
學校人事支援	預期數量／頻率	預期位置	開始日期	結束日期	提供者

不參與理由

在一般課堂教學、課外活動、或非學業性活動中，是否需要將殘障學生與一般學生區別開來，以提供特殊教育服務、相關服務或輔助性器材／服務？

是＿＿＿　否＿＿＿

若答案為「是」，請填寫區分的結果／程度：＿＿＿＿＿

若答案為「是」，請提供可證明區分合理的理由：＿＿＿＿＿

延長學年（ESY）服務

ESY 服務將向以下學生提供：

＿是：在服務一覽表中已描述要提供的 ESY 服務

＿否

＿予與考慮：將於＿＿＿（日期）會面討論 ESY

附錄七

美國紐澤西州
語言治療之個別化教育計畫
參考格式

ELIGIBLE FOR SPEECH-LANGUAGE SERVICES IEP COMPONENTS	
STUDENT INFORMATION	
A section may be added at the beginning of the IEP format to include pertinent student information as determined necessary by the school district.	
IEP PARTICIPANTS	
Please sign in the appropriate space. A signature in this section of the IEP documents participation in the meeting. A signature on this page does not indicate agreement with the IEP.	
Student, if appropriate or required	Date
Parent	Date
Regular Education Teacher	Date
Speech-language Specialist (who provides the speech-language services and who interprets the evaluation）	Date
Case Manager (May be the speech-language specialist above）	Date
School District Representative (May be the speech-language specialist above, another speech-language specialist or other appropriate school personnel.）	Date
Other	Date
Other	Date

PRESENT LEVELS OF ACADEMIC ACHIEVEMENT AND FUNCTIONAL PERFORMANCE

Consider relevant data. Consider the results of the initial or most recent evaluation and, as appropriate, consider the student's performance on any general Statewide or districtwide assessment [N.J.A.C. 6A:14-3.7(c)2]. List the sources of information including evaluation data, teacher reports, classroom observations, interests and preferences of the student and parental input used to develop the IEP. In the area of communication, state the strengths of the child and the concerns of the parent [N.J.A.C. 6A:14-3.7(c)1].

Describe the student's status in speech-language performance, including how the student's disability affects his or her involvement and progress in the general education curriculum [N.J.A.C. 6A:14-3.7(d)1 as amended by IDEA 2004 and N.J.A.C. 6A:14-3.7(e)].

Include, if any, other academic and functional needs that result from the student's disability [N.J.A.C. 6A:14-3.7(d)2ii as amended by IDEA 2004].

In addition, consider each of the following. If in considering the special factors described below, the IEP team determines that the student needs a particular device or service (including an intervention, accommodation or other program modification) to receive a free, appropriate public education, the IEP must include a statement to that effect in the appropriate section. If a factor is not applicable, note as such.

Transition service needs and transition services should be considered in accordance with N.J.A.C. 6A:14-3.7(d)9 and 3.7(d)10. When appropriate, transition service needs and/or services should be addressed in the appropriate instructional area through annual goals and short-term objectives or benchmarks, as well as through modifications and/or supplementary aids and services [N.J.A.C. 6A:14-3.7(e)];

Language needs of a child with limited English proficiency [N.J.A.C. 6A:14-3.7(c)4];

Communication needs [N.J.A.C. 6A:14-3.7(c)6];

For a student who is deaf or hard of hearing, opportunities for direct communication with peers and school personnel [N.J.A.C. 6A:14-3.7(c)7]; and

The need for assistive technology devices and services [N.J.A.C. 6A:14-3.7(c)8]. (When applicable, identify the assistive technology devices and services on page 4.)

TRANSFER OF RIGHTS AT AGE OF MAJORITY

OPTION I: At least three years before the student reaches age 18, a statement that the student and the parent (s) have been informed of the rights that will transfer to the student on reaching the age of majority, unless the parent (s) obtain guardianship [N.J.A.C. 6A:14-3.7(d)12]. The district may use the following description to document that the student and parent(s) have been informed of the rights that will transfer. The IEP team may include this statement at age 14 when transition planning begins.

On (Date）, (Name of Student) will turn age 18 and become an adult student. The following rights will transfer to (Name of Student）:

➤The school district must receive written permission from (Name of Student) before it conducts any assessments as part of an evaluation or reevaluation and before implementing an IEP for the first time.

➤The school must send a written notice to (Name of Student) whenever it wishes to change or refuses to change the evaluation, eligibility, individualized education program (IEP）, placement, or the provision of a free, appropriate public education (FAPE）.

➤You, the parent (s), may not have access to (Name of Student）'s educational records without his/her consent, unless he/she continues to be financially dependent on you.

➤The district will continue to provide you, the parent (s), with notice of meetings and any proposed changes to your adult child's program.

➤Any time (Name of Student) disagrees with his/her speech-language services program, he/she is the only one who can request mediation or a due process hearing to resolve any disputes arising in those areas.

If (Name of Student) wishes, he/she may write a letter to the school giving you, the parent (s), the right to continue to act on his/her behalf in these matters.

OPTION II: At least three years before the student reaches age 18, a statement that the student and the parent (s) have been informed of the rights that will transfer to the student on reaching the age of majority unless the parent (s) obtain guardianship [N.J.A.C. 6A:14-3.7(d)12]. The district may inform the student and the parent (s) by letter of the rights that will transfer. If a letter is used, complete the following:

☐ _____ was informed in writing on _____
    (Name of Student)   (Date)
of the rights that will transfer to him/her at age 18.

☐ _____ was/were informed in writing on _____
    (Name of Parent[s])   (Date)
of the rights that will transfer at age 18.

ACADEMIC AND/OR FUNCTIONAL AREA: Communication (May include such areas as language arts, fluency, voice, etc.)

ANNUAL MEASURABLE ACADEMIC AND/OR FUNCTIONAL GOAL:
(Related to the Core Curriculum Content Standards through the general education curriculum unless otherwise required according to the student's educational needs)

BENCHMARKS OR SHORT TERM OBJECTIVES	CRITERIA	EVALUATION PROCEDURES
Related to meeting the student's communication needs that result from the student's disability to enable the student to be involved in and progress in the general education curriculum and meeting the student's other educational needs [N.J.A.C. 6A:14-3.7(d)2]		State how the student's progress toward the annual goal will be measured [N. J.A.C. 6A:14-3.7(d) 13].

MODIFICATIONS AND SUPPLEMENTARY AIDS AND SERVICES IN THE REGULAR EDUCATION CLASSROOM

State the modifications related to communication for the student to be involved and progress in the general education curriculum and be educated with nondisabled students. State the supplementary aids and services that will be provided to the student or on behalf of the student [N.J.A.C. 6A:14-3.7(d)3]. Identify any assistive technology devices and services to be provided. Attach additional pages as necessary.

State the modifications to enable the student to participate in the general education curriculum.	State the supplementary aids and services.

MODIFICATIONS IN EXTRACURRICULAR AND NONACADEMIC ACTIVITIES

State the modifications in the area of communication provided to enable the student to participate in extracurricular and nonacademic activities [N.J.A.C. 6A: 14-3.7(d)3ii].

SUPPORTS FOR SCHOOL PERSONNEL

State the supports for school personnel that will be provided for the student [N.J.A. C. 6A:14-3.7(d)3].

PROGRESS REPORTING

State how the parents will be regularly informed of their student's progress toward the annual goals [N.J.A.C. 6A:14-3.7(d)14].

METHOD	SCHEDULE
Methods for informing parents of a student with a disability of the progress of their child may include report cards, written progress reports or parent-teacher conferences.	Parents of a student with a disability shall be informed of progress of their child at least as often as parents of a non-disabled student are informed of their child's progress.

PARTICIPATION IN DISTRICT AND STATE ASSESSMENT PROGRAM	
Students who are classified as eligible for speech-language services shall not be exempted from districtwide or Statewide assessment [N.J.A.C. 6A:14-3.7(e)].	
Specify the districtwide or State assessment.	Modifications / Accommodations [N.J.A.C. 6A:14-3.7(d)5].

Districtwide Assessment [Name the assessment and identify the content areas]:
 	
State Assessment [Check one]:
 	
Grade 3 State Assessment
    _____ Language Arts Literacy
    _____ Mathematics
 	
Grade 4 State Assessment
    _____ Language Arts Literacy
    _____ Mathematics   _____ Science
 	
Grade 5 State Assessment
    _____ Language Arts Literacy
    _____ Mathematics
 	
Grade 6 State Assessment
    _____ Language Arts Literacy
    _____ Mathematics
 	
Grade 7 State Assessment
    _____ Language Arts Literacy
    _____ Mathematics
 	
Grade 8 State Assessment
    _____ Language Arts Literacy
    _____ Mathematics   _____ Science
_____ HSPA or _____ SRA
    _____ Language Arts Literacy
    _____ Mathematics   _____ Science
	Modifications and accommodations must be related to the goals and objectives in this IEP.
	Decisions about modifications and accommodations for State or districtwide assessment should be documented in the IEP for the year in which the student will be taking the test.

EXTENDED SCHOOL YEAR
Determine whether the student needs an extended school year (ESY) program [N. J.A.C. 6A:14-4.3(b)]. List relevant factors considered in determining whether the student needs an ESY program. If the student requires an ESY program, describe the ESY program:

STATEMENT OF SPEECH-LANGUAGE SERVICES				
Specify whether the service will be provided individually or in a group. Specify group size if the student requires a group size of fewer than 5 students to meet his or her individual needs [N.J.A.C. 6A:14-3.7(d)6 and N.J.A.C. 6A:14-4.4(a)1i].	Dates the services will begin and end	Frequency	Location	Duration

NOTICE REQUIREMENTS FOR THE IEP AND PLACEMENT

This form describes the information required in each of the components of written notice for an IEP meeting. The written notice includes the IEP as a description of the proposed action and a description of the procedures and factors used in determining the proposed action.

Describe the proposed action [N.J.A.C. 6A:14-2.3(e)1] and explain why the district has taken such action [N.J.A.C. 6A:14-2.3(e)2].

The attached IEP describes the proposed program and placement and was developed:

_____ as a result of an initial evaluation and determination of eligibility.

_____ as a result of an annual review.

_____ as a result of a reevaluation.

_____ in response to a parental request.

_____ to propose a change in placement.

_____ other:_____.

Describe any options considered and the reasons those options were rejected [N.J.A.C. 6A:14-2.3(e)3].

This section is completed if the parent (or adult student) has made a request of the school district regarding the IEP (services and/or placement) and the district has rejected the request.

Describe the procedures, tests, records or reports and factors used in determining the proposed action [N.J.A.C. 6A:14-2.3(e)4].

The sources of information used to develop the proposed IEP are listed in the present levels of academic achievement and functional performance.

If applicable, describe any other factors that are relevant to the proposed action [N.J.A.C. 6A:14-2.3(e)5].

PROCEDURAL SAFEGUARDS STATEMENT

As the parent of a student who is, or may be determined, eligible for speech-language services or as an adult student who is, or may be determined, eligible for speech-language services, you have rights regarding identification, evaluation, classification, development of an IEP, placement and the provision of a free, appropriate public education under the New Jersey Administrative Code for Special Education, N.J.A.C. 6A:14. A description of these rights, which are called procedural safeguards, is contained in the document, Parental Rights in Special Education (PRISE). This document is published by the New Jersey Department of Education.

A copy of PRISE is provided to you upon referral for an initial evaluation, upon each notification of an IEP meeting, upon reevaluation and when a due process hearing is requested. In addition, a copy will be provided to you at your request.

To obtain a copy of PRISE, please contact:

_____

School District Office or Personnel   **Phone Number**

For help in understanding your rights, you may contact any of the following:

_____

School District Representative   **Phone Number**

Statewide Parent Advocacy Network (SPAN) at (800) 654 - 7726.

Protection and Advocacy, Inc., at (800) 922 - 7233.

_____

County Supervisor of Child Study   **Phone Number**

CONSENT FOR INITIAL IEP IMPLEMENTATION:

Your signature is required to give consent before the proposed IEP services can start.

I/We have received a copy of the proposed IEP and give consent for the IEP services to start.

_____

Signature   Date

IEP REVIEW: This form is to be used for all IEPs that are developed after consent for the initial IEP has been provided. Your signature is NOT required for implementation of the IEP after 15 days have expired from the date written notice was provided.

You have the right to consider the proposed IEP for up to 15 calendar days. To have the IEP services start before the 15 days expire, you must sign below. If you take no action, the IEP will be implemented after the 15th day from the date notice is provided.

If you disagree with the IEP and you do not request mediation or a due process hearing from the New Jersey Department of Education, Office of Special Education Programs, the IEP will be implemented without your signature after the 15 days have expired.

I/We have received a copy of the proposed IEP and agree to have the IEP services start before the 15 calendar days have expired.

_____

Signature   **Date**

附錄八

1990年美國「障礙之個體的教育法案」
─ B篇之條款解釋

一、個別化教育計畫之目的

在本條例和管理辦法中，個別化教育計畫之規定包括兩大部分：

(1)個別化教育計畫會議；以期家長和學校人員能夠針對障礙兒童之教育計畫達成共同之決定。

(2)個別化教育計畫文件；亦即在會議中各項決定之書面紀錄。

(3)個別化教育計畫整體之規定包含上述兩部分，並具有下列之目的和功能：

a. 個別化教育計畫會議為家長及學校人員之溝通橋樑，使他們成為平等之參與者，共同為兒童之需求，相關服務之提供，以及預期之成果為何等議題達成共同之決定。

b. 若家長和機構對障礙兒童特殊教育之需求有不同之意見，個別化教育計畫程序可提供雙方解決歧異之機會；個別化教育計畫會議是優先途徑，若必要時，則可經由家長程序申訴管道解決之。

c. 個別化教育計畫以書寫方式承諾提供必要之資源，使障礙學生能夠接受特殊教育和相關服務。

d. 個別化教育計畫為一管理工具，其目的在於確保每一位障礙兒童皆能因其特殊之學習需求，獲得合適之特殊教育和相關服務。

e. 個別化教育計畫為一執行／監督文件，可經由授權之政府機構監督人員使用，以評定障礙兒童是否接受了由家長及學校皆同意之免費適當之公立教育。

f. 個別化教育計畫可做為評估兒童朝計畫目標進步程度之工具。

註：若障礙兒童無法達成個別化教育計畫中所擬定之目標，此條例並不要求教師或其他學校人員需為此負責。參見第 300.350 條，個別化教育計畫—責任。

二、個別化教育計畫之規定

第一部分與管理辦法第 300.340 至 300.350 條條文中個別化教育計畫之規定相同（法庭資料）。第二部分針對管理辦法中需加以解釋之條文或項目提出說明。第三部分則針對管理辦法中未提及之個別化教育計畫規定實施之問題，提出回答。這些問題及說明在相關條文列舉之後，以問答之方式呈現。

1. 若提供個別化教育計畫者為公立機構而非地方教育行政機關，則應由何者負責確保障礙兒童個別化教育計畫之發展？

此問題之答案因各州之法律、政策或常規而異。然而在各州最後皆由州教育局負責確保州內各機構皆遵守個別化教育計畫之規定以及其他條例和管理辦法之條款。（參見第 300.600 條有關州教育局對各教育計畫之責任條文。）

州教育局必須確保州內各障礙兒童，不論其所屬機構為州立機構或地方機構，皆可享有免費適當之公立教育。州教育局能夠彈性地決定以最佳方式，符合此項義務（亦即，經由機構間之協議），故機構不得因司法上之爭議而不提供免費適當之公立教育。

註：第 300.2 條條文(b)項指出，此條例與管理辦法之規定適用於各州內任何與障礙兒童教育有關之政府部門，包括：(1)州教育局，(2)地方教育行政機關，(3)其他州立機構（如智力健康與福利部門，以及州立啟聰學校或啟明學校），(4)州立治療機構。

以下之內容概略敘述(1)在不同機構合作下，州教育局在發展政策或協議時應負之責任，(2)當地方教育行政機關將障礙兒童安置於學校或安排兒童接受其他州立機構之教學計畫時應負之責任：

(a)州教育局政策或機構間之協議經由書面記載之政策或協議之規定，州教育局必須確保州內各障礙兒童之個別化教育計畫皆經過適當之記錄與實施。此規定適用於州內任何機構合作之情況，包括：

(1)地方教育行政機關將兒童安置於學校或安排兒童接受其他州立機構之教學計畫（參見「地方教育行政機關—安置設立」，下文所列之四項）。

(2)並非由州教育局或地方教育行政機關，而是由州立或當地機構將兒童安置於住宿機構或安排兒童接受其他教育計畫。

(3)家長將兒童安置於公立機構。

(4)法院將兒童安置於矯治性質之機構。

註：上述列舉項目並不完整，州教育局之政策必須涵蓋州內任何適用之機構合作狀況，包括以教育性和非教育性為目的之安置。

參與障礙兒童個別化教育計畫之發展與實施之機構通常不止一所（亦即，雖然公立機構提供特殊教育以及相關服務，地方教育行政機關仍需對兒童負責，或是有費用分擔之安排）。州教育局之政策或協議必須對上述狀況中各機構之角色責任做界定，因此在提供障礙兒童免費適當之公立教育有所延遲時，才能有效地解決其司法問題。舉例說明，若兒童被安置於住宿機構中，下列之機構皆可能與兒童個別化教育計畫之發展和實施有關：兒童之地方教育行政機關、州教育局、其他之州立機構、機構附屬之組織或學校，以及組織所在地之地方教育行政機關。

註：州教育局必須確保與障礙兒童教育有關之機構，能夠遵守此條例與管理辦法之最少限制環境條款，特別在障礙兒童安置方面必須遵守下列之規定：(1)至少一年評定一次，(2)以兒童之個別化教育計畫為基礎，(3)安置地點盡可能接近兒童之住家附近（參見300.552條條文(a)項—安置）。

(b)地方教育行政機關—安置設立

當地方教育行政機關在負責障礙兒童之教育的同時，它也必須負責發展兒童之個別化教育計畫。即使兒童因個別化教育計畫之發展而被安置於州立學校或接受其他教學計畫，地方教育行政機關仍舊必

須負此責任。

註：個別化教育計畫必須在兒童接受安置前即計畫發展完全（見下列問題5）。當兒童必須安置於州立學校時，相關之州立機關或機構亦需參與個別化教育計畫之發展（參見下列問題59關於私立學校代表參加個別化教育計畫會議之回答）。

兒童進入州立學校後，地方教育行政機關或州立學校可依照州政府法律、政策或常規之規定舉辦會議，以審核或修訂兒童之個別化教育計畫。然而機構雙方皆需參與個別化教育計畫中之各項決議（可經由參與會議之方式或經由通訊或電話傳達）。根據州政府之法律規定，會議中對兒童教育之責任需轉移至州立學校，亦或仍歸屬於地方教育行政機關，必須作出明確之決議，此舉決定何者必須負責審核或修訂兒童之個別化教育計畫。

2.若公立機構將兒童安置於其他州，此接受安置之州政府是否亦需負責兒童之個別化教育計畫？

接受安置之州政府必須負責發展兒童之個別化教育計畫以及確保計畫之實施。此州內負責兒童個別化教育計畫之特定機構所做之任何決議，必須根據州政府法律、政策或常規之規定。然而，如前文問題一所述，在接受安置州內之州教育局必須負責確保兒童享有免費適當之公立教育。

3.個別化教育計畫應於特殊教育及相關服務提供之前生效，此規定中，何謂「生效」？

根據此管理辦法，「生效」係指個別化教育計畫：(1)經過適當之發展規劃（亦即，條例中列舉之參與人員如：家長、教師、機構代表，必要時兒童本人皆參與會議）；以兒童之需求、設定之目標以及提供之服務為考量，並由家長及機構認可，為適合兒童之計畫；(3)根據書面之計畫實行。

4.障礙兒童之個別化教育計畫完成之時間與提供特殊教育時機之間，可以延遲多久時間？

基本上，兩者之間不允許有任何之延遲。兒童個別化教育計畫中所陳

述之特殊教育及相關服務在其個別化教育計畫完成時，應立即由機構提供執行。第 300.342 條條文之註解中列舉部分例外狀況：(1)會議於暑期或其他假期間舉行，或(2)因特殊狀況需要短暫之延遲如：然而，除非在個別化教育計畫中有其他之說明，否則個別化教育計畫之服務必須在會議之後盡快實施。

　　　註：第 300.346 條(e)項規定，個別化教育計畫中需包含服務實施之預定
　　　　　日期。

5. 針對第一次接受特殊教育之障礙兒童，應於安置前或安置後發展其個別化教育計畫？

　　個別化教育計畫必須在提供兒童特殊教育及相關服務之前生效（見第 300.342 條(b)項，重點強調）。障礙兒童之安置必須在考量其需求以及可提供之服務之後，才可決定。因此決不允許先安置兒童，再發展其個別化教育計畫，必須先發展其個別化計畫，再安置兒童。以上之規定並不禁止在個別化教育計畫完成之前，先將合格之障礙兒童暫時安置於計畫中，做為評估程序之一部分，有助於決定其適當之安置。重要的是，在個別化教育計畫完成之前，此暫時之安置不得變為最後之安置。為了確保上述狀況不致發生，州政府可考慮由地方教育行政機關，採取下列步驟：

　　a. 針對兒童發展暫時性之個別化教育計畫，文中陳述此試驗性安置之
　　　特殊情形及時間表。

　　b. 在暫時性安置執行之前，必須獲得家長之同意，並且在兒童之個別
　　　化教育計畫之發展、審核及修定之過程中，全程參與。

　　c. 訂定時間表（亦即三十天）以完成評估以及決定兒童適當之安置。

　　d. 在試用期間末期舉行個別化教育計畫會議，以決定兒童之個別化教
　　　育計畫。

　　　註：障礙兒童之個別化教育計畫一旦生效，而且兒童被安置於特殊
　　　　　教育之計畫中，教師可依據其個別化教育計畫設計詳細之課程
　　　　　計畫或目標。但是此課程計畫或目標需要列為個別化教育計畫
　　　　　之一部分。（參照下列問題 37 至 43 關於個別化教育計畫之計

畫與目標）。

6. 若障礙兒童在地方教育行政機關接受特殊教育之時，因故必須遷移至其他社區，則新的地方教育行政機關是否必須在兒童被安置於特殊教育計畫之前舉辦個別化教育計畫會議？

若符合下列之狀況，則新的地方教育行政機關不需要舉辦個別化教育計畫會議：

(1)兒童目前所有之個別化教育計畫之副本仍可供使用。

(2)家長表示對目前所使用之個別化教育計畫感到滿意。

(3)新的地方教育行政機關認定，目前所用之個別化教育計畫相當合適，並且可依其書面之計畫實施。

若兒童之個別化教育計畫無法使用，或者是地方教育行政機關或家長認為此計畫不適合兒童，則有必要舉辦個別化教育計畫會議。會議必須在兒童於新的地方教育行政機關登記註冊後儘快舉行（通常於一週內）。

註：兒童必須在個別化教育計畫完成後，立即被安置於特殊教育計畫中（參見上文問題4）。

若地方教育行政機關或家長需要其他資料（亦即由前地方教育行政機關所保管之學校紀錄）或在決定兒童安置之前，有必要重新評估，可在個別化教育計畫完成前先將兒童安置於暫時性之計畫中（參見上文問題5）。

7. 條文第 300.343 條(c)項中所規定三十天期限之目的為何？

第 300.343 條(c)項中所規定之三十天期限之目的在確保兒童自評估後至接受特殊教育期間，不致有過度之延遲。兒童一旦經由評估判定為障礙兒童，公立機構有三十天之時間籌畫召開個別化教育計畫會議。

註：參見上文問題4、5關於個別化教育計畫之完成與兒童之安置。

8. 公立機構是否必須另行舉辦會議，以判定兒童是否具有接受特殊教育以及相關服務之資格，或者是此步驟可與個別化教育計畫合併舉辦？

依據第 300.532 條(e)項（評估程序）之規定，障礙兒童之評估必須由

「不同之專業團體或人員」執行。關於(1)專業人員是否會面以及(2)此類會議是否與個別化教育計畫會議分開另行舉行等兩大議題,皆由州立或當地機構自行決定。

事實上,有些機構在個別化教育計畫會議前,即另行邀請不同專業團體舉辦資格評估會議。

註:當機構另行舉行會議時,安置之問題仍必須在個別化教學會議時才可決定。然而,安置之可能選擇可在資格評估會議中討論。

此外,亦有部分機構將此二步驟合併為一。舉行合併會議時,公立機構必須邀請家長參與會議(參見第 300.345 條家長參與之規定)。

註:若在資格評估會議中評定此兒童不具接受特殊教育之資格,機構必須將此決議告知家長。

9.個別化教育計畫是否必須在每學年初審核或修訂?

不需要。管理辦法中之基本規定為個別化教育計畫必須在每學年初生效。每年至少應舉行一次會議以審核以及修訂障礙兒童之個別化教育計畫。然而,會議可於一年中之任何時間舉行,包括:(1)學年末,(2)暑期中、新學年開始之前,或(3)兒童個別化教育計畫舉行會議後一年。

10.個別化教育計畫舉辦之頻率、次數以及會議時間長短之規定為何?

此條例第 614 條(a)(5)項規定,各公立機構必須定期舉行會議,每年至少舉行一次會議以審核兒童之個別化教育計畫,必要時,備訂其款項。此條例之立法中明文規定只要兒童有需求,就應當多舉行會議(121 國會記錄 S20428-29,1975 年 11 月 19 日,參議員史丹佛發言)。

對於個別化教育計畫會議時間之長短,並無特別規定。一般而言,會議內容(1)若關於首次安置以及針對需要不同複雜服務之兒童時,會議所需時間較長,(2)若關於繼續相同之安置以及針對只需要少量服務之兒童時,會議所需時間較短。不論任何狀況,公立機構皆必須確保有充足之時間以便家長參與討論。

11.何者可以發起個別化教學會議？

個別化教育計畫會議之發起和舉辦皆由公立機構自行決定，若障礙兒童之家長對兒童之進步不盡滿意，或兒童目前所使用之計畫有問題，家長可提出舉行會議之要求。而公立機構也必須允許合理之會議要求。

註：根據第 300.506 條(a)項之規定，家長或機構可就兒童個別化教育計畫相關事宜舉行正當程序公聽會。

若兒童之教師認為其安置或其個別化教育計畫服務並不適合該兒童，教師(1)與兒童家長聯絡時，或(2)要求機構舉行會議以審核兒童之個別化教育計畫時，皆需依照機構之程序進行。

12.個別化教育計畫會議可否錄音？

本條例或管理辦法對於個別化教育計畫會議錄音問題皆未提及。雖然並無明文規定需要錄音，但可由家長或機構自行選擇。若錄音紀錄由機構保存，依照家庭教育的權力與隱私條例之定義，此錄音內容則為教育紀錄，在美國「家庭教育的權利和隱私法案」（34CFR 第 99 部分）以及 B 部分（34CFR 第 300.560-300.575 條條文）下，必須遵守管理條例之規定，將其列為機密性紀錄。

13.在個別化教育計畫會議中，何者可為公立機構之代表？

公立機構之代表可為除了兒童教師之外之學校人員，且具有提供或督導符合障礙兒童特殊需求之教學課程能力者（此條例第 602 條(a)（20）項）。是以，公立機構代表可為：(1)合格之特殊教育行政人員、督導或老師（包括語言治療師），或(2)學校校長或行政人員，且具有提供或督導特殊教育能力者。

各州立或當地機構可自行決定合格之代表人選。然而機構代表必須確保其機構能夠提供個別化教育計畫中詳列之各項服務，同時必須確保個化教育計畫不需經由機構內高階層行政組織表決。所以，代表人選應具有承諾規劃機構資源之權力（亦即決定機構可提供予兒童之特殊教育和相關服務）。

對於只需要些少量特殊教育協助之障礙兒童，機構代表人選可為兒童教師之外的特殊教育老師或語言治療師。對於需要大量之特殊教育和相關服務者，機構代表人選必須為機構中之主要行政人員。

> 註：與前次安置會議相較之下，延續安置會議較為例行公事化，所以並不要求主要行政人員參與。

14.若提供兒童照顧者為公立機構，而非州教育局或地方教育行政機關，何者可為公立機構代表？

此問題之答案必須參照各州法律、政策和慣例規定，必須負責下列任一項或全部服務之機構而定：

(1)兒童之教育；

(2)兒童之安置；

(3)提供（或支付）兒童所需之特殊教育和相關服務。

一般而言，個別化教育計畫會議之機構代表可為機構或組織中負責兒童教育之人員。

舉例說明，例如，若州立機構(1)將兒童安置於某組織，(2)依照州法律規定負責兒童之教育，且(3)組織中具有合格之特教人員，則此組織之人員可成為個別化教育計畫會議之機構代表。

有時候，組織中並無特殊教育人員，兒童則接受由當地之地方教育行政機關特教人員所提供之服務。在此情況下，此地方教育行政機關人員可為機構代表。

> 註：若為地方教育行政機關將兒童安置於組織中之情況，則上文問題1(b)項之回答內容，可適用於此情況。

15.針對首次被安置於特殊教育之障礙兒童，應該參加個別化教育計畫會議之教師為何者？

參加會議之教師可為：(1)具有提供兒童可能之特殊障礙教育資格者，或(2)兒童之普通班老師。

若由機構選擇，兩者皆可參加。在任何狀況下，至少需要一位學校人

員出席會議（亦即機構代表或教師），且具有兒童可能之特殊障礙教育資格者。

> 註：為了完成兒童之個別化教育計畫，有時必須舉行多次會議。在此過程中，若兒童之特殊教育老師人選已確定，可邀請特教老師加入會議，並與家長和其他個別化教育計畫人員共同完成其計畫。若特殊教育老師無法加入，機構必須確保老師在個別化教育計畫完成後，以及實施教學前，儘快獲得教學計畫之副本。

16.若障礙兒童同時於普通班和特殊班註冊就學，應由何位老師參加個別化教育計畫？

一般而言，參加個別化教育計畫會議者應為兒童之特殊教育老師。由機構或家長之選擇決定，兒童之普通班老師亦可參加。若普通班老師不參加會議，機構必須提供老師個別化教育計畫之副本，或告知老師其內容。此外，機構亦應該確保特殊教育老師或其他合適之支援人員，能夠在必要時提供普通班老師適合之諮詢。

17.若障礙兒童於中學期間，就讀之普通班超過一班以上，是否所有之普通班老師皆需參與個別化教育計畫會議？

不需要，只需要一位老師參加即可。然而，由地方教育行政機關選擇決定，其他老師亦可參加會議。地方教育行政機關在做決定時，應考慮下列要點：

(a)大體而言，個別化教育計畫會議之參加人數應該盡可能少。小型會議較大型會議有益處，例如：小型會議(1)允許家長較開放、主動的參與，(2)花費較少，(3)較容易安排和舉辦，以及(4)通常較具建設性。

(b)雖然大型會議較不合適舉行，但是某些狀況下，若有其他人員參與，其助益較大。若機構或家長認為普通班老師之參與有助於學生之學習成就（亦即參加普通教育課程，則可邀請普通班老師參加會議。）

(c)雖然兒童之普通班老師無法例行參加個別化教育計畫會議，老師仍必須(1)由特殊教育老師或機構代表告知其兒童之個別化教育計畫，

以及(2)獲得個別化教育計畫之副本。

18.若兒童之主要障礙為語言障礙，兒童之普通班老師是否必須參加個別化教育計畫會議？

不需要。通常語言治療師會以兒童老師之身分參加會議。但若經由學校同意，普通班老師亦可參加會議。

19.若兒童因其主要障礙就讀於特殊班，同時亦接受語言治療服務，是否特殊與語言專業人員皆必須參加個別化教育計畫會議？

不需要。特殊教育老師可以兒童老師之身分參與會議。語言治療師可(1)參加會議，或(2)根據其服務之性質、頻率、數量提出書面建議之報告。

20.教師組織代表何時參與個別化教育計畫會議？

根據家庭教育權力與隱私條例（FERPA；20U.S.C.1232g），管理辦法（34CFR 第 99 部分）以及 B 部分有關機密性之規定，在會議討論中，若涉及兒童之個人資料，除非有家長之書面同意書，否則教師會組織之代表不得參加個別化教育計畫會議（參見34CFR 第 99.30 條(a)(1)項及第 300.571 條(a)(1)項）。

此外，B 部分並無規定教師會等組織之代表可參加個別化教育計畫會議。本條例立法中明文規定，個別化教育計畫會議之出席人員應限於對兒童之教育有重要影響者（121 國會記錄 S10974，1975 年 6 月 18 日，參議員 Randolph 發言）。既然教師會組織代表較重視教師之權益而非兒童之權益，自然不適合出席個別化教育計畫會議。

21.障礙兒童何時參與其個別化教育計畫會議？

一般而言，當兒童家長認為兒童適合參加個別化教育計畫會議時，兒童即可參加。機構和家長在做任何決定前，皆需考慮兒童之出席是否合適，以協助家長評定兒童之參與是否(1)有助於發展其個別化教育計畫，以及(2)對兒童有直接之幫助。

　　根據第 300.345 條(b)項之規定，機構應於個別化教育計畫會議舉行前，告知家長可邀請其子女參加。

　　註：家長與機構應鼓勵較年長之障礙兒童（尤其是中學生）參加個別化教育計畫會議。

22.若障礙學生已成年，其家長是否仍保有參加個別化教育計畫會議之權利？

　　針對障礙學生已成年，其家長權利之修正變更事項，本修例無任何之說明。

23.相關服務之人員是否必須參加個別化教育計畫會議？

　　不需要。然而，若障礙兒童對相關服務有明確之需求，相關服務人員亦可參加會議或參與發展規劃個別化教育計畫。例如，兒童經由評估認定需要特定之相關服務（例如：物理治療、職能治療或諮詢），機構應確保該項服務之提供者(1)出席個別化教育計畫會議，或(2)根據其服務之性質、頻率、數量提出書面建議之報告。

　　註：此書面之建議報告可為評估報告之部分內容。

24.在發展障礙兒童之個別化教育計畫時，機構是否必須聘用個案管理師？

　　不需要。然而，部分機構發現，在發展障礙兒童個別化教育計畫過程中，若有特殊教育人員或其他學校人員（亦即社工師、輔導員或心理師）以統整者或個案管理師之身分介入，是頗有助益。個案管理師所執行之活動如下：(1)統整各專業領域之評估，(2)綜合整理評估報告以及個別化教育計畫會議所需之相關資料，(3)與家長溝通，(4)參加或舉辦個別化教育計畫會議。

25.**對於懷疑有語言障礙之兒童,應由何者代表評估小組參加個別化教育計畫會議?**

　　對於應由何者代表評估小組參加會議之問題,並無規定。然而,語言治療師通常為最合適之人選。對於多數主要障礙為語言障礙之兒童而言,除了語言治療師外,少有其他評估人員介入。第 300.532 條條文(評估程序)之附註說明如下:

　　主要障礙為語言障礙之兒童並不需要整套之評估(亦即心理、生理或適應性行為之評估)。然而,合格之語言治療師必須:(1)採用適當之程序評估語言障礙兒童,以利語言障礙之診斷與鑑定,(2)必要時,轉介兒童進行其他之評估,以便於規劃合適之安置。

26.**在個別化教育計畫會議中,家長所扮演之角色為何?**

　　在發展、審核和修訂兒童個別化教育計畫之過程中,家長和其他學校人員皆為平等之參與者。家長扮演主動之角色,並且(1)參與討論兒童對特殊教育與相關服務之需求,(2)與其他參與人員共同決定機構所能給予兒童之服務。

　　註：某些狀況下,家長可決定自行邀請他人參加會議,如:親友或鄰居、對於適用法律與兒童需求相當瞭解之非機構人士,或曾單獨對兒童進行評估之專業人員。

27.**在個別化教育計畫會議中,代理家長所扮演之角色為何?**

　　在教育決策訂定過程中,若兒童無家長代表出席,代理家長即接受指派,代表障礙兒童爭取其權益。根據 B 部分之規定,代理者擁有家長一切之權利與責任。因此,代理家長有權:(1)參加兒童之個別化教育計畫會議,(2)查閱兒童之教育紀錄,以及(3)領受通知書,授與同意,以及發起正當程序以解決歧見(參見第 300.514 條條文,代理家長)。

28.公立機構是否應將個別化教育計畫會議出席人員告知家長？

是的，在通知家長參加會議的同時，機構亦必須詳述會議之目的、時間、地點以及出席人員（第 300.345 條(b)項，重點強調）。可能的話，機構應明列出席人員之姓名與職稱。此外，機構也必須告知家長可邀請他人參加會議之權利（參見上文問題 21，關於兒童之參與）。機構亦可詢問家長是否邀請他人參加會議。

29.家長是否必須在個別化教育計畫上簽名？

本條例或管理辦皆無規定家長必須簽名。然而，家長提倡者以及機構人員皆認為簽名有其用處。

下列為一份經由家長和機構簽署之個別化教育計畫之可能用途：

a. 經簽署之個別化教育計畫可記錄人員之出席狀況。

註：此舉有助於監督與遵守之目的。

　　若不使用簽名，機構必須以其他方式記錄人員出席狀況。

b. 經由家長簽署之個別化教育計畫可證明家長同意兒童之特殊教育計畫。

註：若家長在簽名之後，認為計畫內容需要變更，家長可以要求召開會議。參考上述問題 11。

c. 家長可將機構代表所簽署之個別化教育計畫視為該機構所同意提供服務之簽署紀錄。

註：即使學校人員不簽署，地方教育機構仍舊必須提供或確保個別化教育計畫中要求之服務。

30.若家長簽署個別化教育計畫，是否表示家長同意首次之安置？

個別化教育計畫內容必須包括首次安置之說明，同時必須符合第 300.500 條「同意」之定義，在此兩條件下，家長在個別化教育計畫之簽名才能符合同意兒童首次安置之規定（參見第 300.504 條(b)(Ⅰ)(Ⅱ)項）：「同意」係指：

(a)對於必須徵求家長同意之活動，機構應將活動相關資訊告知家長。

(b)家長瞭解被徵求同意之活動內容，並以書面形式同意舉行此活動。

同意書中詳述活動之性質，若有任何記錄，同意書中亦需明列何項記錄可公開，以及向何者公開。

(c)家長瞭解授與同意權乃出於自願，而且可以隨時撤消。

31.家長是否有權擁有兒童個別化教育計畫之副本？

是的，根據第 300.345 條(f)項之規定，公立機構必須應家長之要求，給予個別化教育計畫之副本。為了使家長得知此項權益，機構可於個別化教育計畫會議中告知家長，家長也可以於會議結束之後，收到個別化教育計畫之副本。

32.是否必須在個別化教育計畫會議中告知家長其上訴之權利？

若機構已依照管理辦法中優先聲明條款之規定（第 300.504-300.505 條），告知家長其上訴之權利，則無需在會議中重複告知。

管理辦法第 300.504 條(a)項規定，公立機構提議或拒絕舉辦或變更兒童之鑑定、評估、安置或提供兒童免費適當之公立教育之前，必須依照第 300.505 條之規定，事先給予家長書面通知書。

第 300.505 條(a)項規定，此聲明書必須包括針對第 300.500 條、第 300.502-300.515 條以及第 300.563-300.569 條等條文內容，向家長解釋所有之程序保障條款細節。

個別化教育計畫會議為家長與學校人員之溝通橋樑，兩者為平等之參與者，共同為兒童之需求、提供之服務、以及預期之成果等事項做出決議。在會議中，若家長與學校人員無法達成共識，機構必須提醒家長依照本條例之規定，尋求正當程序以解決雙方之歧見。

註：第 300.506 條(a)項規定，家長或公立教育機構可因第 300.504 條(a)(1)與(2)項中所列之事由，舉辦公聽會。

家長與機構間之歧見差異應盡力克服，避免訴諸司法程序之公聽會（亦即經由自願和解或其他非正式之步驟）。然而，和解或非正式之程序不得作為否決或延遲家長訴諸正當程序公聽會之藉口（參見第 300.506 條條文—公平、正當程序之公聽會）。

33.個別化教育計畫中是否提供家長某些方法以查驗孩童之進步狀況？

大體而言，答案是肯定的。個別化教育計畫係由家長與學校人員針對障礙兒童之特殊教育計畫所作出之書面決議紀錄。此紀錄包含了雙方同意之事項，例如：目標、提供給兒童之特殊教育以及相關服務等。

大致而言，個別化教育計畫中所列之目標有助於家長和學校人員查驗兒童於特殊教育計畫中之進步狀況（參見下文問題37至43，關於個別化教育計畫所列之目標）。然而，個別化教育計畫之主旨不在於記錄兒童於整體教育計畫中每日、每週或每月之教學計畫，所以家長必須藉由家長－老師座談會、成績單以及機構常用之成果報告程序等方式，得知兒童進步之詳實資料。

34.個別化教育計畫是否必須包含特定之驗收時間，以便家長與老師磋商，並修訂或更新兒童之個別化教育計畫？

不需要。障礙兒童之個別化教育計畫不需要訂定「驗收時間」（亦即會談日期），以審核兒童之進步狀況。若家長和學校人員認為此作為對兒童有助益，可於個別化教育計畫中標示特定之會談日期。

雖然個別化教育計畫無需列載會面日期，但是，在管理辦理與本文件中有特定之條款，與機構舉辦個別化教育計畫會議之責任有關，包括下列：

(1)公立機構必須定期舉辦會議，每年至少一次，以審核，並於必要時，修訂兒童之個別化教育計畫（第300.343條(d)項）。

(2)只要兒童有需求，即應當多舉辦會議（參見上文問題10）。

(3)機構必須同意家長合理提出之開會要求（參見上文問題11）。

除了上述之條款，機構亦可透過一般之成果報告程序訂定明確之時間，以便家長審核兒童進步之情況（亦即經由定期之家長－老師座談會，或使用成績單、信件或其他之傳達方式）。

35.若家長與機構無法在個別化教育計畫會議上達成協議，在協議達成前應採取何項步驟？

依照通則，在協議達成前，機構與家長可以同意為兒童安排暫時性課

程（以安置或服務而言）。至於雙方如何發展此暫時性措施以及如何達成協議，則由各州或當地機構自行決定。若家長與機構對於暫時性措施無法達成協議，在協議達成前，針對雙方互有歧見之部分，皆以兒童最後一次獲得雙方認可之個別化教育計畫為主。以下之說明有助於機構釐清雙方之爭論：

a. 有時候，家長與機構皆同意基本之個別化教育計畫服務（亦即兒童之安置或特殊教育服務），但對於特定之相關服務無法達成協議（亦即服務需求之認可或服務提供之數量）。在此況狀下，機構得以：(1)在獲得協議之部分實施個別化教育計畫，(2)於文件中記錄雙方爭議之要點，(3)舉辦相關程序以解除歧見。

b. 有時候，爭論之重點在於安置問題或特殊教育類型之提供問題（亦即，一方提議自足式特殊班安置，另一方提議資源教室之服務）。在此狀況下，機構可以採取下列之步驟：

(1)機構可提醒家長根據 B 部分之規定，經由正當手續之程序解決雙方之歧見。

(2)在協議達成前，機構可與家長共同發展雙方皆同意之暫時性課程（以安置或服務而言）。

(3)機構可建議家長利用調解之方式或其他非正式之程序以解決歧見，避免正當程序之公聽會（參見上文問題 32 關於上訴之權利）。

c. 若因個別化教育計畫之爭論，而由家長或機構發起公聽會，除非家長或機構以其他方式達成協議，機構不得變更兒童之安置（參見第300.513 條，兒童在訴訟過程之地位）。下列為兩則與此規定相關之範例：

(1)一普通班四年級之兒童經由評估發現必須接受特殊教育。機構和家長皆同意兒童具有特定之學習障礙。然而一方提議將兒童安置於自足式特殊班，另一方提議將兒童安置於資源教室。雙方因意見不同，而要求召開正當程序之公聽會。除非家長和機構以其他方式達成協議，在問題解決之前，此兒童仍於原普通班四年級就讀。由另一方面來看，既然兒童對特殊教育之需求並非議題，雙

方可同意安排暫時性之措施，以便：(1)暫時將兒童安置於會議中所提之任一計畫中（自主性計畫或資源教室），或(2)經由其他臨時性安排，以提供兒童適當之服務。

(2)一障礙兒童在現行個別化教育計畫下接受特殊教育。家長與機構針對兒童之選擇性特殊教育安置問題舉行正當程序之公聽會。除非雙方以其他方式達成協議，否則此兒童應繼續維持目前之安置。在此情況下，此兒童之個別化教育計畫在必要時可以修訂，並且在家長及機構同意之部分實施個別化教育計畫，而雙方爭論之部分（亦即兒童之安置問題）則經由正當之程序進行解決。

註：若正當程序公聽會之內容關係到機構是否應在個別化教育計畫之規定下，繼續提供某特定之服務（例如，物理治療），則機構必須依據公聽會舉行當時所用之個別化教育計畫的規定，繼續提供此項服務，(1)除非家長和機構同意變更該項服務，或(2)直到議題獲得解決為止。

36.在兒童目前之學業成就程度說明中，應該包括哪些項目？

兒童目前之學業成就程度說明因不同障礙之兒童而異。因此，各兒童之說明內容可由個別化教育計畫會議之參與人員決定。然而，在編擬個別化教育計畫此部分時，應將下列要點列入考慮：

a. 此現況說明書應明確地描述兒童之障礙對於其學業成就之影響，包括：
　(1)學科方面（閱讀、數學、溝通等）。
　(2)非學科方面（日常生活之活動、機動性等）。
　註：諸如智能障礙或聽覺障礙等名稱不得做為目前之學業成就程度之描述內容。

b. 此說明應盡可能以客觀、具評量性之用語撰寫。兒童之評估表為良好之資料來源。必要時，與兒童診斷有關之測驗分數亦可列入。然而，此測驗分數必須：(1)本身具有解釋性（亦即，參與人員無需藉由測驗使用手冊或其他輔助，即可解釋其意義）或(2)包含分數所代表之意義說明；所使用之測驗結果必須反映出此障礙對此兒童之表

現所造成之影響。因此，單單只標列分數通常是不夠的。

c. 兒童目前之學業成就與個別化教育計畫中之其他要項應有直接之關聯。因此，若說明中陳述兒童閱讀能力之問題，並且指出其閱讀技巧之限制，還必須詳列：(1)未來之長程教育目標，以及(2)可提供兒童特定之特殊教育和相關服務。

37.在個別化教育計畫中列舉目標之意義為何？

依照法律之規定，障礙兒童之個別化教育計畫中必須包含年度目標、短程之教學目標（第 602 條(a)(20)(B)，以及每年至少一次審核其個別化教育計畫（第 614 條(a)(5)），其目的於評鑑：(1)兒童是否達到預期之成果（亦即兒童是否藉由特殊教育計畫獲得進步），以及(2)所提供之安置和服務是否符合兒童之特殊學習需求。事實上，這些規定能夠協助兒童之老師和家長追溯兒童於特殊教育計畫之進步狀況。然而，個別化教育計畫中所列載之目標不需要如每日、每週或每月之詳細的教學計畫或教案。

38.個別化教育計畫中之年度目標為何？

個別化教育計畫之年度目標，內容為陳述障礙兒童於接受特殊教育計畫的 12 個月中，在合理之預估下，所應達成之目標。如上文問題 36 之說明，兒童目前之學業成就與其年度目標應有直接之關聯。

39.個別化教育計畫中之短程教學目標為何？

短程教學目標（亦稱為個別化教育計畫目標）為介於兒童目前學業成就能力以及預定之年度目標之間的評量，中間性措施。此目標乃根據年度目標要點分項發展而成，並可作為兒童在達成目標過程中之評量依據。

某一方面，個別化教育計畫目標與日常教學計畫類似。例如，兩者皆可：(1)描述兒童在特定時間內預期達成之目標，以及(2)評定兒童在達成目標過程中進步之程度。

另一方面而言，個別化教育計畫目標與教學計畫又有所不同，主要在於記錄之細節問題。針對進步程度之評定，個別化教育計畫目標提供了一

般性之基準。而且這些目標必須在一段時間之後才可能達成（例如，一季
或一學期）。另一方面，日常教室內之教學計畫則與特定之成果有關，且
必須於一日、一週或一個月內達成，即教室教學計畫之細節，例如，特定
教法、活動以及教材（例如，使用閃視卡片）等，個別化教育計畫皆不需
詳列。

40.個別化教育計畫之目標是否只著重於特殊教育和相關服務，或者應與兒童之整體教育相關？

個別化教育計畫目標主要在於符合障礙兒童特殊教育以及相關服務之
需求，並不需要涵蓋兒童教育之其他層面，換言之，兒童因障礙而影響其
學習與學業成就，個別化教育計畫之目標應著重於彌補或減少此類問題。
舉例來說，若一學習障礙兒童於閱讀方面表現出低於應有之能力，並且有
認字困難，其個別化教育計畫之目標應針對：(1)縮短兒童應有能力與目前
表現能力之差距，以及(2)增強兒童有效使用技巧之能力（或者以其他方式
增強兒童獨立閱讀之能力）。

對於具有輕度語言障礙之兒童，其個別化教育計畫目標可藉由：(1)矯
正其障礙，或(2)將障礙對溝通能力之影響減至最低等方式，改善其溝通技
巧。另一方面，對於重度智能障礙兒童，其目標範圍較為廣泛，與輕度障
礙兒童比較起來，其目標則涵蓋了兒童之所有學校課程。

41.個別化教育計畫之目標與特殊教育人員之教學計畫是否必須相關？

是的，障礙兒童之個別化教育計畫目標與特殊教育教學計畫之間，應
有直接之關聯。但是，個別化教育計畫並不等於教學計畫，無需過度詳細。
藉由其長程教育和短程教學目標，個別化教育計畫可以：(1)為個別化教育
計畫實施人員設立一般性之方針，以及(2)做為發展詳細教學計畫之基礎。

註：參見下文問題 56，關於個別化教育計畫之內容長度。

42.個別化教育計畫之目標應於安置前或是安置後撰寫？

個別化教育計畫應於安置前撰寫。一旦障礙兒童被安置於特殊教育計

畫中，老師必須根據個別化教育計畫發展課程計畫或詳細之目標，但是，此計畫或目標無需列為個別化教育計畫之部分內容。

43.是否可以在不另行舉辦個別化教育計畫會議之情況下，變更短程教學目標？

不可以。第 300.343 條(a)項規定，地方教育機構必須負責發起並舉辦會議，以發展、審核及修改障礙兒童之個別化教育計畫（重點強調）。既然短程教學目標之變更包含了修訂兒童之個別化教育計畫，機構必須：(1)將提議變更之內容告知家長（參見第 300.504 條(a)(1)項），以及(2)發起個別化教育計畫會議。若家長無法或不願意出席此會議，則可藉由個人或團體研討會傳訊等方式，參與個別化教育計畫目標之修訂（參見 300.345 條(c)項）。

44.個別化教育計畫是否應該包含兒童所需之特殊教育和相關服務，或只需包含公立機構所能提供之服務？

各公立機構必須提供免費適當之公立教育給其管轄區內之所有障礙兒童。因此，障礙兒童之個別化教育計畫應該包含兒童經由評估後所需之特殊教育和相關服務。即使當地機構無法直接提供服務，個別化教育計畫亦必須詳列服務項目，並且由機構以契約或其他安排之方式提供服務。

45.個別化教育計畫是否為提供服務之承諾——亦即，公立機構是否必須提供個別化教育計畫所列之各項服務？

是的，障礙兒童之個別化教育計畫必須包括所有符合兒童之特殊教育和相關服務需求之服務項目，而且機構必須遵守條例之規定，提供個別化教育計畫所列之各項服務。

46.公立機構本身是否應該直接提供個別化教育計畫所陳述之服務？

負責障礙兒童教育之公立機構得以：(1)藉由機構之人員或資源，直接提供服務，或藉由與其他公立或私立機構簽學，或由其他之安排，間接提

供服務。在提供服務時，機構應盡可能利用州政府、當地、聯邦政府以及私人資源，以達成服務目的（參見第 301 條(a)項）。但是，對於各項服務，家長無需支付任何費用，而且公立機構必須負責確保提供個別化教育計畫之服務。

47.個別化教育計畫是否只需包含特殊教育和相關服務，或是必須說明兒童之整體教育？

個別化教育計畫只需包含與提供特殊教育和相關服務有關事宜，以及兒童能夠參與普通班課程之程度評量。

　　註：根據管理辦理之定義，特殊教育係指專為障礙兒童特殊需求所設計之教學方式，相關服務係指能夠協助兒童由特殊教育獲益之必要服務（參見第 300.17、300.16 條）。

針對部分障礙兒童之教育，個別化教育計畫只需提及一小部分，（例如，對於語言障礙之兒童，個別化教育計畫通常侷限於其語言障礙部分）。至於其他兒童（如重度智能不足者），個別化教育計畫則可涵蓋其整體教育。對於無智能障礙、情緒困擾之肢體障礙兒童，其個別化教育計畫只需包含特殊設計之體育課程。若兒童有智能或情緒障礙，個別化教育計畫可包含其大部分之教育內容。

　　註：個別化教育計畫不做為教學計畫，不需過於詳細。參見上文問題 41。

48.若因障礙兒童參與普通班課程而必須略做調整變動，是否亦需列入個別化教育計畫中？

是的，若必須調整變更普通班之課程，以便障礙兒童參與課程，所有之調整變更事項皆需列入個別化教育計畫中（例如，針對聽覺障礙兒童，特別之位置安排與書寫作業之準備）。此規定適用於學生可能參與之任何普通班課程，包括體育、藝術、音樂和職業訓練課程。

49.個別化教育計畫中，體育課之說明或轉介之時間為何？

　　根據第300.307條(a)項之規定，特殊體育課程必須在障礙兒童接受免費適當之公立教育時即可使用。以下各項：(1)介紹針對障礙學生需求所安排之體育課程，(2)標示個別化教育計畫中體育課之說明或轉介狀況與程度。

a. 普通班體育課程

　　若障礙學生能夠完全參與普通班體育課，無需藉助任何調整或轉助器材，則個別化教育計畫中不需要針對體育課另加說明或轉介。若需要調整變更普通班體育課程，以便學生參與，則個別化教育計畫中必須說明調整變更之項目。

b. 特殊體育課程

　　若障礙學生需要特殊體育課程，在個別化教育計畫中所有相關領域，皆應附加此說明（例如，目前之學業成就、目標，以及提供之服務）。這些說明之內容與學生個別化教育計畫之特殊教育服務說明相同，無需過於詳細。

c. 特殊機構之體育課程

　　若障礙學生於特殊機構接受教育，個別化教育計畫中必須針對體育課附加說明或轉介。說明之內容則根據學生之肢體運動需求和所提供之體育課程型態而定。因此，若學生就讀之特殊機構具有標準化之體育課程（例如，住宿學校中之聽覺障礙學生），而且經由評估決定不需任何調整變更，學生可參與該課程，則個別化教育計畫只需註明學生參與課程即可。若課程有任何調整變更，以利學生參與，則個別化教育計畫中必須說明調整變更之項目。若學生需要個別化特殊體育計畫，則在個別化教育計畫中所有相關領域，皆應附加此說明（參見上文 b 項）。

50.若障礙學生即將接受職業訓練計畫，個別化教育計畫是否必須說明或轉介？

　　此問題之答案因職業訓練計畫種類之不同而有異。若障礙學生不需藉由課程之變更調整，即可參與普通班之職業訓練計畫，則個別化教育計畫

中不必要涵蓋職業訓練計畫。若需要調整變更普通班職業訓練計畫，以便身心障礙學生參與該計畫，則個別化教育計畫中必須說明調整變更之項目。若學生需要個別化職業訓練計畫，則個別化教育計畫中各相關領域，皆需附加此說明（例如，目前之學業成就、目標，以及提供之特殊服務）。這些說明與個別化教育計畫之特殊教育服務說明相同，不需過於詳細。

51.個別化教育計畫是否必須說明各項服務實施之數量，或是純粹列舉服務項目即可？

各項服務實施之數量必須於個別化教育計畫中說明，家長以及其他個別化教育計畫專業人員才能夠瞭解機構中資源使用之狀況。對於各項服務施行之時數必須：(1)適合該項特殊服務，(2)於個別化教育計畫中詳細說明，以便參與發展與執行個別化教育計畫之人員皆能夠瞭解。

若必須變更個別化教育計畫中所列服務項目之數量，則需另行舉辦個別化教育計畫會議。若只是調整服務項目之時間，不致改變服務總數量（以該項服務專業人員意見為主），則不需另行舉辦個別化教育計畫會議。

註：類似狀況發生時，皆需告知家長。

52.障礙兒童之個別化教育計畫是否必須標明學生接受普通班教育程度範圍？

是的，第 300.346 條(c)項規定，障礙兒童之個別化教育計畫必須包含「兒童參與普通班課程之程度範圍說明」。符合此規定之方式之一為標明學生參與普通班課程之時數。另一方式為標明學生出席之普通班課程名稱。

註：若一重度障礙兒童多數時間皆就讀於特殊班，為了符合上述之規定，個別化教育計畫可包含課外活動，以便兒童參與普通班學生之活動（例如，午餐、班會、社團以及其他特別活動）。

53.各項服務實施之預計時間可否超過一年？

一般而言，預計實施服務之期間最多為一年。預計實施服務之期間與

個別化教育計畫其他部分（例如，年度計畫和短期教學目標）有直接關聯，在審核兒童之計畫時，應該討論個別化教育計畫中所提及之所有項目。若兒童需要某項服務之時間超過一年，則個別化教育計畫預計實施服務之期間得以延長。每次審核兒童之個別化教育計畫時，各項服務之實施時間皆需重新研商。

54.評估程序和時間表在個別化教育計畫中是否必須為獨立之項目？

不需要，評估程序和時間表在個別化教育計畫中不需要分開，但必須以明確之形式呈現，並且與短程教學目標有關聯。

註：在許多狀況下，兩者可合併列入教學目標。

三、有關個別化教育計畫內容之問題

55.機構是否得以在個別化教育計畫會議舉行前，即完成個別化教育計畫？

在機構尚未與家長充分討論：⑴兒童之特殊教育和相關服務需求，以及⑵機構將提供何種服務項目之前，不得將已完成之個別化教育計畫交予家長，並徵求其同意。根據本條例第 602 條(a)(20)項之定義，個別化教育計畫為一書面說明，係由機構代表、老師、家長，兒童本身必要時參與會議發展而成。機構人員可以事先預備評估結果報告、兒童目前學業成就說明、年度目標建議、短程教學目標，以及即將提供之特殊教育和相關服務類型說明。機構必須在會議開始時向家長明確表示，機構所提議之服務項目乃為審核及討論之建議。94-142 公法明文規定，家長必須被授予機會，主動參與任何影響兒童教育之規定，家長必須被授予機會，主動參與任何影響兒童教育之討論（參見：參議院報告 168 號，第 94 期國會第一會期 13（1975）；參議院報告 455 號（研討會報告），第 94 期國會第一會期 47-50（1975）等。

56.個別化教育計畫是否有特定之格式或長度規定？

沒有。個別化教育計畫之格式與長度之規定由州立和當地機構自行決定。個別化教育計畫之長度應以能夠詳細陳述兒童之計畫為主。然而，根據上文問題 41 之說明，個別化教育計畫並不做為教學計畫。根據聯邦政府個別化教育計畫規定，個別化教育計畫為一至三項之表格。

57.個別化教育計畫是否可與其他聯邦計畫所發展之個別服務計畫合併？

可以。在障礙兒童必須同時擁有個別化教育計畫以及其他聯邦計畫所發展之個服務計畫之狀況下，可將兩者合併為單一文件，並且應符合下列條件：

(1)此文件包含所有個別化教育計畫所規定之資料。

(2)所有相關之參與者皆參與發展此文件可與個別化教育計畫合併之個別服務計畫如下：

(a)個別照護計畫（社會安全條例 19 條（醫療））；

(b)個別計畫計畫（社會安全條例 20 條（社會服務））；

(c)個別服務務計畫（社會安全條例 16 條（輔助金））；

(d)個別書面復健計畫（1973 年復健條例）。

58.是否有任何機密條款適用於個別化教育計畫？

個別化教育計畫必須遵守下列之機密條款：(1) B 部分（條例第 617 條(c)項；管理辦法第 300.560-576 條），以及(2)家庭教育權利與隱私條例（"FER-PA"20U.S.C.1232g）與 34CFR 第 99 部分執行管理辦法。

根據家庭教育以及隱私以及執行管理辦法（34CFR 第 99.3 條）之定義，個別化教育計畫為一教育紀錄，因此，個別化教育計畫與學生其他之教育紀錄，皆必須接受相同之隱私權保護。

註：根據 FERPA 管理辦法第 99.31 條(a)項之規定，教育機構得以在下列狀況下公開學生之教育紀錄，無需具備家長之書面同意書：(1)「記錄公開對象為學校人員，包括在教育組織和地方教育行政機關體系下，經由機構和組織甫定具備合法資格者……。」

59.若兒童之安置問題在個別化教育計畫發展的同時即已決定，私立學校代表應如何出席會議？

一般而言，需要被安置於公立或私立住宿學校之兒童，通常已經接受特殊教育，家長和學校人員也已長期投注心力，為兒童安排最合適之安置。在此過程中（例如，在審核個別化教育計畫之會議），家長或學校人員可能提議將兒童安置於住宿學校。若雙方同意，則可將此決定告知住宿學校，隨後再舉辦會議，以完成個別化教育計畫。公立機構必須確保住宿學校之代表：(1)出席此會議，或(2)藉由個人或團體通訊或其他方式，參與會議。

60.個別化教育計畫是否為一履行契約？

不是。第 300.350 條明文規定，個別化教育計畫並非履行契約，若障礙兒童無法達到個別化教育計畫目標時，老師或公立機構無需承擔責任。雖然機構必須依照障礙兒童個別化教育計畫之要求，提供特殊教育和相關服務，若學生無法達到書面說明書所預定之成長，本條例並無規定老師或其他人員必須為此負責。

國家圖書館出版品預行編目資料

個別化教育計畫之實施／林素貞著.
--1版.--臺北市：五南，2007.10
　面；　公分
ISBN 978-957-11-4974-5（平裝）

1.特殊教育　2.個別化教學

529.6　　　　　　　　　96018712

1ISR
個別化教育計畫之實施

作　　者 － 林素貞(135.2)

發 行 人 － 楊榮川

總 編 輯 － 王翠華

主　　編 － 陳念祖

責任編輯 － 李敏華

封面設計 － 童安安

內文插畫 － 林素貞

出 版 者 － 五南圖書出版股份有限公司

地　　址：106台北市大安區和平東路二段339號4樓

電　　話：(02)2705-5066　傳　　真：(02)2706-6100

網　　址：http://www.wunan.com.tw

電子郵件：wunan@wunan.com.tw

劃撥帳號：01068953

戶　　名：五南圖書出版股份有限公司

台中市駐區辦公室/台中市中區中山路6號

電　　話：(04)2223-0891　傳　　真：(04)2223-3549

高雄市駐區辦公室/高雄市新興區中山一路290號

電　　話：(07)2358-702　傳　　真：(07)2350-236

法律顧問　林勝安律師事務所　林勝安律師

出版日期　2007年10月初版一刷
　　　　　2014年 9 月初版三刷

定　　價　新臺幣390元